Lebensart *genießen*

in und um Nürnberg

© 2011 selekt, 96049 Bamberg
1. Auflage, Oktober 2011
ISBN 978-3-9813799-1-4

Titelbild: Dürerhase in Schokolade nach einem Entwurf von Ottmar Hörl.
Foto und Bildbearbeitung: Eva Hagen, Gestaltung: Claudia Collin / artcollin.

Lebensart *genießen*

in und um Nürnberg

Herausgegeben
von Oliver van Essenberg

- ● Essen Trinken Ausgehen

- ● Wohnen Mode Schmuck

- ● Kunst Kultur Natur

Inhalt

Nürnberg – eine Genießerstadt? Die Frankenmetropole hat in ihrer Geschichte mehr das Image der Arbeiterstadt kultiviert als das einer Genießerstadt. Dabei lassen nicht nur die einschlägig bekannten Spezialitäten, die Nürnberger Bratwürste und die Nürnberger Lebkuchen, auf ein inniges Verhältnis zu den Genüssen schließen. Über diese Traditionsprodukte hinaus hält die Region so viele Besonderheiten bereit, dass zusammengenommen ein überaus facettenreiches Bild schöner Dinge entsteht. Sie begegnen dem Einheimischen und dem Besucher nicht sofort an jeder Ecke, aber oft schon ein paar Schritte abseits der Haupteinkaufsmeilen. Es lohnt sich aber auch ein Ausflug in die Umgebung.

So unterschiedlich die Menschen und die Produkte sind, die die Lebensart in und um Nürnberg prägen, so spannend ist es zu sehen, was sie verbindet. Ob bodenständige oder exquisite Küche, zünftiger Handwerker oder zeitgemäßer Designer, Kunst und Kultur der Bürgerstadt Nürnberg oder alternative Nischen – sie alle sind Teil einer vielschichtigen Erlebniswelt, die alle Sinne anspricht – Sehen, Hören, Riechen, Schmecken, Tasten.

Die Lebensart hat eine Geschichte, die nicht vergangen ist, sondern sich jeden Tag erleben und genießen lässt. Dieses Buch zeichnet ein Bild davon. Aus der kaum überschaubaren Anzahl an Betrieben und Organisationen, die Lebensart und Genuss verkörpern, wurden rund 100 Highlights ausgewählt: Häuser, die sich durch ein markantes Angebot, eine

Editorial

von Oliver van Essenberg

einnehmende Atmosphäre und herausragende Kompetenzen auszeichnen. Alle schönen Dinge können dabei nicht präsentiert werden. Die Adressen in „Lebensart genießen – in und um Nürnberg" stellen Empfehlungen dar, die die persönliche Auswahl nicht ersetzen sollen. Zahlreiche populäre Autoren und Fachautoren haben Rahmenbeiträge geliefert, die Hintergründe, Trends und Phänomene der Lebensart erhellen. Auf diese Weise ist, mit finanzieller und intellektueller Unterstützung der vorgestellten Betriebe, ein ebenso informatives wie anregendes Kaleidoskop entstanden.

Um ein klares Profil zeichnen zu können, erwies es sich als sinnvoll, die Auswahl auf die Stadt Nürnberg und Orte, die nicht weiter als 45 Fahrminuten von der Stadt entfernt sind, zu beschränken. Es ist nicht übertriebenem Lokalpatriotismus geschuldet, dass die

Städte Erlangen und Fürth ausgeklammert wurden. Eine entsprechende Erweiterung hätte den Rahmen des Buches gesprengt. Erlangen und Fürth wären Themen für eigene Monographien.

Ein wenig Lokalpatriotismus ist jedoch schon angebracht. Denn die Nürnberger leben äußerst gerne in ihrer Stadt, lieber als die meisten Großstadt-Bürger anderer Kommunen. Eine im Frühjahr 2011 veröffentlichte Umfrage der Universität Erlangen-Nürnberg 2010 unterstreicht die gefühlte Tatsache: Nahezu alle Nürnberger erzählen demnach im In- und Ausland mit Freude davon, aus der 500 000-Einwohner-Stadt zu stammen. 94 Prozent fühlen sich hier wohl oder sogar sehr wohl. In diesem Sinn mögen die folgenden Seiten verstanden sein.

Mindestens aber würde er am Hauptmarkt geteert und gefedert. Weshalb dem Missetäter nur übrig bliebe, wie einst Eppelein seinem Ross die Sporen zu geben und von der Burgmauer aus das Weite zu suchen. Denn der Nürnberger Sittenkodex, den ein jeder hier zu befolgen hat, obwohl er nie schriftlich niedergelegt wurde, sieht für Protz und Großmäuligkeit Höchststrafen vor.

Hier pfeift ein anderer Wind als in Bamberg oder München. Hier stand die Wiege der fränkischen Hohenzollern, der strengen Preußen. Hier, wo man schon zu Luthers Zeiten lutherisch war, spürt man noch den Atem des Reformators. Arbeitseifer, Pflichtbewusstsein, Ernst und Bescheidenheit gehören daher zur moralischen Grundausstattung. Der Nürnberger (die Nürnbergerin ist selbstredend mitgemeint) weiß, dass er als Weltbürger in einer großartigen Weltstadt lebt, die als Zentrum einer starken Metropolregion mit einer Million Menschen weithin imponieren könnte. Indes, der notorische Tiefstapler posaunt das nicht in die Welt.

Die verkannte Weltstadt

Weltstadt Nürnberg. Wie verwegen das doch klingt! Entkäme je eine solche Vokabel einem Nürnberger Mund, der Delinquent verlöre wohl sein Bürgerrecht und würde nach Fürth in die Verbannung geschickt.

von Evelyn Scherfenberg

Das Nürnberg-Image, das halten Forscher uns vor, ist ein Zerrspiegel der Wirklichkeit. Kaum jemand, außer wir Pegnitz-Anrainer selbst, ahnt, wie toll wir wirklich sind, wie fortschrittlich und erfinderisch, dynamisch und begeisterungsfähig, wie intelligent und weltoffen. Für fast alle anderen ist der Nürnberger ein Mensch, der Mini-Bratwürste von einem Zinnherz gabelt. Der Weihnachtslebkuchen knuspert, wenn Osterhasen dran wären. Der so progressiv ist wie seine Altstadt und so innovativ wie die Butzenscheiben am Dürerhaus. Temporär, während des Christkindlesmarkts, öffnet er

Fremdlingen großherzig seine Stadt. Zu anderen Zeiten verriegelt er immer weit vor Mitternacht sein Burgtor, damit er seine Ruhe hat. Elend hart tut er sich eigentlich nur mit harten und weichen Konsonanten. Alles in allem hat er ein gemütliches Leben, es sei denn, er hat gerade Stress mit seinem Club, dem ruhmreichen 1. FCN.

Stimmt natürlich (fast) gar nicht. Zuzügler von überall her haben den Durchschnittsbürger in ein Subjekt verwandelt, das sich so schlecht greifen lässt wie

11

ein Eisvogel am Wöhrder See. Ur-Nürnberger, die den allerschönsten Dialekt rein und fließend sprechen, trifft man nunmehr selten. Dafür brodelt jetzt rund um die Kaiserburg ein urbanes Biotop, das viele Varianten des Nürnbergers hervorbringt. Anders gesagt: Dieser Mensch führt heute eine spannende Existenz als multiple Persönlichkeit. Da gibt's einen, der schmarrt fränkisch, futtert türkisch, macht Urlaub in Griechenland und wandert im Bayerischen Wald. Der andere schmarrt türkisch, futtert fränkisch, macht Urlaub in Österreich und wandert am Brombachsee.

Nürnberg kennt keine Allüren, keine Bussi-Bussi-Society, keine elitäre Edelszene. Nepp ist ein beinahe unbekanntes Fremdwort, Abzocke eher untypisch. Gerupft fühlt man sich selbst in den angesagtesten Gourmet-Restaurants nicht. Und auch da nicht, wo die „Event-Kultur" Superlative en gros hervorbringt. Erfunden wurde hier die Blaue Nacht, ein illuminiertes Mega-Ereignis mit einer Veranstaltungsfülle ohnegleichen. 100 000 (!) picknickende Menschen feiern alljährlich beim größten Klassik Open Air der Welt im Luitpoldhain Nürnbergs fabelhafte große Orchester.

… rund um die Kaiserburg brodelt ein urbanes Biotop, das viele Varianten des Nürnbergers hervorbringt … Dieser Mensch führt heute eine spannende Existenz als multiple Persönlichkeit.

Ein weiterer schmarrt mit polnischem Akzent, futtert griechisch, macht Urlaub in der Türkei und wandert am Alten Kanal. Will heißen: Das Bodenständige und das Multikultige, die „Drei im Weggla" und der Döner, das Alte und das Neue, die Fachwerkhäuschen und das Hightech-Kino Cinecittà, das heimelige Altstadtfest und das Neue Museum – was eigentlich so grundverschieden ist, fügt sich letztlich doch wie die Teile eines raffinierten Puzzles zu einem feinen Bild.

Zumal sich die meisten Neu-Norikaner mit ihrer Stadt, ihrem tüchtigen Geist und den Produkten des Frankenlands üblicherweise rasch identifizieren. Höher im Kurs denn je stehen heute regionale Produkte. Der Kulturbürger genießt die fränkische Kleinkunst, der Konsument die kulinarischen Früchte der Heimat, den Spargel vom Knoblauchsland, den Frankenwein, den Karpfen vom Aischgrund, die daumenkleinen Bratwürste von der Buchenholzglut. Nirgendwo gibt es mehr leckere Brotsorten, bessere Würste, knackfrischeres Gemüse.

Wunderbar wohnt sich's an den krummen Altstadtgassen. Herrlich hockt sich's an einem lauen Abend am Tiergärtnertorplatz zu Füßen der Burg. Kultstatus genießt gerade der jüngere Ortsteil St. Johannis mit seinen stolzen Bürgerhäusern, originellen Läden und Kneipen. Die Migranten-Szene belebt die südliche Stadt. Dennoch. Das Herz der Einkaufsstadt schlägt immer noch am Hauptmarkt vor der Frauenkirche. Hier packt der Einheimische seine Zucchini vom Knoblauchsland und seinen Roquefort aus Paris in den Einkaufskorb. Und geht dann vielleicht in der Kaiserstraße oder in den Kaufhäusern an der Karolinenstraße auf Schnäppchen-Pirsch.

Und doch. Trotz des hochkarätigen Kulturlebens, trotz der Theater, der Oper, der Galerien: Ohne seine Nachbarn und deren Highlights wäre das Leben des Nürnbergers nur halb so nett. Ohne etwa die Erlanger Bergkirchweih, das Schwabacher Stadtfest und die Fürther Michaeliskirchweih. Apropos. Dass die erste Eisenbahn in Deutschland, der Adler, zwischen Nürnberg und Fürth dampfte, bewies schon 1835, dass die alte Story von den Schwesterstädten, die sich spinnefeind sind, nicht ganz stimmen kann.

Schon damals hatte der Nürnberger per pedes, Pferd oder Kutsche eine Gewohnheit entwickelt, die er heute noch intensiv pflegt. In seiner Stube hält's ihn sonntags nur an Regentagen, sonst zieht ihn „naus aufs Land", in die Wälder und Gasthöfe, zu den Wiesen und Hügeln der idyllischen Landschaft, die sich üppig um die Stadt breitet. Am besten gefällt's ihm seit jeher in der nördlich liegenden Fränkischen Schweiz mit ihren malerischen Felsen und Burgen.

Und während die Nürnberger heute wie weiland die romantischen Dichter Wackenroder und Tieck am Tal an der mäandernden Wiesent herumspazieren, während sie am Fuß des fränkischen Hausbergs Walberla ein Schäufele spachteln oder – neuerdings – auf dem Altmühlsee segeln, wirkt dann ihr Nürnberg oft so gruselig wie eine verlassene Goldgräberstadt im amerikanischen Westen, wohin sich meistens auch nur ein paar Touristen verirren.

Aber, keine Bange, spätestens am Abend, hat die Stadt ihre Bewohner wieder zurück. Und das urbane Leben beginnt von Neuem.

Nürnberger Nächte sind blau:
gesellige Grüppchen auf der
„Liebesinsel" an der Pegnitz.

Lebensart *genießen* – in und um Nürnberg

Essen
Trinken
Ausgehen

Wahre Regionalität muss weltoffen sein und niemals provinziell

Initiativen für mehr Lebensqualität in Franken haben von der Hersbrucker Alb ausgehend einen großen Aufschwung genommen.

von herwig Danzer

„Kochkurse mit Hummer und Jakobsmuscheln sind doch albern. Lass uns lieber zeigen, was man alles aus den Lebensmitteln der Hersbrucker Alb zaubern kann." Dieser Satz von Rainer Wölfel war im Jahr 1997 nicht nur der Beginn einer wunderbaren Freundschaft zwischen dem Geschäftsführer des Naturschutz- zentrums Wengleinpark in Hersbruck und mir, einem der beiden Geschäftsführer der Möbelmacher, sondern auch der Startschuss der regionalen Zusammenarbeit über viele Branchen hinweg. Statt des Kochkurses, dessen Öffentlichkeitswirkung bei zwölf Teilneh- mern eher zweifelhaft gewesen wäre, entstand die Veranstaltung „Regional Genießen:" ein Aktionstag mit 3000 Besuchern im Jahr 1998, für den wir unseren gerade fertig gestellten ökologischen Neubau in Unterkrumbach neben Hersbruck ausräumten. Daraus entwickelte sich im Jahr darauf der „Tag der Regionen", der bis heute deutschlandweit die Vorteile regionaler Wirtschaftskreisläufe präsentiert und die Akteure vor Ort zusammenbringt.

14 Jahre später ist es Zeit für Rückschau und Ausblick auf die Regionalentwicklung am Beispiel der Hersbrucker Alb. Denn diese ist vielfältig mit der Stadt Nürnberg und der Metropolregion verwoben.

Seit 1998 arbeiten Holzspezialisten im „Initiativkreis Holz" aus der Frankenalb zusammen, um das Image und die Nutzung des heimi- schen Holzes zu verbessern. 2008 feierte diese Initiative in unserer Halle zusammen mit der Metropolregion Nürnberg zehnjähriges Bestehen. Denn durch aktive Öffentlichkeitsarbeit entstanden eini- ge große Holzheizanlagen wie die für die Frankenalbtherme. Wir bauten ausschließlich aus den Materialien und mit Handwerkern aus der Nachbarschaft das „regionale Musterhaus" und ganz viele Einrichtungen für private und gewerbliche Auftraggeber. Überre- gionale Holzhausbauer beschwerten sich bald, dass sie ausschließ- lich im Nürnberger Land ständig nach der Herkunft ihres Holzes gefragt werden.

Auch das Bayerische Fernsehen wurde auf die Entwicklung auf- merksam, und so brachte der damalige Studioleiter Klaus Häffner im Jahr 2000 unsere regionale Massivholzküche mit heimischen Spitzenköchen und den Lebensmitteln von „Original Regional" auf der Consumenta zusammen. Diese Organisation hat ähnliche Ziele in der Metropolregion wie der schon lange vorher von Rainer Wölfel initiierte Verein „Heimat auf'm Teller". Leider zeigten die Akteure jedoch nie die gleiche Konsequenz bei der Betreuung und dem Aufbau regionaler Strukturen. Deshalb hat sich „Original Regional" eher zu einer Marke, „Heimat auf'm Teller" aber zu einem Qualitätssiegel entwickelt. Andererseits: Rein geschicht- lich kann „Original Regional" sogar an die Tradition des Gemüsebaus aus dem Knoblauchsland anknüpfen, seit jeher ein Paradebeispiel für ortsnahe Versorgung und regionale Wirtschaftskreisläufe.

Den Vorbildcharakter von „Heimat auf'm Teller", dem „Initiativkreis Holz" oder der Streuobstinitia- tive würdigten auch die italienischen Bürgermeister

Gäste des Festivals BIOerleben auf dem Nürnberger Hauptmarkt genießen die frisch zubereite- ten Speisen der Kochshows.

der Städte Positano, Orvieto und Greve in Chianti, die Hersbruck 2001 als erste Stadt außerhalb Italiens in ihre Vereinigung der lebenswerten Städte „Cittaslow" aufnahmen. Auch der damalige Bürgermeister Plattmeier ließ sich von der Idee anstecken. Noch heute ist er als Vorsitzender von „Cittaslow Deutschland" für die Verbreitung des Leitgedankens zuständig. Dieser besteht in der Stärkung einer Regionalkultur auf der Grundlage der „Agenda 21", dem 1992 in Rio de Janeiro erarbeiteten Leitpapier zur nachhaltigen Entwicklung.

Kochshows auf dem Hauptmarkt

Die Bedeutung regionaler Wirtschaftskreisläufe erkannte auch die Stadt Nürnberg und zeichnete 2003 Faber Castell, die Neumarkter Lammsbräu und uns Möbelmacher mit ihrem ersten Nachhaltigkeitspreis aus. Der damalige Umweltminister Werner Schnappauf ernannte uns zum Umweltbotschafter Bayerns, was wiederum ausgezeichnet zu den von Hubert Rottner auf der Umweltmesse „Grüne Lust" organisierten Kochshows passte: Dort gaben sich Spitzenköche wie Andreè Köthe, Stefan Rottner, Christian Wonka und – damals noch als Auszubildende – Diana Burkel im Zweistundentakt den Kochlöffel in die Hand. Später wurde der „Kochtalk" für das Festival „BIOerleben" am Nürnberger Hauptmarkt übernommen, wo neben dem Nürnberger Oberbürgermeister auch Dagmar Wöhrl oder Gabriel Pauli beim Zubereiten regionaler Genüsse in der Massivholzküche mitarbeiteten. Es war das erste Mal, dass ich mit Fotografen kurze Fotopausen vereinbaren musste, weil sie auf der Bühne den Blick verstellten.

Auf der westlichen Seite von Nürnberg arbeitete man schon lange mit der Macht der Bilder. Aus der Initiative „Tag der Regionen" entstand 2005 der „Bundesverband der Regionalbewegung" und die „Regionalbewegung Mittelfranken", die heute wie damals mit

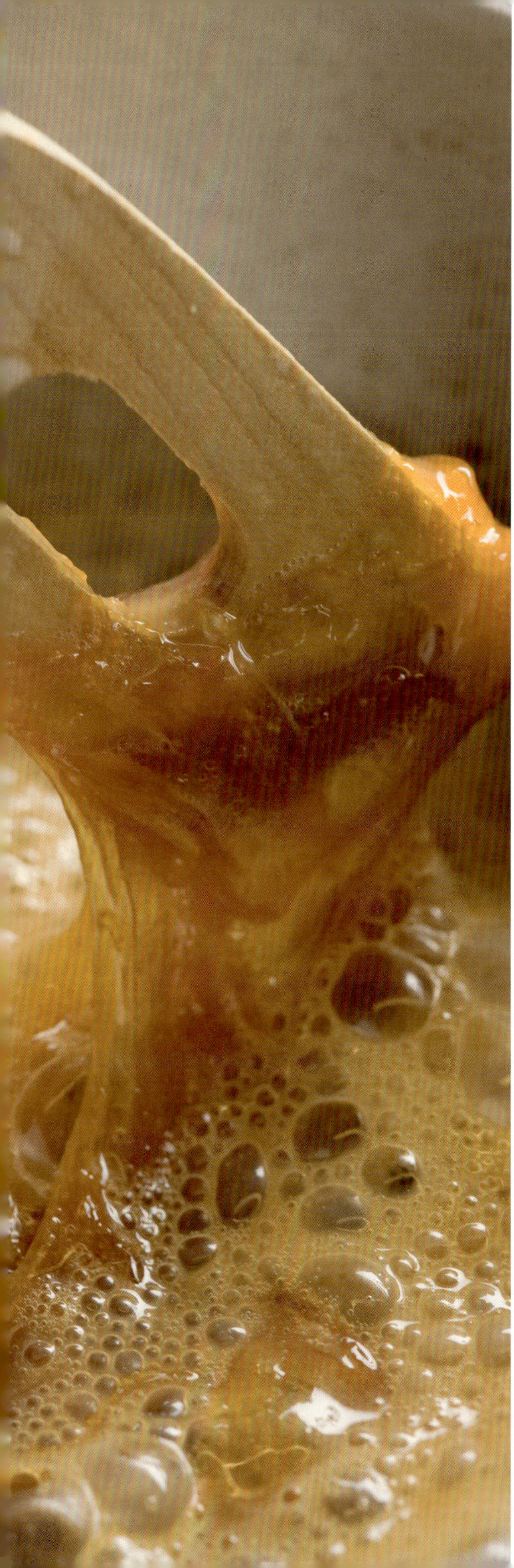

Die Miniköche aus Hersbruck vermitteln Freude am Kochen und werben für einen verantwortungsvollen Einkauf regionaler und saisonaler Lebensmittel.

Zweisternekoch Andree Köthe vom Essigbrätlein erklärt zusammen mit herwig Danzer, warum gute Lebensmittel und auch Küchen ihren Preis haben.

den originellen Ideen von Heiner Sindel und seinem Team für gute Presse sorgt. Ob er ein ganzes Dorf verpackt oder auf die gar nicht regionalen Mogelpackungen der Supermarkt-Eigenmarken hinweist: In harmonischer Zusammenarbeit mit dem Bezirkstagspräsidenten Richard Bartsch sorgt die Regionalbewegung deutschlandweit nicht zuletzt für die Erkenntnis, dass die Lebensqualität einer Region auch vom Heimatgefühl der Bevölkerung getragen wird. Der Einkauf bei den Direktvermarktern, dem heimischen Einzelhandel oder den ansässigen Handwerkern, aber auch der Besuch von Veranstaltungen oder der Gastronomie hält nicht nur das Geld in der Heimat, sondern schafft auch ein Gespür für Qualität und stärkt das Selbstbewusstsein auf beiden Seiten der Theke. Wahre Regionalität muss weltoffen sein und niemals provinziell.

Ist das Knoblauchsland der heimliche Vorreiter der Regionalbewegung?

Ein regionaler Rundumschlag par excellence gelang „Heimat auf'm Teller" auf der alle zwei Jahre stattfindenden Gewerbeschau im Frühjahr 2011: Das gemeinsam mit Gastronomen und Metzgern aus der „Cittaslow" entwickelte „Herschbrugger Wanderwürsch-dler" wird aus den Schweinen von Familie Stiegler aus Steinensit-tenbach in der Metzgerei Hartmann hergestellt, in der Massivholz-küche von Bürgermeister Robert Ilg und den Miniköchen zusammen mit einem Brötchen vom heimischen Bäcker und einer raffinierten Sauce live zubereitet, dabei in allen Einzelheiten erklärt und an Einheimische und Touristen verschenkt, worüber wieder-um die Hersbrucker Zeitung berichtete. Damit wurden im Kleinen alle Anforderungen an die Zukunft der regionalen Vermarktung erfüllt: Die Qualität muss stimmen, es muss originell, attraktiv und vor allem glaubwürdig sein; es müssen möglichst viele Branchen, Organisationen und Menschen beteiligt sein und es muss allen so viel Spaß machen, dass auch die Medien drüber berichten.

Nur wenn wir den Zeigefinger nicht zur Ermahnung, sondern zum Arbeiten an Ideen, Produkten und der Vernetzung verwenden, wird Regionalität greifbar und sowohl in der Metropolregion als auch in den kleineren Einheiten wie der Hersbrucker Alb mehr Lebensqualität bringen.

Vollwertige Abokisten aus dem Schloss

Auf dem Landgut Schloss Hemhofen zieht sich nachhaltiges Wirtschaften wie ein grüner Faden durch die Familiengeschichte. Das Landgut verfügt über einen traditionsreichen Gutshof, der seit 1980 ökologisch bewirtschaftet wird, und bietet mit der abokiste einen zuverlässigen Lieferdienst für hochwertige Lebensmittel an. Diese stammen zu hundert Prozent aus ökologischer, möglichst aus regionaler Erzeugung oder aus eigenem Anbau.

abokiste
Landgut Schloss
Hemhofen
91334 Hemhofen
www.abokiste.de
info@abokiste.de

Persönliche Beratung:
Tel.: 09195 / 8381
Montag bis Freitag
8 – 12.30 Uhr

Das Nürnberger Patriziergeschlecht der Winkler von Mohrenfels findet erstmals Erwähnung im „Geschlechtsregister der reichsfreien unmittelbaren Ritterschaft des Landes zu Franken". Ulrich Winkler lebte 1156 zu Nürnberg in besonderem Ansehen und besaß den „Edelmannshof und seiner Zugehörung". Die Winklerstraße westlich vom Nürnberger Hauptmarkt zeugt noch heute vom ehemaligen Stammsitz. Seit 1722 befindet sich das „Reichs-Freye-Ritterguth Hemhofen" im Eigentum der

Familie. Auf über 145 Hektar hat sich hier entgegen dem Trend zur industriellen Agrarproduktion eine große Bandbreite an landwirtschaftlichen Betriebszweigen entwickelt.
Die Freilandgärtnerei liefert erntefrisch über 60 verschiedene Sorten Salate, Kräuter, Gemüse und Obst. Im Ackerbau wird neben Gemüse, Getreide und Kartoffeln auch das Futter für die Tiere angebaut. Die Schweine leben artgerecht in Familiengruppen, auf Stroh mit reichlich Platz und Licht. Durch selbst gemischtes Futter ohne Soja, Fischmehl oder tierisches Eiweiß wachsen die Tiere langsam, ihrer natürlichen Lebensweise entsprechend, auf. Das Fleisch erreicht dadurch eine herausragende Qualität. Wie es sich für einen fränkischen Hof gehört, werden auch Weiher mit Aischgründer Karpfen, Schleie, Hecht und Zander bewirtschaftet.

In den Anfängen der abokiste gab es in Franken noch keine etablierten Vermarktungsstrukturen für ökologische Lebensmittel. Die Abhängigkeit vom Großhandel, lange Transportwege, ineffizienter Zwischenhandel und die steigende Nachfrage in der Region forderten neue Ideen.

Auf dem traditionsreichen Hoffest lässt sich die natürliche Wirtschaftsweise hautnah erleben.

![Das frühbarocke Schloss ist das Wahrzeichen des geschichtsträchtigen Landguts.](image)

Mit dem Slogan „Natürlich beliefern wir Sie" wurde 1992 die Werbetrommel für die kostenlose Frei-Haus-Lieferung gerührt. Die abokiste war erfunden. Von Anfang an kooperierte der Gründer, Haiko Winkler von Mohrenfels, mit befreundeten Ökobauern und Verarbeitern aus der Region. Diese ergänzen seitdem mit Brot, Käse, Milch, Eiern, Marmeladen, Nudeln, Saft, Wein, Bier und vielen weiteren Spezialitäten das Angebot. Aus den behelfsmäßigen Anfängen mit Karteikärtchen und VW-Bulli als Lieferwagen entwickelte sich ein Betrieb, der inzwischen etwa 2000 Kunden mit einem sehr großen Sortiment beliefert, darunter Privathaushalte, Schulen, Kindergärten, Büros und Arztpraxen.
Wöchentlich wird im Großraum Bamberg, Erlangen, Nürnberg und Fürth geliefert. Die Kunden können sich ihre Kiste per Internet oder Telefon zusammenstellen oder sich jede Woche mit einer von erfahrenen Mitarbeitern zusammengestellten Kiste verwöhnen lassen.

Trotz des enormen Zuwachses hat sich die abokiste nicht von ihren Wurzeln gelöst. Diese fassen die Inhaber mit den Worten nachhaltig, transparent und fair zusammen. „Für Kontinuität ist gesorgt", betont Haiko Winkler von Mohrenfels. Denn die Übergabe an Tochter Hannah ist schon in vollem Gange. Neben der Fortführung der abokiste ist geplant, das frühbarocke Schloss als Herz des Betriebs zukünftig für besondere Anlässe, wie z.B. Hochzeiten, nutzbar zu machen.
Immer am letzten Sonntag der Sommerferien feiert das Landgut sein legendäres Hoffest mit Kurzweil und Information, großem Kinderprogramm, leckerem ökologischen Essen, bäuerlichem Markt sowie Hof-, Stall-, und Felderführungen. Die ökologische Wirtschaftsweise lässt sich so vor Ort unmittelbar erfahren.

„Für Kontinuität ist gesorgt."
– Haiko und Hannah Winkler von Mohrenfels

Ein Kräuterparadies
vor den Toren Nürnbergs

Gesunde Ernährung ist prima. Wenn zugleich die Natur geschont wird, noch besser. Das KräuterGut von Tanja Dworschak beherzigt beides. Im Nürnberger Knoblauchsland produziert der Betrieb der Gärtnermeisterin biologische Topfkräuter: Basilikum, Schnittlauch, Petersilie und noch 250 Sorten mehr.

**Bioland KräuterGut
Dworschak-
Fleischmann**
Moosfeldweg 8
90427 Nürnberg
Tel.: 0911 / 9364761
www.topfkraeuter.de
info@topfkraeuter.de

Direktverkauf:
Ganzjährig
Montag bis Freitag
9 – 17 Uhr,
in der Saison länger
(telefonisch nachfragen)
Zusätzlicher Verkauf
auch über den
Internetshop

Um die Gewächse ranken sich von alters her Legenden. Von Basilikum heißt es, dass er Menschen „zu ehelichen Werken bewegt". Liebstöckel, auch „Luststöckel" genannt, macht die Wirkung als Aphrodisiakum bereits mit seinem Namen unmissverständlich deutlich. Um Ordnung in den Dschungel der Gewürz- und Heilpflanzen zu bringen, hat Tanja Dworschak ihre Kräuter katalogisiert und im Hinblick auf Gesundheit, Wellness und Küche beschrieben. Vor allem biologische Kräuter sind reich an gesunden ätherischen Ölen, weil die Pflanze, frei von synthetischen Düngern und Pflanzenschutzmitteln, langsamer wächst als im konventionellen Anbau.

Der Gesundheitsaspekt war ein wesentlicher Grund dafür, dass die Gärtnermeisterin und Mutter von vier Jungs den elterlichen Betrieb 1995 auf Bio-Anbau umstellte. Die Suche nach einer geeigneten Nische spielte in die Entscheidung mit hinein. Offene Augen für den Kreislauf der Natur und den Einfluss der Jahreszeiten sind Voraussetzung für den Beruf. Im „Bioland KräuterGut" kommt ein

Biologische Topfkräuter aus dem Knoblauchsland haben dank der Gewächshäuser das ganze Jahr über Saison.

hohes soziales Verständnis hinzu. Tanja Dworschak stellt auch sozial benachteiligte Personen ein: allein erziehende Mütter oder Väter, Menschen mit Handicap oder auch Langzeitarbeitslose. Wichtiger als die Karriere sind der Inhaberin die Motivation der Mitarbeiter und die Einhaltung fairer Spielregeln.

Neben der Auszeichnung zur „Unternehmerin des Jahres" im Jahr 2006 wurde das KräuterGut 2011 für das gesamtbetriebliche Konzept vom vom Bundesministerium (BLE) mit dem „Förderpreis ökologischer Landbau" ausgezeichnet. Zudem zählt das KräuterGut zu den Finalisten bei den „Taspo Awards 2011". Die Sortimentsbreite des Betriebs, der den Einzelhandel, den Fachhandel, Gartencenter und Endverbraucher versorgt, ist deutschlandweit einzigartig. In der Region und darüber hinaus finden dank Multi-Kulti auch die exotischen Kräuter interessierte Kunden.

*„Gesundheit und Kraft:
Für und gegen alles ist ein
Kraut gewachsen."
– Tanja Dworschak*

Bio-Gemüse
aus dem Großstadtgarten

Marcus Kratzer ist Bio-Bauer aus Überzeugung. Er lebt
das Motto, dass Gemüse gesund sein soll und nicht nur
schön aussehen muss. Als Demeter-Mitglied muss er neben
der organischen Düngung auch besondere Präparate wie
Hornkiesel und Hornmist auf seinen Feldern ausbringen.
Das Ergebnis rechtfertigt den Aufwand.

Demeter-Hof Kratzer
Wetzendorfer Str. 269
90427 Nürnberg
Tel.: 0911 / 333152

Marktzeiten:
Hauptmarkt, Nürnberg
Mai bis November
Freitag 8 – 16 Uhr

Vollwertige Ernährung beginnt beim Einkauf. Marcus Kratzers Stand auf dem
Nürnberger Hauptmarkt liefert dazu das Bio-Gemüse.

Großstadt, 12 Hektar.
Darauf baut er vor
allem Fenchel, Blu-
menkohl, Karotten,
Kohlrabi, Brokkoli, Ra-
dicchio, Feldsalat und
Rucola an. Mittendrin
sind Erntehelfer dabei,
das Unkraut von Hand
zu entfernen. Was sie
über die biologische
Anbauweise wissen?
„Wir setzen gezielt das
Wissen ein, dass in der
Generation unserer
Großeltern noch ganz
alltäglich war."
Rund 20 Prozent seiner
Fläche bringen Marcus
Kratzer keinen Ertrag
und damit kein Ein-

*„Wir setzen gezielt
das Wissen ein,
das in der Gene-
ration unserer Groß-
eltern noch ganz
alltäglich war."
– Marcus Kratzer*

Wie es zu dem Entschluss kam, ist schnell
erzählt: Der zunehmende Einsatz synthe-
tischer Dünge- und Spritzmittel sowie der
galoppierende Preisverfall für Lebensmittel
schufen eine Situation, mit der sich der
Gärtnermeister nicht mehr abfinden wollte.
Seit 1999 bewirtschaftet Marcus Kratzer
seinen Hof nach ökologischen Kriterien,
erste Erfahrungen im biologischen Anbau
sammelte er bei einem einjährigen Aufenthalt in der Schweiz. Um die im Boden
lebenden Nützlinge zu aktivieren, düngt er
die Felder mit einem Gemisch aus getrock-
netem Kuhmist und Wasser. Hornkiesel,
ein weiteres vom Demeter-Verband einge-
setztes Präparat, unterstützt das Wachstum
der Pflanzen.

Insgesamt bewirtschaftet Kratzer im
Knoblauchsland, dem Gemüsegarten der

kommen. „Auf diesen Feldern kann sich
der Boden erholen. Durch die Gründün-
gung, beispielsweise mit Lupinen und Sonnenblumen, tankt die Erde Stickstoff, die
dem Gemüse später als wertvolle Nahrung
dient", erklärt der Bio-Bauer.

Er ist überzeugt, dass die alternativen
Methoden dem Gemüse im Vergleich zur
konventionellen Bewirtschaftung einen
intensiveren Geschmack geben. Diese Einschätzung habe schon einer Blindverkostung Stand gehalten, die er mit Schülern
auf dem Nürnberger „Erfahrungsfeld der
Sinne" durchführte. Dass seine Ware frei
von bedenklichen Schadstoffen ist, belegen
regelmäßige Kontrollen der Bio-Märkte, die
Kratzer beliefert. „Mit unseren Produkten
ist der Verbraucher auf der sicheren Seite."

Spezialitäten (1):
Aischgründer Spiegelkarpfen

Von einer Fastenspeise zur schmackhaften Delikatesse

von Helmut Haberkamm

Ursprünglich ist er ein Asiate mit Migrationshintergrund. Dort gilt er als Fruchtbarkeitssymbol. Jahrhunderte lang wurde er hierzulande von Mönchen gemästet und auf Tellergröße hochgepäppelt. Äußere Erscheinung: auffälliger Buckel, spiegelnde Schuppen, glitschige Haut, glotziges Gemaule. Hervorstechendstes Merkmal: seine heimtückischen Y-Gräten.

Er liebt das Flache, Seichte und Lauwarme. Sehr gern versumpft er im Zwielichtigen und geht dort seelenruhig dem Leben auf den Grund. Der langsamste Fluss ist für ihn ein Gesundbrunnen, noch die allertrübste, sauerstoffarme Brüh ist sein Lebenselixier. Er taucht bevorzugt an Weihnachten und Silvester auf, bei sogenannten „Fischpartien", Kirchweihen und in der Karwoche. Sein Tarnname lautet Cyprinus Carpio. Spitzname: „Weihersau". Wer das ist? Kein anderer als der Aischgründer Spiegelkarpfen. Gesund ist er, reich an hochwertigem Eiweiß und lebenswichtigen ungesättigten Fettsäuren. Er begann seine Karriere als Fastenspeise und Fleischersatz, heute ist er eine schmackhafte Delikatesse, die Verkörperung leiblichen Wohls und das Symbol einer ganzen Region.

Der Aischgrund liegt zwischen Nürnberg und Würzburg und vor dem Steigerwald, der Schutz bietet vor heftigeren Winden und Stürmen. Er ist ein Wiesengrund mit wasserstauenden Tonschichten, eine Wärmeinsel wie geschaffen für Weiher. Seit mehr als 1200 Jahren werden hier Fischteiche bewirtschaftet, heute sind es über 4000. Im beschaulichen Karpfenland Aischgrund zwischen Neustadt a.d. Aisch und Forchheim begegnet man dem Karpfen an allen Ecken und Enden: Karpfendenkmal, Karpfenradweg, Karpfenprinzessin, Karpfenlied, Karpfenmuseum. Schon bald könnte es auch einen Karpfen-Krimi geben, einen Karpfen-Comic oder ein Karpfen-Musical. Ein Spruch wie „Man ist, was man isst" kann dem eingefleischten Aischgründer Grätengratzer nur ein müdes Lächeln entlocken. Hier ist der Karpfen Kult, eine Ikone, ein Geschenk des Himmels.

Karpfen isst man in den Monaten mit einem R. Wenn er auf dem Teller serviert wird, ist er „dreisömmrig", d.h. er hat drei Jahre auf dem Buckel. Im September beginnt die Karpfensaison und sie dauert bis April. Immer im Herbst starten die „Aischgründer Karpfenschmeckerwochen". Dann bieten Dutzende Fischküchen und Gastwirtschaften im Aischgrund die vielfältigsten Karpfengerichte an. Mittlerweile gibt es allerlei Zubereitungsarten: böhmisch, polnisch, balkanisch, mediterran, asiatisch, im Biersud und in Lebkuchensoße, als Pfefferkarpfen und Karpfen blau, als grätengeschnittenes Filet, Karpfen-Chips und Karpfenknusper, geräuchert und gefüllt, gesotten und gesulzt, gewürfelt und gewolft, und was weiß ich noch alles.

Der Klassiker schlechthin aber ist: ein gebackener Karpfen mit hausgemachtem Kartoffelsalat. Der Fisch wird lebendfrisch aus dem Kasten geholt, mit einem gezielten Schlag betäubt, und dann vom Kopf bis zu den Flossen der Länge nach in zwei Hälften zerteilt, wobei die besondere Kunst darin besteht, auch die Schwanzflosse exakt zu halbieren. Jede Hälfte wird gut gewürzt,

in Mehl und/oder Grieß gewendet und in schwimmendem Fett gebacken. Durch die Panade wird die Haut herrlich „reesch" und knusprig. Das Essen beginnt man mit dem nach oben gebogenen Schwanz und den Flossen, denn diese knackigen Teile kühlen am schnellsten ab. Dann arbeitet man sich vom unteren Bauch allmählich hoch zum Rücken und streift das Fleisch entlang der großen Gräten sanft ab. Aufpassen muss man nur auf die verzwickten Y-Gräten, die man am besten sorgsam herauszieht. Das ist eine Zeremonie für sich, ideal für Slow-Food-Genießer, die beim Aufgabeln die Entdeckung der Langsamkeit zelebrieren. Hartgesottene Vertilger lassen von einem Karpfen nichts auf dem Teller zurück außer Kopf, Rückgrat und Preisfähnchen.

Im Übrigen lautet eine landläufige Redensart: Der Karpfen muss drei Mal schwimmen – erst im Wasser, dann im Fett, und schließlich im Bier oder im Weißwein. Ein Schnaps danach wirkt Wunder und kann Berge versetzen.
In diesem Sinne: Wohl bekomm's!

Schnalzende Karpfen beim Abfischen im Herbst – zum Zungenschnalzen auf dem Teller

Besondere Karpfen, besonderer Schutz

Naturschützer als Delikatessen-Erzeuger – Mit dem Projekt „Karpfen pur Natur" ist dem Verein Bund Naturschutz in Bayern eine anspruchsvolle Kombination aus Artenschutz und Karpfenzucht gelungen.

Karpfen pur Natur
Georg-Eger-Str. 1b
91334 Hemhofen
Tel.: 09195 / 997351
www.karpfenpurnatur.de
info@karpfenpurnatur.de

Termine nach
Vereinbarung

Die Projektgruppe des Bund Naturschutz aus dem Kreis Erlangen-Höchstadt kultiviert in der großen Mohrhofsenke des Aischtals eine Nische: Karpfenzucht wie vor 100 Jahren. Hier haben sich nicht nur Karpfen, sondern auch vielfältige Tier- und Pflanzenarten Rückzugsorte eingerichtet, die in den vergangenen Jahrzehnten durch intensive Bewirtschaftung stark am Schwinden waren. Während sich normalerweise 800 bis 900 Karpfen auf einem Hektar tummeln, sind es bei „Karpfen pur

Natur" 300. Eine Besonderheit: Die Fische werden nicht gefüttert und entwickeln sich dennoch zu Prachtexemplaren, bis zu drei Kilo schwer, mit festem, kernigen Fleisch. Der Fettgehalt des Filets beträgt nur 1 bis 2 Prozent, deutlich weniger als im Durchschnitt, und die gesunden Omega-Fettsäuren liegen deutlich über dem normalen Wert.

„Im Grunde nehmen wir unsere Aufgaben noch sehr viel strenger wahr als bei einer ‚nur' biologischen Bewirtschaftung, da wir gar nicht füttern", betont Siegfried Liepelt, seines Zeichens Landschafts-Ökologe und Projektmitarbeiter beim Bund Naturschutz. Teichwirte der Region sind eingeladen, sich an dem staatlich geförderten Projekt zu beteiligen und gemeinsame Absatzwege zu nutzen.

Die Saison beginnt bei „Karpfen pur Natur" in der Regel am letzten Wochenende der Schulsommerferien mit einem Schaufischen. Lohnend ist der Besuch auch wegen der liebenswerten Landschaft des Aischgrundes, die sich als Ausflugsziel für den sanften Tourismus präsentiert. Zwei bis drei Mal pro Jahr veranstaltet „Karpfen pur Natur" mit Gastronomen eine Fischparty; über die Termine werden Interessenten per e-Mail informiert. Wer die Delikatesse (frisch bzw. vakuumiert) kaufen möchte, muss vorab einen Termin vereinbaren. Privatpersonen sind ebenso wie Gastronomen willkommen.

Über wenige andere Tiere existieren so viele Vorurteile wie über den Karpfen. Er gilt als Allesfresser und Schwein unter den Fischen, der gemästet wird, bis er für fette Beute sorgt. Bei „Karpfen pur Natur" lassen sich die Vorurteile getrost vergessen.

Ziegenkäse, an dem nichts zu meckern ist

Ein alternativer Lebensentwurf stand am Anfang des Ziegenhofes Schober. Ziegen für die Selbstversorgung, Obst von den eigenen Bäumen, Brot aus der Backstube …

Ziegenhof Schober
Buch 6
90619 Trautskirchen
Tel.: 09107 / 1336
ziegenhof.h.b.schober
@t-online.de

Hofverkauf:
Donnerstag
16 – 19 Uhr
Weitere Termine nach
Vereinbarung

Marktzeiten:
Koberger Platz,
Nürnberg
Freitag 8 – 18 Uhr

Schlossplatz, Erlangen
Samstag 8 – 15 Uhr

Von der Ursprünglichkeit des Landidylls ist bis heute kaum etwas verloren gegangen. Wie auf einer Alm betreiben Barbara und Heinz Schober im Zenntal, 40 Kilometer westlich von Nürnberg, eine sehr angesehene Hofkäserei.

Ein ausfüllender Beruf, wenngleich die 7-Tage-Woche mit wenig Urlaub nicht für romantische Vorstellungen taugt. Sauberkeit ist das A und O bei der Tätigkeit. Denn saubere, gut durchlüftete Ställe und gepflegte Ziegen bilden eine wesentliche Voraussetzung, um Käse in Top-Qualität herzustellen. Die Ziegen würden schlechte Luft über die Haut aufnehmen und damit die Milch beeinträchtigen, erklärt Barbara Schober. Die täglich frisch gemolkene Milch kommt daher auch nicht mit der Stallluft in Berührung. Sie wird über Rohre direkt in die Kühlanlage geleitet. Das Ergebnis sei eine Milch mit „Vorzeigewerten", die ökologischen Richtlinien genüge. Der Konsument kann den Urgeschmack am milden Charakter erkennen.

Im Sortiment befinden sich neben Ziegenmilch und Ziegenwurst diverse Frischkäse, mit Honig versüßt oder nach fränkischer Art gewürzt, mit Weißwein gewaschene und in Thymian gewendete Käse, auf der Zunge zerschmelzende Camemberts und kräftige Münster. Mit der Molke, die bei der Käseherstellung als Nebenprodukt entsteht, verfeinern die Schobers ihr Natursauerteigbrot. Die meisten Zutaten, insbesondere das Tierfutter und die Gewürzkräuter, beziehen die Landwirte von ihrem Hof. Etwa die Hälfte der zur Veredelung be-

„Die Menschen möchten wissen, was sie bekommen." – Barbara und Heinz Schober

stimmten Käse-Rohlinge liefern Kollegen zu. „Die Menschen möchten wissen, was sie bekommen", sagt Heinz Schober, und genau dieses Wissenwollen verbindet ihn mit seinem Umfeld.

Seit 1981 lebt Heinz Schober von und mit den Ziegen, seit 1988 im Vollerwerb. Sein Großvater erwarb einst den Hof und so ist dem ehemaligen Maurer die Landwirtschaft von Kindesbeinen an vertraut. Das Ehepaar genießt den Einklang mit der Natur. Ihr Hof und ihre Arbeit sind für sie ein Ort, an dem sie loslassen und Kraft tanken können. Sie bieten diese Erfahrungen auch für Interessierte an, die bei ihnen wohnen und arbeiten können.

Ziegenkäse, der vermutlich älteste Käse überhaupt, ist oft so weich, dass er schon auf der Zunge zerschmilzt. Die milden Sorten vom Ziegenhof Schober kommen im Frankenland gut an.

Ein Markt kommt an

*Von einem Verkehrsknotenpunkt zu einer Marktinsel:
der Koberger Markt*

Marktplätze wurden in reichsstädtischer Zeit fast immer nach ihrer Nutzung benannt. Namen sollten schlichtweg die Realität abbilden: Am Obstmarkt wurde hauptsächlich frisches und getrocknetes Obst verkauft, am Weinmarkt Wein gehandelt, am Trödelmarkt Alt- und Gebrauchtwaren.

Von großstädtischem Gewusel keine Spur: Der Koberger Markt hat eine lauschige Atmosphäre.

Vom heute nicht mehr gebräuchlichen Tendel- bzw. Trändelmarkt leitet sich der Name für Nürnbergs Trempelmarkt ab, Deutschlands größtem Innenstadtflohmarkt (jährlich im Mai und im September). Faktisch und namentlich unterscheidet sich von den Nebenschauplätzen heute noch der zentrale Markt der Stadt, der Hauptmarkt.

Der Koberger Markt ist ein Kind sehr viel jüngeren Datums und verdankt seinen Namen allein dem Platz, an dem er liegt, mit dem Verleger Anton Koberger hat er also nichts zu tun. Er entstand zwischen 1993 und 1994 aus einer rührigen Initiative. Die Anwohner wünschten sich einen Bauernmarkt vor der Haustür, gerne auch mit Bio-Lebensmitteln. In persönlichen Gesprächen

konnten sie Bauern für die Idee begeistern. Mit einem kleinen Fest wurde der Markt eröffnet, und seitdem ist er von der Marktinsel, ehemals ein Verkehrsknotenpunkt des Viertels, nicht mehr wegzudenken. Der Platz wird verschiedenfach genutzt und steht den Bewohnern unter anderem auch für eigene Aktivitäten zur Verfügung. Das Herzstück bleibt jedoch der freitägliche Markt. Ohne von Autoverkehr gestört zu werden, ohne schnelle Einkäufe erledigen zu müssen, können die Kunden entspannt und in familiärer Atmosphäre Lebensmittel direkt vom Erzeuger kaufen. Klein, aber fein nimmt sich das Angebot aus. Ein Geflügelhof bietet Hühner und selbstgemachte Eier-Nudeln an. Bei den Kollegen werden Frischfleisch und Wurst vom Schwein,

Rind, Kalb, Geflügel, Wild und Ziege angeboten, dazu Käse – beim Ziegenkäse allein über 40 Sorten –, Vollkornbrot und Feingebäck, heimische Fische, frisch und geräuchert, Gemüse und Schnittblumen, Honig und Marmelade sowie Eis aus einem Eiswagen, der Kindheitserinnerungen weckt.

Die Vielfalt ist erstaunlich und die Qualität, ob biologisch hergestellt oder konventionell, setzt sich durch. Die Anzahl der Besucher wächst stetig. Die Kunden kommen, obschon im Großen und Ganzen aus der Nähe, inzwischen auch aus anderen Stadtteilen und von außerhalb. Viele nehmen ein bisschen mehr Zeit mit. Zeit für ein Gespräch, Zeit für sorgfältige Auswahl. Keine Hektik, sondern Beschaulichkeit bestimmt den Rhythmus – es sind diese Qualitäten, die den Reiz des Koberger Marktes ausmachen.

Koberger Platz
Marktzeiten (ganzjährig): Freitag 8 – 18 Uhr

Alles rund ums Schwein

Bauernhof Meyer
Hammerschmiede 1
91564 Neuendettelsau
Tel.: 09872 / 7836
Hofverkauf:
Freitag 9 – 18 Uhr

Marktzeiten:
Koberger Platz,
Nürnberg
Freitag 8 – 18 Uhr

Geschmacklich ist Schweinefleisch das am vielseitigsten verwendbare Fleisch, liefert es doch Stücke für Filet, Oberschale, Knöchle, Schäuferle, Schinken, rohes Hackfleisch und vieles mehr. Über die Qualität entscheiden die Rasse, das Klima und die Fütterung. Der Bauernhof Meyer aus Aich bei Neuendettelsau kann als Paradebeispiel für einen sorgsamen Umgang mit dem Tier gelten. Die Schweine, eine Kreuzung zwischen „deutscher Landrasse" und „Pietrain", leben auf dem Gut und be-

kommen überwiegend hofeigenes Getreide. Nach acht bis neun Monaten (mit Weidehaltung) steht die Schlachtung an. Das so erzeugte hochwertige Fleisch erfährt danach eine ebenso hochwertige Weiterverarbeitung. Neben Frischfleisch gelangt so eine große Auswahl an fränkischen Wurstwaren in den Verkauf (ca. 40 verschiedene Sorten). Dabei wird weitgehend auf den Einsatz von Zusatzstoffen verzichtet, lediglich bei komplexeren Produkten wird auf diese Hilfsmittel zurückgegriffen.

Unter den leckeren Fleisch- und Wurstprodukten verdient der fränkische Bauernschinken besondere Beachtung (Reifezeit: 12 bis 16 Wochen). Im Herbst bietet der Bauernhof das Frischfleisch der Freilandschweine in verschiedenen Portionsgrößen vakuumverpackt an. Ein Termin, den viele Stammkunden herbeisehnen. Nur das Rindfleisch vom ANGUS-Weiderind wird aus regionaler Erzeugung zugekauft. Da es wie das Schweinfleisch vom Bauernhof in den Verkauf kommt, erfüllt es ebenfalls den Anspruch der Direktvermarktung.

In der Wurzel liegt die Würze

Schamel Meerrettich
Johann-Jakob-
Schamel-Platz 1
91083 Baiersdorf
Tel. 09133 / 77600
www.schamel.de
info@schamel.de

**Meerrettich-Museum
und Shop**
Judengasse 11
91083 Baiersdorf
Tel.: 09131 / 603040

Öffnungszeiten:
Samstag und Sonntag
10.30 – 17 Uhr
Gruppen jederzeit nach
Voranmeldung

„Meerrettichstadt Baiersdorf" – der Titel, den sich Baiersdorf auf dem Ortsschild und im Rathaus gibt, ist mit Blick auf die Historie nicht übertrieben. So wie Baiersdorf für Meerrettich steht, so ist der Familienbetrieb Schamel aus Baiersdorf zum Inbegriff für Bayerischen Meerrettich geworden.

Schamel verarbeitet handverlesene Kren-wurzeln aus eigenem Vertragsanbau. Nach der Ernte im Spätherbst werden die Stangen in Klimakam-mern gelagert (diese Seite rechts oben).

Eine Spezialität mit langer Tradition: Der auf Schloss Scharfeneck zu Baiersdorf residierende Markgraf Johann von Brandenburg soll die „magische Wurzel" im 15. Jahrhundert von Südosteuropa nach Franken gebracht haben. In und um Baiersdorf entstand das Zentrum des Anbaus, das als das älteste in Europa gilt. Früher gab es sechs Meerrettich verarbeitende Betriebe in Baiersdorf. Heute ist Schamel in dem Ort das einzige Unternehmen, das genussfertig geriebenen bzw. geraspelten Meerrettich herstellt. Der Anbau ist arbeitsintensiv: Jeder einzelne Setzling muss noch von Hand in vorbereitete Ackerfurchen eingelegt werden. Und auch bei der Ernte im Oktober ist Anpacken gefragt, wenn die Pflanzen gezogen werden und die Helfer die Stangen von unnötigen Wurzeln befreien. Mit den bayerischen Landwirten, die auf diese Weise arbeiten, hat Schamel feste mehrjährige Verträge. Die Bauern müssen sich somit keine Sorgen machen, keinen Abnehmer mehr zu finden. Schamel nimmt nahezu die gesamte heimische Ernte ab und kann sich auf seine Stärken konzentrieren: die Verarbeitung zu einem Feinkostprodukt mit konstant hoher Qualität und abwechslungsreichen Geschmacksvariationen.

Während Hartmut Schamel für die Produktion zuständig ist, kümmert sich Hanns-Thomas Schamel um die Vermarktung. Gemeinsam teilen sich die Brüder in fünfter Generation die Verantwor-

tung für den 1846 gegründeten Betrieb. Von den Pflanzen wird nur das Beste der Wurzel verwendet und aromaschonend verarbeitet, und zwar täglich „erntefrisch" – gelagert werden die Wurzeln in großen Klimakammern. Essig, Öl und Gewürze sind zusätzlich zu dem Rohstoff der Pflanze die Hauptbestandteile des Endprodukts. Schamel Meerrettich ist aus Gründen der Haltbarkeit geschwefelt und enthält keine weiteren Konservierungsstoffe, keine Süßungsmittel, keine Geschmacksverstärker und keine künstlichen Farb- oder Aromastoffe.

Die cremige Spezialität eignet sich nicht nur hervorragend als pikantes Extra zu Lachs und Rindfleisch, sondern könne, wie Hanns-Thomas Schamel verrät, im Grunde mit jeder Art Gericht kombiniert werden, sogar mit Süßspeisen: Alle zwei Jahre veranstaltet das Unternehmen mit dem Landesverband der Köche Bayern einen Meerrettich-Köchewettbewerb; dort entstehen auch tolle Desserts wie ein Meerrettich-Sorbet oder Bitterschokolade mit Meerrettich und Chili.

Auf wachsendes Interesse stoßen zudem die „Scharfen Wochen", die alljährlich im Oktober stattfinden. Rund 100 Gaststätten im fränkischen Umkreis bieten in dieser Zeit mindestens drei Gerichte und teils sehr kreative Kombinationen mit Meerrettich an. Neue Wege, die über das bekannte Angebot an Tafel- und Sahne-Meerrettich hinausreichen, geht Schamel mit seinem Sortiment schon länger. In den Variationen extra, süß-scharf, mild, mit Raspeln oder mit Früchten (Preiselbeer, Apfel, Orange) kann Meerrettich je nach Geschmack vielseitig, zum Würzen, Dippen oder Garnieren verwendet werden.
Gesunde Eigenschaften sagt man der Pflanze seit jeher nach. Nicht ohne Grund: In Meerrettich ist doppelt soviel Vitamin C enthalten wie in einer Zitrone. Bei so viel

Der genussfertige Meerrettich erspart den Kunden das tränenreiche Reiben der beißend-scharfen Wurzel. Die Spezialität wird als pikante Beigabe geschätzt: zu allen Wurst-, Fleisch- und Fischgerichten sowie zum Verfeinern von Gemüse, Suppen, Saucen und Salaten. Meerrettich eignet sich gut zum Mischen (s.u.).

Wissenswertem rund um die Sonderkultur lässt sich ein Besuch in Baiersdorf mit einem Abstecher in eines der Gasthäuser verbinden, die Meerrettich das ganze Jahr über auf der Karte haben. Im Zentrum wartet der Ort mit einer Besonderheit auf, die es so nur in Baiersdorf geben kann. In der Judengasse 11 befindet sich das Meerrettich-Museum. Aufgebaut und betrieben wird das Museum seit 1996 von der Familie Schamel.

„Meerrettich kann mit jeder Art Gericht kombiniert werden."
– Hanns-Thomas und Hartmut Schamel (re.)

Die Stadtwurst darf auch aus dem Umland kommen

Angeblich wissen die Nürnberger ganz genau, was eine Nürnberger Stadtwurst ist, sie sagen es aber nicht. Wer sich dieser Wurst aus kultureller Sicht nähern will, dem begegnet ein Phänomen: Bevor der Magen zu knurren anfängt, schwirrt einem der Kopf.

von Georg Lang

Denn diese herausragende Spezialität aus der Nürnberger Wurst-küche präsentiert sich in einem erstaunlichen Reichtum verschiedener Ausprägungen. Ihre Farben werden als rot, weiß, rötlich oder dunkel angegeben, sie erscheint auch in der Form einer Hausmacher ungeräuchert und geräuchert. Es erleichtert die Orientierung nicht gerade, dass die Nürnberger in der Regel auf die Bezeichnung „Nürnberger Stadtwurst" verzichten und einfach Stadtwurst sagen, die umliegenden Städte selbstredend auch. Dennoch kennt man hier wie dort die Nürnberger Stadtwurst als regionale Besonderheit.

Sie wird an ihren inneren Werten festgemacht, wonach es sich um eine für Franken und die Oberpfalz typische Brühwurst handelt, und zwar um eine grobe. Damit kann sie zumindest von der ein-

fachen Stadtwurst, die nicht grob sein darf,
gut unterschieden werden. Unter „grob"
hat man sich ein besonderes Verfahren der
strukturellen Anreicherung vorzustellen.
In das „gekutterte", also feinst geschnittene und zu einer unstrukturierten Masse
verarbeitete Fleisch, das „Grundbrät", wird
gehacktes, heute wohl meist „gewolftes",
das ist durch den Fleischwolf getriebenes
Schweinefleisch, und ebenso behandelter
grüner Speck zusammen mit etwas gere-
beltem Majoran eingelegt. Im Grundbrät
können Schweinefleisch und Rindfleisch
gemischt sein mit Ausnahme der Hausmacher Stadtwurst, die nur aus Schweine-
fleisch bestehen darf. Die Wurstmasse wird in Schweinsdärme
von ca. vier Zentimeter Durchmesser gefüllt und zu einem Ring
gebunden.

Jeder Metzger
hat seine eigene
Stadtwurst und jeder
Nürnberger seine
eigenen Favoriten
– ob rot oder weiß.

Fleisch mit Leichtigkeit

Ob die so beschriebene Typik die echte Nürnberger hinlänglich
genau wiedergibt, lässt sich nicht mit letzter Sicherheit feststellen. Wir wissen nur, dass sie in Nürnberg schon länger zu Hause
ist. Sie hat sich in die „ungeräucherte Weiße", „rote Hausmacher"
und „Hausmacher geräuchert" sowie eine ungezählte Anzahl von
Varianten aufgespalten. Es soll so viele Stadtwürste geben, wie es
Metzger gibt. Ursächlich dafür ist ein erstaunlich ausgeprägtes
Unterscheidungsvermögen des Nürnbergers, das es ihm gestattet, „seine" Stadtwurst nur von „seinem" Metzger zu akzeptieren.
Wehe es wird ihm eine andere vorgesetzt. Dann äußert er höfliches
Erstaunen, doch der Tag ist ihm vergällt. Von anderen Würsten hat
man Ähnliches noch nicht gehört. Die Nürnberger Stadtwurst ist
also wirklich unvergleichlich. Tatsächlich kommt selten Fleisch in
solcher Leichtigkeit und einladender Frische daher. Der Majoran
wirkt ein kleines Wunder und hebt den Geschmack in ungeahnte
Höhen. Am besten gelingt ihm das, wenn ihn kein Pökelsalz be-
hindert wie in der „Roten" , sondern Kochsalz unterstützt wie in
der „Weißen". Die Struktur von unnachahmlich zarter Grobheit
bietet der Zunge den angenehm leichten Widerstand, den lust-
volles Kauen braucht.
Trotz ihres feinen, eher zurückhaltenden Charakters kommt die
Stadtwurst vornehmlich mit geräuschvoller Begleitung auf den
Tisch. „Stadtwurst mit Musik" genießt so ausgeprägt den Rang
einer lokalen Spezialität, dass Touristen sie schon für die vierte
Spielart dieser Wurstsorte gehalten haben. Wirklich unübertroffen
köstlich spielt sie aber ganz solo auf, entweder kalt in Scheiben auf
dem Butterbrot oder warm in Scheiben als Einlage in der Kartoffel-
suppe oder im Kartoffelgemüse. Von der „ungeräucherten Weißen"
ist hier natürlich die Rede. Man mag dem Stadtwurstforscher
nachsehen, dass es für ihn in Wahrheit keine andere gibt.

Echtheit schafft Qualität und Vertrauen

In keinem anderen Land verarbeiten Metzger Fleisch und Wurst zu so vielen Variationen wie in Deutschland. Gegen den Trend zur industriellen Massenproduktion kann sich die Metzgerei Meyer als handwerklicher Betrieb nur mit Frische, Echtheit und Service behaupten. Aber wie!

„Frische und Qualität sind unser oberstes Gebot."
– Gabriele und Gerhard Meyer

Metzgerei Meyer
Kirchenweg 39
90419 Nürnberg
Tel.: 0911 / 330723
www.metzgerei-meyer.de
info@metzgerei-meyer.de

Öffnungszeiten:
Montag
7 – 14 Uhr
Dienstag bis Freitag
7 – 18 Uhr
Samstag
7 – 12.30 Uhr

schon beim Braten in der Pfanne: Die Schnitzel und die Steaks behalten ihre Größe. Dass sie aufgrund der feinen Fettäderchen, die das Fleisch durchziehen, besser schmecken als handelsübliche Ware, ist ein weiterer Vorteil.

Ob Schwein (Schwäbisch-Hällisches Landschwein), Bio-Rind, Geflügel oder andere Fleischsorten – für die gut und ehrlich produzierten Lebensmittel wird die Metzgerei seit langem regelmäßig ausgezeichnet. Seit 1998 führt der Betrieb das Prädikat des „Fünf Sterne Fleischers". Die Auszeichnung besagt, dass die Metzgerei höchste Standards erfüllt und rund 90 Prozent der Wursterzeugnisse aus eigener Herstellung produziert. Dabei verzichtet das Geschäft auf eine Fülle von erlaubten Zusatzmitteln und verarbeitet nur reine, natürliche (Bio-) Gewürze, frei von allergenen Stoffen. Auch das Gastro-Magazin „Der Feinschmecker" ist voll des Lobes und führt die Metzgerei Meyer seit 2001 kontinuierlich unter den 400 besten in Deutschland.

Die Metzgerei, die im Mai 2011 ihr 50-jähriges Bestehen feierte, folgt einer bewährten Tradition: Metzgermeister Gerhard Meyer kennt seine Landwirte und Zulieferer persönlich. Um Fleisch in sehr guter Qualität an den Kunden bringen zu können, müssen die Tiere artgerecht aufgezogen und anständig gefüttert werden. Beides wirkt sich direkt auf die Fleischstruktur und auf den Geschmack aus. Durch die längere und gesündere Aufzucht setzen die Tiere, vor allem Schweine und besonders Rinder, mehr intramuskuläres Fett an. Die Verbraucher merken den Unterschied

Aus dem großen Angebot, das auch Fisch, Käse, Antipasti, Feinkostartikel und Brot umfasst, seien als Empfehlung zuvorderst die fränkischen Wurstspezialitäten genannt. Doch eigentlich werden alle Sachen, auch die im Bistro servierte Hausmannskost, in bester Qualität hergestellt. Gerhard Meyer hat dafür eine einfache Faustregel: „Frische und Qualität sind unser oberstes Gebot."

Die Metzgerei achtet auf einen sehr bewussten Umgang mit Wurst und Fleisch.

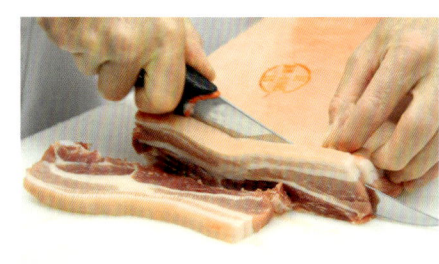

Ein Maßstab unter den Bratwürsten seit 1313

von Hartmut Frommer

„Alles Schweinelenden-Brät soll man in die Würste hacken" – so bestimmte es der Nürnberger Rat in einer ca. 1313 ergangenen Satzung.

Mit Fug kann darin die Geburtsanzeige der Nürnberger Rostbratwurst gesehen werden.

Zwar lässt sich die Kunst, prallgefüllte Därme auf glühenden Holzkohlen zu rösten, schon bei Homer belegen, aber deren Inhalt war eher der Schlachtabfall. Für die Nürnberger Bratwurst hingegen sollte nur das beste, von den Alten als Brät bezeichnete Fleisch verwendet werden, beim Schwein damals vor allem die Lende. Sinn und Zweck dieser kopernikanischen Wende von der Bratwurst zur Brätwurst war die Ernährungsfürsorge des Rates: Die Brätwürste waren für den Rauchfang bestimmt (dies im bäuerlichen Kreis noch im 20. Jahrhundert!) und sorgten für vorzügliche Fleischbeilage in Jahreszeiten ohne Schlachtungen.

„… nicht grösser als ein Gedankenstrich,
aber unnachahmlich lecker."

Indes öffnete das Nürnberger Jahr 1313 auch den Weg zur gebratenen Wurst als gastronomischer Köstlichkeit. Damals ist im Friedhof um die Sebalduskirche die Moritzkapelle errichtet worden. Bald darauf schon ging die Rede von den „Köchen bei St. Sebald", die mit dem „blauen Glöcklein" zur frischgebruzzelten Wurstspeisung riefen und dazu später einen winzigen Anbau an die Kapelle lehnen durften. „Unter den Wirtshäusern Deutschlands wird neben Auerbachs Keller in Leipzig keines so bekannt sein", heißt es in einem Fremdenführer anno 1904 über das „Bratwurstglöcklein", und weiter: „An seiner kulinarischen Gabe erquickten sich Albrecht Dürer, Hans Sachs und alle Sterne, die je am Himmel Nürnbergs prangten." Auch wenn das alte Wirtshaus die Kriegszerstörung von 1944 nicht überlebt hat: Die innige Verbindung zwischen „Wörschdla" und Nürnberg-Romantik lebt in den heutigen Bratwurstküchen, allen voran das Bratwursthäusle, das Herzle und der Gulden Stern, unverkürzt fort – auch in Bezug auf die berühmte Speisekarte mit auf offenem Buchenholzfeuer gebratenen 6, 8, 10 oder 12 Stück auf Kraut, Kartoffelsalat oder Meerrettich.

Darüber hinaus wirkte der genius loci auch sonst kräftig ein. Bereits die Satzung von 1313 bestimmte einen Fleischbeschauer, der die Dienstbezeichnung „Würstlein" führte: Die Wurstherstellung, von jeher „Wechselbalg der Metzgerei", ist wegen des Nürnberger „Reinheitsgebotes" bis heute strengsten Bestimmungen unterworfen. Auch Gewicht, Dicke und Länge werden ständig kontrolliert, wovon nicht nur ein den Grabstein einer 1554 verstorbenen „Köchin von St. Lorenz" zierendes Wurstmaß auf dem Rochusfriedhof beredtes Zeugnis ablegt, sondern auch die aktuelle Längenmessgabel, die der Bratwurstschutzverbandsvorsitzende sozusagen als Amtszeichen gebraucht. Und wie oft ist bei der täglichen Bratwurstschau auf den Fleischbänken minderwertige Arbeit konfisziert und in die Pegnitz geworfen, der Wiederholungstäter aber an den Pranger gestellt worden!

Nachdem die vom Rat geförderte Schweinehaltung der städtischen Müller und Bäcker den ständig steigenden Bedarf nach Menge und das Umland nach Güte nicht mehr decken konnte, wurden bereits im Mittelalter über Böhmen Schweine aus den Haupterzeugungsgebieten Ungarn und Kleinpolen eingeführt. Über all das wachte das Bratwurstministerium der Reichsstadt, die „deputierten Herren … zu den Metzgern und den Fleischbänken."

Am Ende des Hl. Röm. Reiches ist die alte Kaiserstadt unangefochten Hauptstadt der deutschen Bratwurst geworden. Auch die heute allseits so beliebte Verwendung zu sommerlichen Grillfesten ist in Nürnberg bereits seit der Barockzeit heimisch. Der Versandhandel blühte: Kaum einer der Geistesheroen mochte auf die wundersamen Leckereien verzichten. Goethe bestellte sie per Eilpost nach Weimar, „davon sogleich ein Theil zum Nachtisch aufgebraten wurde", und Jean Paul bedankte sich herzinnig mit „die Würste sind meinem Magen schöne Vergissmeinnicht von Nürnberg". Freilich handelte es sich hier um Geräucherte und selbst bei diesen sollte die Verschickung nur bei kaltem Wetter erfolgen: „Du darfst die Würstl nur bei kaltem Wetter senden", schrieb Adalbert Stifter. Es mussten noch mehr als 100 Jahre vergehen, bis die Entwicklung moderner Konservierungstechnik die globale Vermarktung der echten Nürnberger möglich

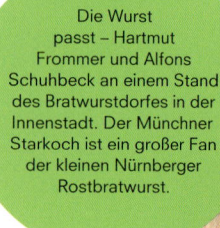

Die Wurst passt – Hartmut Frommer und Alfons Schuhbeck an einem Stand des Bratwurstdorfes in der Innenstadt. Der Münchner Starkoch ist ein großer Fan der kleinen Nürnberger Rostbratwurst.

machte. Seither sind in Nürnberg vier Bratwurst-Großbetriebe entstanden, deren überwiegend vakuumverpackte Produkte im deutschen Lebensmittelhandel überall präsent und darüber hinaus (fast) weltweit verbreitet sind. Zusammen mit den handwerklichen Herstellern in den Nürnberger Metzgereien, den Bratwurstküchen und der Stadt selbst sind die Säulen aufgezeigt, auf denen der 1998 gegründete Schutzverband Nürnberger Bratwürste ruht, der 2003 die Verleihung der Rechte einer EU-geschützten Herkunftsspezialität erreichte. Und zwar als erste – und auch als einzige Bratwurst der Welt, wenn man darunter die hergebrachte Brätwurst versteht. Denn im Laufe des 19. Jahrhunderts wurde im übrigen Deutschland die gewolfte („grobe") durch die gekutterte („feine") Bratwurst ersetzt. Das Nürnberger Gebot von 1313 gilt heute nur noch im traditionsbewussten Franken! Nur so kann der vom Stadtrat für seine Wurst festgesetzte sagenhafte BEFFE-Wert (der für die Fleischqualität entscheidende Gradmesser) von 12 % eingehalten werden.

Bleibt die Frage, warum „die Wörschdla so klaa san". Angefangen mit den Schlüssellochgeschichten gibt es dazu zahllose Legenden. Lassen wir sie heut beiseit und nähern uns dem Kern: „Allem Grossen gegenüber ist der Franke skeptisch", so Fitzgerald Kusz. Dem Nürnberger eignet Klasse statt Masse und Qualität statt Quantität. Die Stadt liebt die Diminutive, mit deren Hilfe sie ihr – keineswegs geringes – Selbstbewusstsein überdecken kann. Sie hat deshalb schon im 17. Jahrhundert den Wettstreit um die größte Bratwurst aufgegeben (mit einer unguten Reprise 1934) und begnügt sich seither mit dem kleinsten „niedlichen Ding, nicht grösser als ein Gedankenstrich, aber unnachahmlich lecker" (Grashauser/Schäffer). Und dies hat dazu geführt, dass nirgends auf der Welt sich eine Stadt so mit ihrer Bratwurst und eine Bratwurst so mit ihrer Stadt identifiziert hat wie in Nürnberg.

Ein historischer Glücksfall
für Bratwurstfreunde

Für den Heißhunger gibt es Nürnberger Bratwürste in der Innenstadt an jeder Ecke. Wer allerdings die Absicht hat, „Original Nürnberger Rostbratwürste" im Flair einer „Original Nürnberger Bratwurstküche" zu bekommen, dessen Aufmerksamkeit wird schnell auf das Haus „Zum Gulden Stern" gelenkt.

**Historische
Bratwurstküche
Zum gulden Stern**

Zirkelschmiedsgasse 26
90402 Nürnberg
Tel.: 0911 / 2059288
www.
bratwurstkueche.de

Öffnungszeiten:
Täglich 11 – 21.30 Uhr

Der Stolz des „Gulden Stern" liegt nicht allein im altehrwürdigen Ambiente begründet, sondern auch in der Qualität der Original Rostbratwürste. Diese kommen frisch, nicht gebrüht und nicht in der Fritteuse vorbehandelt, auf den Buchenholzgrill.

Es ist ein Glücksfall in mehrfacher Hinsicht: Gut 600 Jahre lang hat das Gasthaus nahe der Kirche St. Jakob, in einem der ältesten Siedlungsgebiete der Stadt, alle Kriege überstanden. Während die Gegend um die Burg relativ gut erforscht war, befand sich hier ein vergessener Platz. Beinahe wäre das Haus für immer im Dunkel der Geschichte verschwunden, wenn, wie für kurze Zeit geplant, die Abrissbagger angerückt wären. Doch im Jahr 1980 erwarb Martin Hilleprandt, ein Altbayer und damals Vertriebsleiter einer Großbrauerei, das Eckhaus zusammen mit drei Nachbargebäuden und ließ es unter Mithilfe der Altstadtfreunde liebevoll renovieren. Was der städtische Archivdirektor, Dr. Michael Diefenbacher, dann im Zuge der Nachforschungen über das Haus herausfand, sorgte über die Grenzen Nürnbergs hinaus für Aufregung. Seit 1999 weiß der

stolze Besitzer, dass der „Gulden Stern" die älteste, noch am selben Platz existierende Bratwurstküche der Welt ist. Die anderen historischen Bratwurstküchen in Nürnberg und in Regensburg haben wohl ältere Konzessionen, befinden sich aber allesamt nicht mehr in den Gebäuden, in denen sie ursprünglich betrieben wurden.

Martin Hilleprandt scheute keine Kosten und Mühen, um die architektonische Rarität originalgetreu wiederherzustellen – 1419 wurde der „Gulden Stern" urkundlich erstmals erwähnt und um 1375 dürfte das Gasthaus, das wahrscheinlich auch die älteste, am selben Platz betriebene Bierschankstätte Nürnbergs ist, erbaut worden sein. Zum besonderen Ambiente tragen die historischen Details bei. Durch behutsame Renovierung gelang, ohne nachträgliche Verschönerung, der Brückenschlag

Die Historische Bratwurstküche „Zum gulden Stern",
anno 1419 urkundlich erstmals erwähnt, präsentiert
sich dem Besucher wie einst – vom elektrischen Licht,
der Lüftung und ein paar Details abgesehen.

zwischen Mittelalter und Gegenwart.
Versteckte Ecken und Winkel verbreiten
authentisches Flair, ebenso das alte Holz,
die historische Feuerstelle aus der Zeit um
1640 und echte Butzenscheiben, die in zeit-
gemäßes Isolierglas eingefügt wurden. Eine
neu installierte Belüftungsanlage verhin-
dert, dass der Raum und die Besucher nach
Bratwurstküche riechen. Kurzum: Der
„Gulden Stern" ist auch eines der schönsten
denkmalgeschützten Häuser in Nürnberg.
„Manche Besucher kommen sogar nur
hierher, um einmal durchzugehen", merkt
der Besitzer an. Touristenscharen würden
aber nicht einlaufen, sondern überwiegend Nürnberger Publikum, das auch die
Original Rostbratwürste schätzt.

Martin Hilleprandt und die Geschäftsfüh-
rerin des Hauses, Waltraud Fleischmann,
legen größten Wert auf Frische. Die von
zwei Nürnberger Metzgern hergestellten
Rostbratwürste werden weder gebrüht
noch in der Fritteuse vorbehandelt, sondern roh und frisch auf den Rost über
das Buchenholzfeuer gelegt. Das sei zwar
zeitaufwendiger, garantiere aber „höchste Qualität". Nicht zuletzt deshalb, aber

auch wegen der guten, frischen Qualität
der Nebenprodukte wie dem Kartoffelsalat und dem Fasssauerkraut erhielt der
„Gulden Stern" lobende Erwähnungen im
„Feinschmecker" und „Michelin" – eher
ungewöhnlich für eine Bratwurstküche,
stimmig jedoch für diese Traditionsstätte,
die bereits 1640 in die gehobene Kategorie
der Speisehäuser eingeordnet wurde.

*„Manche Besucher kommen sogar nur
hierher, um einmal durchzugehen."
– Martin Hilleprandt*

Saure Zipfel

aus der Historischen Bratwurstküche
„Zum Gulden Stern"

Alles aufkochen lassen, zum Schluss den
Weißwein hinzugeben, mit Deckel ab-
decken, dann eine halbe Stunde ziehen
lassen, bis die Zwiebeln weich sind.

Zutaten für 4 Personen:

8 Bratwürste

2 Zwiebeln

Wacholderbeeren, Nelken,
Lorbeerblätter, Pfefferkörner

500 ml Wasser

2 EL Zucker, 1 Prise Salz

250 ml Essig

250 ml Frankenwein

Bio-Biere mit feinen Unterschieden

Der kulinarische Wert eines guten Bieres wird bei der Neumarkter Lammsbräu seit jeher hochgeschätzt. Der Traditionsbrauerei, deren Ursprünge in das Jahr 1628 reichen, ist es dabei sehr wichtig, neben dem Genussfaktor auch den Aspekt der Nachhaltigkeit zu beachten.

Neumarkter Lammsbräu

Amberger Str. 1
92318 Neumarkt
Tel.: 09181 / 4040
www.lammsbraeu.de
info@lammsbraeu.de

Das „ökologische Reinheitsgebot" der Lammsbräu beginnt auf dem Acker und setzt sich über sämtliche Zutaten bis zum Transport konsequent fort. Für die Biere wird ausschließlich Aromahopfen und eigenes Malz verwendet.

„Feinste Variationen in Geschmacksbild und Farbe prägen den Charakter des Bieres entscheidend mit."
– Franz Ehrnsperger

In den 1980er Jahren stellte der Inhaber Dr. Franz Ehrnsperger den Betrieb auf ökologische Produktion um. Seit 1995 lebt das Unternehmen die Bio-Philosophie zu 100 Prozent. Die Pioniere aus der Oberpfalz verwenden ausschließlich Bio-Zutaten von Bio-Bauern aus der Region. Rund 100 Landwirte zählen zu der Erzeugergemeinschaft, die eng mit der Brauerei zusammenarbeitet. Das von der Lammsbräu initiierte Projekt „Fair zum Bauern" sorgt dafür, dass die Bauern einen sichereren und wirtschaftlichen Ertrag haben. Für die 18 verschiedenen Bio-Biere brauen die Oberpfälzer ausschließlich mit ganzem, unbehandeltem Naturdolden-Aromahopfen. Dieser zeichnet sich gegenüber dem Bitterhopfen um ein feineres Aroma und mehr biertypische Inhaltsstoffe aus. Das Bier profitiert im Übrigen auch von dem reinen Mineralwasser der Lammsbräu-Quelle, so auch die Bio-Erfrischungsgetränke des Hauses.

Besonders stolz ist die Lammsbräu auf ihre eigene Mälzerei. Als einzige Bio-Brauerei in Deutschland hält sie den Entstehungsprozess ihrer Biere somit vom Anfang bis zur Auslieferung in der eigenen Hand. „Bei der Entstehung des Malzes gelingen unseren selbst ausgebildeten Mälzern bereits feinste Variationen in Geschmackbild und Farbe, die den Charakter des Bieres entscheidend mitprägen", hebt Franz Ehrnsperger hervor. Der Lammsbräu stehen somit zahllose Möglichkeiten der Feinabstimmung zur Verfügung, die herkömmliche Mälzereien nicht bieten.

Getestet und vermittelt wird die Geschmacksvielfalt unter anderem von einem Bier-Sommelier. Heinz Kühnlein ließ sich entsprechend ausbilden und gilt als der Bier-Experte der Neumarkter Lammsbräu schlechthin. Bei einem Culinarium gibt er interessierten Gästen des Hauses einen Einblick in die Welt des Bieres (s. Seite 44-45).

Auf die Nuancen kommt es an

Bier kann nicht so feinsinnig wie Wein getestet werden? Was für ein Irrtum! Ein Bier-Sommelier klärt auf.

von Heinz Kühnlein

Haben Sie es auch schon bemerkt? Ein Pils passt gut zu Rettich, Steak, Pizza und Zanderfilet. Ein Helles schmeckt am besten zu einem Schweinebraten und Obatzten. Ein Weizen harmoniert mit Karpfen und ein Dunkles mit Geflügel und Wildgerichten. Die ideale Trinktemperatur liegt bei 7 bis 10 Grad Celsius. Alkoholstärkere Biere, wie zum Beispiel einen Bock, genießt man gerne mal etwas temperierter (bis zur Zimmertemperatur), da sich bei höheren Temperaturen die Aromen besser entfalten. Das Weißbier darf etwas kühler sein. Das alles sind keine persönlichen Vorlieben, sondern ist vielmehr „Bierwissen auf höchstem wissenschaftlichen Niveau". So formuliert es Dr. Wolfgang Stempfl, der Geschäftsführer der Doemens Akademie, die die ersten Bier-Sommeliers in Deutschland ausbildet. Bei Veranstaltungen, wie sie die Neumarkter Lammsbräu anbietet, wird das Wissen regelmäßig an Genießer weitergegeben.

Zum Beispiel bei einem Bier-Culinarium. Hierzu gehört ein erlesenes Menü in festlicher Atmosphäre und zu jedem Gang das passende Bier. Die Biersorten werden nicht in Maßkrügen ausgeschenkt, sondern Schluck für Schluck aus feinen Aromagläsern verkostet, sodass den Teilnehmern der Gerstensaft nicht zu Kopf steigt. Von Weinproben kennt man das längst. Doch dass die Welt des Bieres ebenso vielschichtig ist, ist den meisten nicht bewusst.

Der erste Moment ist oft entscheidend

Ein Bier-Sommelier geht dem Geschmack auf den Grund. In rund 100 Stunden Ausbildung an der Doemens Akademie befasst er sich intensiv mit der Sensorik. Es ist eine Schule der Sinne. Und eben das gilt auch für das Bier-Culinarium – es schärft die Sinne für gutes Bier. Denn es geht bei Weitem nicht nur um den Geschmackssinn. Beim Einschenken sind aufmerksame Augen gefordert: Ist der Schaum feinporig und fest wie geschlagene Sahne? Ist das Bier golden, rötlich oder dunkel? Ist es trüb oder klar? Macht die Kohlensäure das Bier angenehm spritzig? Dann kommen die rund 25 Millionen Riechzellen zum Einsatz: Ein Pils hat eine deutlich erkennbare Hopfenblume, ein Dunkles duftet stark malzig. Das „Lammsgold" der Neumarkter Lammsbräu riecht sogar ein wenig nach Marzipan.

Jetzt erst sind die 2000 Geschmacksknospen auf der Zunge an der Reihe. Und die schmecken plötzlich nicht einfach nur „Bier". Sie bemerken würzige Nuancen ebenso wie fruchtige. Süße Noten wie Karamell, Nougat und Honig ebenso wie herbe. Im Kopf entstehen Bilder. Ein deutlich getreidiger Geschmack versetzt uns beispielsweise in eine Bäckerei. Das alles passiert in Sekundenbruchteilen. Deshalb ist die entspannte Atmosphäre bei einem Bier-Culinarium von Vorteil: Bei der Sensorik entscheidet oft der allererste Moment, deshalb müssen die Teilnehmer konzentriert und mit allen Sinnen präsent sein.

Zwei bis drei Schlucke reichen in der Regel, um den Charakter eines Bieres zu erkennen. Und was zeichnet nun ein gutes Bier aus? Es muss typgerecht sein – ein Weizen muss klar als Weißbier identifizierbar sein – und dennoch überraschen. Doch wie ist das möglich? Woher kommen die unterschiedlichen Geschmacksvarianten? Es sind doch immer dieselben Zutaten: Hopfen, Malz und Wasser. Auch darüber lernt der Bier-Sommelier alles. Geschmack und Farbe richten sich nach dem Gehalt von Stammwürze, Alkohol und Dunkelmalz. Die Stammwürze ist der Zuckergehalt eines Bieres. Viel Zucker macht den Gerstensaft süffig, wenig Zucker macht ihn herb. Das Malz sorgt für Farbgebung und Aroma. Darüber hinaus spielt die Hopfengabe eine große Rolle. Wird er beim Brauen früh hinzugefügt, kocht er folglich länger mit und erhöht die Bitterkeit.

Botschafter des guten Geschmacks

Der Bier-Sommelier kennt obendrein die gesundheitlichen Aspekte beim Biergenuss und gibt sein Wissen an Köche und Gastronomen weiter. Als kulturbewusster Botschafter des guten Geschmacks hat er nicht zuletzt die Aufgabe, dem Einheitsgeschmack entgegenzuwirken. Hinter einigen bekannten deutschen Brauereien stehen längst internationale Konzerne, die die Herstellung vollständig dem Gebot der Massentauglichkeit unterwerfen. Die Vielfalt der traditionsreichen Braukunst zu erhalten – auch das ist daher dem Bier-Sommelier ein Anliegen.

Und so tritt der Bier-Genießer allmählich heraus aus dem Schatten des Wein-Liebhabers. Sensorik findet nicht länger nur in den Laboren der Brauereien zur Qualitätssicherung statt. Die Zahl der Bierkenner, die ein Gespür für Aussehen, Aroma, Balance und Nachtrunk eines Bieres entwickelt haben, nimmt zu. Sie treffen sich bei festlichen Veranstaltungen wie dem Bier-Culinarium oder schlicht weiterhin im Biergarten. Und sie haben Weinfreunden bei der Verkostung sogar eines voraus: Sie müssen nicht spucken, sie dürfen schlucken! Denn die bitteren Noten eines Bieres müssen die Zungenwurzel erreichen. Na dann: Prost!

Traditionelle Braustätte mit bierigen Spezialitäten

Jahrhunderte lang war Nürnberg auch eine Biermetropole. Die Hausbrauerei im Altstadthof und die Felsengänge halten die Geschichte authentischen Nürnberger Brauens lebendig. Über das für die Stadt typische Rotbier hinaus bewahrt Braumeister Reinhard Engel auch mit weiteren Spezialitäten die Eigenheit des Bieres.

Hausbrauerei Altstadthof

Bräustüberl, Sommergarten, Bühne, Musikkeller, Brauereiladen
Bergstr. 19
90403 Nürnberg
Tel.: 0911 / 2449895
www.Hausbrauerei-Altstadthof.de
info@Hausbrauerei-Altstadthof.de

Öffnungszeiten:
Brauerei Laden
Sonntag bis Donnerstag
10.30 – 17 Uhr
Freitag und Samstag
10.30 – 18 Uhr

Bräustüberl
Schwarzer Bauer
Sonntag bis Donnerstag
11– 24 Uhr
Freitag und Samstag
11 – 1 Uhr

Musikkeller Schmelztiegel

Mittwoch und Donnerstag
19 – 1 Uhr
Freitag und Samstag
20 – 4 Uhr
An Brückentagen und Feiertagen
20 – 2 Uhr

Dass er heute die Geschicke der Hausbrauerei verantwortet, ist für Reinhard Engel eine späte, aber glückliche Fügung. Nach seinem Studium wurde er 1984 von der Neumarkter Lammsbräu eingestellt, um den Nürnberger Betrieb am Fuß der Burg zu leiten. Ein Aushängeschild: Die Lammsbräu hatte hier die erste Brauerei nach 1945 in Nürnberg und zugleich Deutschlands erste Bio-Brauerei gegründet. Der Berufseinsteiger wurde jedoch am Stammsitz in Neumarkt gebraucht und kam nur ab und an zum Probebrauen nach Nürnberg. 1997 wendete sich das Blatt: Als die Pachtverhältnisse für die Brauerei und die bislang getrennt betriebenen Gaststätten des Hauses ausliefen, führte Engel zusammen, was seiner Meinung nach zusammengehört. Brauerei, Gaststätte und Felsenkeller liegen seitdem in einer Hand.

An der Grundphilosophie hat sich mit der Umstellung auf Direktvermarktung nichts geändert. Ökologische Rohstoffe regionaler Anbieter und traditionelle Herstellungsverfahren bilden die Eckpfeiler der Produktion. Hopfenpulver aus der Industrie und Tricks zur Konservierung lehnt Engel aus guten Gründen ab. Zum einen, weil er das Brauen nie anders kennengelernt hat, zum anderen, weil die gängigen High-Tech-Methoden wie Filtrieren, Stabilisieren und Erhitzen dem Bier Geschmacksstoffe entziehen. Trotz hohen technischen Knowhows behält das naturbelassene Bier somit seine individuellen Ecken und Kanten, die den flacheren Erzeugnissen der Brau-Riesen fehlen.

Anhand des würzigen Rotbiers, dem Flagschiff der Hausbrauerei Altstadthof,

lässt sich nachspüren, wofür Nürnberger Bier einmal gestanden hat und heute noch steht. Es ist dabei nur eine von mehreren Spezialitäten, die Engel seit der Übernahme des traditionsreichen Hauses, dessen

Geschichte ins 14. Jahrhundert reicht, wieder eingeführt hat. Sechs Biere von hell bis dunkel werden auf der Basis des alten Braurechts hergestellt, im kühlen Felsenkeller gelagert und in die markanten 1-Liter-Bügelflaschen zum Verkauf abgefüllt. Zu jedem dieser Biere gesellt sich ein eigener Bierbrand. Mit dem zwei Jahre im Barrique-Fass gereiften Schwarzbier-Brand gelang dem Braumeister 2008 auf Anhieb ein Coup: Im internationalen Wettbewerb „Destillata" ging der Edelbrand mit Whiskyaroma als Sieger in der Kategorie der Getreidebrände hervor.

Da Bier den Appetit anregt, steht es nicht nur neben dem Teller. Die malzigen Aro-

Das Haus der Altstadthof-Brauerei wurde im 14. Jahrhundert erbaut. Inzwischen hat sich Bier nicht nur wegen des Reinheitsgebotes von 1516 erheblich weiterentwickelt. Markante Biersorten in Bio-Qualität und weitere Spezialitäten auf Bier-Basis heben den Genuss.

men kommen im Braustüberl „Schwarzer Bauer" zum Beispiel als Roastbeef in Malz-kruste auf den Tisch und geben den Bier-Essigen sowie dem Bier-Senf einen inter-essanten Geschmack. „Unsere Zielsetzung ist es, Spezialitäten herzustellen. Da wird es noch die eine oder andere Überraschung geben", sagt Engel. Sehr freut er sich über den ersten Organic Single Malt Whisky aus seinem Haus. Die „komplex–würzige Whiskeynase mit ausgeprägten Kakao-Schokoakzenten" wurde bei „Destillata" 2011 auf Anhieb mit einer Silbermedaille belohnt. Die Handwerkskunst des Brauers

lässt sich manchmal mit dem Fein-Tuning eines Winzers vergleichen. Auch in seinen Flaschen steckt ein ganzer Mikrokosmos an Geschmackseindrücken.

„Unsere Zielsetzung ist es, Spezialitäten herzustellen. Da wird es noch die eine oder andere Überraschung geben."
– Reinhard Engel

Die Kellergeister sind wieder aktiv

Nürnberg und Umgebung sind nicht erst seit der Neuzeit ein Ort des Genusses. Auch unsere Vorfahren verstanden etwas von Lebensart. Diesen Freuden kann der Besucher der historischen Felsengänge nachgehen.

**Historische
Felsengänge
Nürnberg**

Bergstraße 19
90403 Nürnberg
Tel.: 0911 / 23602731
www.historische-
felsengaenge.de
info@historische-
felsengaenge.de

Von Lesungen, Musik und Kino über rotes Bier bis zu Nürnbergs vergessenen Kellergeistern gibt es in dem riesigen Labyrinth bei Veranstaltungen und Führungen viel zu erleben.

Den Vorfahren lag besonders das Essen und Trinken, die „ehrliche, ziemliche und auch erlaubte Wohllust des Leibes", wie es ein Kochbuch von 1542 umschreibt, am Herzen. 300 Liter Bier im Jahr – so viel trank ein erwachsener Nürnberger im späten Mittelalter. Im prallen Zeitalter des Barock steigerte sich der Konsum gar auf durchschnittlich drei Liter am Tag. Dagegen sind die 100 Liter, die der Deutsche heute im Jahr trinkt, eine sehr überschaubare Größe. Es ist jedoch nicht der puren Sinnenfreude zuzuschreiben, dass das Bier in der Vergangenheit zu solchen sportlichen Höchstleistungen herausforderte.

Bier war, ähnlich wie in Weingegenden der Wein, ein tägliches Lebensmittel, da es außer für Kinder kaum andere Getränke gab. Fruchtsaft konnte nicht konserviert werden, das Wasser aus öffentlichen Brunnen war verschmutzt und das natürlich gefilterte Wasser aus der Unterwelt lag in den Händen privilegierter Bürger.

Die 1380 erstmals urkundlich erwähnten Historischen Felsengänge dienten zwei Zwecken: Ursprünglich wurden sie einzig und allein für die Bierlagerung gebraucht. Das seit dem Mittelalter gebraute Rotbier war untergärig und musste bei einer Temperatur von acht Grad gekühlt werden, damit es nicht schlecht wurde. Als weiterer Zweck kam der Handel mit sauberem Wasser hinzu. Hierfür wurde das vom Burgsandstein gefilterte Oberflächenwasser in eigens errichtete Gänge umgeleitet. Ab 1862 übernahm die von Carl Linde entwickelte Eismaschine die Funktion der Kühlung. Das Bier verschwand aus den Kellern.

Die 1984 eröffnete Hausbrauerei Altstadthof bescherte den Felsenkellern eine Renaissance. In Zusammenarbeit mit dem Förderverein Nürnberger Felsengänge und dem Verein „Geschichte für alle" entstand ein umfangreiches kulturelles Programm. Als ein Highlight dürfen die vom Staatstheater Nürnberg inszenierten internationalen Gluck-Opern-Festspiele gelten, die erstmals im Juli 2010 viel Beifall fanden. Besondere Erlebnisse sind die Führungen und Veranstaltungen allemal. Essen und Trinken erfüllen dabei einen nicht unwichtigen Zweck. Die Besucher erfahren in der Hausbrauerei Wissenswertes über die Handwerkskunst des Brauens und können sich mit fränkischen Spezialitäten aus dem Bräustüberl stärken.

Lebendige Geschichte und Kultur in Nürnbergs Felsengängen am Fuß der Burg. Die Gänge locken mit Führungen und kulturellen Veranstaltungen (im Bild: Orpheus-Aufführung des Nürnberger Staatstheaters aus dem Jahr 2010). Auch die Brauerei ist hier wieder aktiv. Die kühlen und dunklen Räume sind für die Lagerung bestens geeignet (Bild linke Seite).

Programm (Auswahl)

Offene Führungen:
Historische Felsengänge
Täglich 11, 13, 15 und 17 Uhr,
Samstag und Sonntag
11 – 18 Uhr jede Stunde

Rotes Bier in tiefen Kellern
Freitag und Samstag 18 Uhr

Nürnbergs vergessene Kellergeister
(Erlebnisführung mit Schauspiel,
Licht und Toninstallation)
Samstag 19.30 und 21 Uhr

A Walk in the Dark – Die Dunkelführung
Freitag 21 Uhr, ab 14 Jahre

Kinderführungen:
In den bayerischen Schulferien
Montag bis Freitag 12 und 14 Uhr

Gruppenführungen:
Nach Vereinbarung täglich von 8 bis 24 Uhr

Kulturelle Veranstaltungen

Das zweitägige Sommernacht-Filmfestival findet jedes Jahr im August statt. Das aktuelle Programm mit Lesungen, Konzerten und Theaterinszenierungen wird unter www.historische-felsengaenge.de angekündigt.

Im Zeichen der Bärenschanze

Bier fasziniert Stefan Stretz schon lange. Bereits im Alter von 16 Jahren setzte der Brauer bei sich zu Hause seinen ersten Sud an. In seiner zweiten, ordentlichen Heimbrauerei, einer ehemaligen Hinterhofwerkstatt in der Bärenschanzstraße, entwickelte der Brauer nach seinem Studium das Rezept für das populäre „Schanzenbräu".

Schanzenbräu
Brauerei und
Schankwirtschaft
Adam-Klein-Str. 27
90429 Nürnberg
Tel.: 0911 / 93776790
www.schanzenbraeu.de
prost@schanzenbraeu.de

Öffnungszeiten:
Täglich 11 – 1 Uhr

Die Brauereikneipe des Schanzenbräu hat es in kürzester Zeit vom Szene-Tipp zu allgemeiner Popularität gebracht.

„Wir werden auch in Zukunft den besonderen Biergenuss herausheben."
– Stefan Stretz

Die Technologie, die Stefan Stretz in der Anfangszeit zwischen 2004 und 2007 einsetzte, unterschied sich nur unwesentlich von der Ausrüstung des forschen Jugendlichen. Die Rohstoffe wurden in ausgedienten Waschkesseln eingemaischt, aufgesägte Bierfässer dienten als Gärbottiche. Im Januar 2007 bezog die Brauerei in der benachbarten Adam-Klein-Straße neue Räume. Mit neuer, professioneller Technik und einem größeren Produktionsvolumen war die Zeit reif, um an die Öffentlichkeit zu gehen. Die Premiere im Gostenhofer Café „Salon Regina" brachte das Bier in aller Munde und schon ein Jahr später lief es in der Schankwirtschaft der Brauerei aus dem Zapfhahn. „Seitdem geht es stetig bergauf", merkt Stefan Stretz an, der die Wirtschaft zusammen mit Sebastian Köhler betreibt. Die beiden Hauptsorten, das vollmundige „Helle" sowie das hopfenaromatische und malzige „Rotbier", werden nach dem be-

währten Rezept inzwischen außer Haus, in einer Brauerei der Fränkischen Schweiz, gebraut, da die Kapazität vor Ort längst nicht mehr ausreicht. In der Adam-Klein-Straße 11 entstehen stattdessen Spezialsorten wie das leichte Sommerbier, das Märzen, das Schwarzbier und das „Lebkuchenbier" mit Zimt und Kardamom. „Wir sehen uns als regionale Nischenbrauerei und werden auch in Zukunft den besonderen Biergenuss herausheben", ist Stretz überzeugt. Der schattige Biergarten und die urig-alternative Gaststätte bilden das Aushängeschild der Gostenhofer. Die Gäste kommen sowohl für ein Bier als auch wegen des Essens, der Brotzeit und der leckeren fränkischen Hausmannskost. Wie in schöner Kneipen- und Café-Tradition üblich, fühlt sich hier jeder, vom Schüler bis zum Rentner, vom Nachbarn bis zur Rathausdelegation, gut aufgehoben.

Die „Hopfenrebe" aus dem Nürnberger Süden

von Georg Lang

Mühlreisighaus bei Spalt: Die hochgiebeligen Fachwerk- und Sandsteinhäuser sind charakteristisch für Spalt und die Umgebung. Früher wurde dort auf bis zu sechs Böden unter dem Dach der Hopfen gelagert und luftgetrocknet.

„Unser Hopfen – Unser Bier" verkündet stolz die Werbeschrift der Stadt, als seien die zwei Dinge in Spalt nicht zu trennen. Etwas Wahres ist da schon dran. Die „Seele" des Bieres, wie der Hopfen gern bezeichnet wird, wäre für sich alleine stehend eine sprichwörtlich „arme Seele". Es muss einfach so sein, dass die Stadt für das Bier ihrer städtischen Brauerei genauso berühmt ist wie für ihren Hopfen.

Spalter Hopfen war schon im Mittelalter ein derart herausragendes Produkt, dass er nicht ohne Qualitätssicherung und -kontrolle auskam. Im frühen 16. Jahrhundert hat der Eichstätter Bischof als Landesherr der Stadt das Siegelrecht für ihren Hopfen verliehen. Die Stadt hatte sicher auch schon Jahrhunderte vorher gesiegelt, konnte nun aber eine gleichsam amtliche Qualitätsmarke nachdrücklich und erfolgreich gegen minderwertige Produktionen verteidigen. Die Spalter siegeln immer noch mit dem alten Siegel, die Qualitätssicherung liegt heute in den Händen einer 1953 als eingetragene Genossenschaft gegründeten Erzeugergemeinschaft, der Hopfenverwertungsgenossenschaft HVG. Sie steuert auch die gemeinsame Vermarktung, und sie pflegt die heimische Hopfensorte „Spalt Spalter" in der Erhaltungszüchtung.

Auf dieser Landsorte beruht der Ruhm des Spalter Hopfens seit alter Zeit. Sie trägt wie die nahe verwandten Sorten Tettnanger und Saazer Hopfen den Namen des Gebietes, in dem sie traditionell angebaut wird. Woher sie ursprünglich stammt und wie sie nach Spalt gekommen ist, lässt sich nicht mehr feststellen. Der „Spalt Spalter" hat immer noch seinen festen Platz im Sortiment des regionalen Anbaus, auch wenn er heutzutage einer unter vielen ist.

‹ Der Hopfen wächst in unseren Breitengraden so schnell wie keine andere Pflanze. Man kann ihm fast beim Wachsen zuschauen. Bei optimalen Bedingungen schießt er am Tag 30 Zentimeter in die Höhe. Von den Ranken werden nur die Blüten verwendet.
Die besondere Zusammensetzung von Aromastoffen und ätherischen Ölen machen den Spalter Hopfen zu einer regionalen Spezialität erster Güte.

Wegen seiner großen geschmacklichen Vorzüge wurde er auch für die Züchtung der neuen Sorte „Spalter Select" eingesetzt. Dem heutigen Zeitgeschmack entsprechend haben die Züchter die grasigen Noten des alten Spalters zugunsten der höher geschätzten Citrus-Note zurückgedrängt und die Bitterstoffe noch etwas harmonischer in die Gesamtwürze eingebunden. Die Hopfenbittere, die der wuchtigen Süße des Malzes herbe Frische verleiht, ist nämlich nicht jedermanns Sache. Wenn sie nicht zum Wermutstropfen im Bier werden soll, muss sie in einem zeitgemäß definierten Verhältnis zu den übrigen Aromastoffen stehen.

Bitterhopfen, Aromahopfen, Hocharomahopfen lautet die Steigerung von Hopfen. „Spalt Spalter" und „Spalter Select" gehören zu den Superlativen. Die Hopfenpflanze würde die Höchstleistung nicht bringen, hätte sie nicht in Spalt beste Bedingungen und die fürsorglichste Pflege. Boden und Klima sind ideal, und die Menschen beherrschen die nicht ganz einfache Sonderkultur aus der langen Tradition des Anbaus heraus perfekt. „Hopfenrebe" nennen sie die Pflanze achtungsvoll. Tatsächlich stand der Hopfen mit dem Wein zusammen in den Rebgärten, bis er um 1500 den Weinbau in der Region ganz ablöste. In der Bezeichnung Hopfengarten klingt der alte Weingarten noch nach.

Wie die Weinrebe klettert auch die Hopfenrebe himmelwärts und braucht eine Kletterhilfe. Ursprünglich reichte ein einfacher Stecken, der beim Hopfen wohl etwas länger war als beim Wein. Die Anordnung auf der Fläche folgte keinem strengen Schema. Der Drahtrahmen zur Erziehung der Pflanzen ist erst den pädagogischen Bemühungen des 19. Jahrhunderts zu danken. Seither stehen Hopfen und Wein in schnurgeraden Reihen stramm und streben im Gleichschritt ins Drahtgerüst. Das Bild lässt fast vergessen, dass der Hopfen wie der Wein zu den vornehmsten Familien der Nutzpflanzen gehört. Stand nicht seinerzeit der König der Gemüse, der Spargel höchstpersönlich Pate für die Sprossen des Hopfens? Hopfenspargel ist ein kulinarisches Zauberwort, das Sehnsucht weckt. Zwar verbergen sich dahinter nur die überzähligen Sprossen des Wurzelstocks, die bis auf zwei oder drei je Kletterseil ausgebrochen werden müssen, um das Wuchern der Pflanze zu verhindern. Aber als Salat auf den Teller gebracht, sind sie eine unübertroffene Delikatesse. Gelegentlich sollte man sie sich leisten, auch wenn es kostspielig wird. Für Genüsse dieser seltenen und allerfeinsten Art gelten zu Recht Liebhaberpreise.

Spalt setzt auf Genuss plus

Altes Handwerk und neue Technik – Diese Kombination hat sich für zahlreiche Brauer als goldrichtig erwiesen. Im Hinblick auf urige Umgebung und innovative Produkte setzt die Stadtbrauerei Spalt Maßstäbe. Der Ruf der regionalen Spezialität eilt den Bieren voraus und er eilt wohl noch lange weiter.

Stadtbrauerei Spalt
Brauereigasse 3
91174 Spalt
Tel.: 09175 / 79610
www.spalter-bier.de
info@spalter-bier.de

Einzigartige Standortfaktoren treffen in der Stadt zusammen: der aromareiche Spalter Hopfen, die Architektur der Hopfenhäuser, die Situation der Stadtbrauerei als Deutschlands einzige kommunale Brauerei und der charaktervolle Geschmack, der die insgesamt 16 Biersorten prägt. Da wäre es doch viel zu schade, die Spalter Bierkultur nur in Flaschen abzufüllen und sie kastenweise zu verkaufen, findet Udo Weingart. Als Erster Bürgermeister der Stadt verantwortet er das Geschäft der Brauerei, so wie seine Vorgänger im Amt, die das Unternehmen seit der Gründung im Jahr 1879 führten. Die Stadt hatte den Betrieb in einer Versteigerung aus privater Hand erworben.

„Der Genuss zählt heute viel mehr als früher", weiß Udo Weingart, und daher rankt sich ein Rahmenangebot um das regionale Produkt, mit dem Interessierte ohne Weiteres einen ganzen Tag füllen können: Brauereiführungen mit dem Biersommelier, Seminare, Degustationen, Feste und Sehenswürdigkeiten wie ein Museumshopfengarten lenken mehr Aufmerksamkeit auf Kultur und Historie als üblich (nähere Informationen unter www.spalter-bier.de).

Verdient haben die Biere diese Wertschätzung ohne Zweifel. Charakteristisch ist der gut gehopfte, herbe Geschmack, der über feine Aromanoten sehr schön abgerundet wird. Die beliebten Sorten wie Pils, Vollbier, die Durstlöscher, das Export und das Starkbier wurden im September 2011 um ein neues Produkt erweitert: ein glutenfreies und laktosefreies Bier mit Buchweizen und 2,8 Prozent Alkohol. Das erstaunt vor allem deshalb, da Buchweizen als nicht vermälzbar galt und Brauer sich mit Hirse und Amaranth behelfen mussten, um glutenfreie Biere herzustellen. Das Getränk soll laut Weingart den gesundheitsorientierten Verbraucher ansprechen, der ein Erfrischungsgetränk mit regionalem Rohstoff sucht. Die Stadtbrauerei entwickelte deshalb sogar einen neuen Brauprozess. „Das ist das Besondere an uns", sagt Weingart, „wir wollen nichts nachmachen, sondern anders sein."

Brauer wie andere auch? Die Mitarbeiter der Stadtbrauerei Spalt (links im Bild: Braumeister Uwe Schulz) identifizieren sich nicht nur stark mit „ihrem" Bier. Sie sehen sich auch als Botschafter der Stadt, die für ihren Hopfen berühmt ist.

„Wir wollen nichts nachmachen, sondern anders sein."
– Udo Weingart

Wissen wird Macht

Bioproduktion in der Metropolregion Nürnberg

von Hubert Rottner Defet

„… übrigens hatte jedes dieser wie aus verschollenen Träumen übriggebliebenen alten Häuser seinen spezifischen Geruch, als wäre er vor vielen hundert Jahren von einem Lebkuchenbäcker zusammen mit dem Haus mitgebacken worden, und diese Gerüche drangen aus den offenen Korridoren, Fenstern und Toren, es roch nach Safran und Bärendreck, nach Käsekuchen und Pfefferplätzchen und Bier, nach Ochsenmaulsalat und Bratwürstchen … nach gebackenen Karpfen, nach Spargel und kondensiertem Mittelalter."

– Hermann Kesten, „Mit Menschen leben", ars vivendi verlag

Seit Venedig im 11. Jahrhundert Byzanz eroberte, gelangen tropische Gewürze nach Europa. Die Nürnberger Kaufleute sicherten sich mit Hochzeiten, Geheimverträgen und Erfindungsreichtum im 14. Jahrhundert den ersten Platz im Haus des Handels in Venedig und konnten so die Spezereien verstärkt über Nürnberg nach Mittel- und Nordeuropa leiten. Auch als später zuerst von den Portugiesen und dann von den Holländern der Seeweg nach Indien entdeckt wurde, waren es die Nürnberger Kaufleute, die vor Ort das Geschehen in die Hand nahmen. Die Spezereien waren somit der Handelsartikel der Nürnberger Kaufleute im Mittelalter und brachten Geld, Macht und fremde Gerüche in die alte Reichsstadt. Gerne übernahmen die Nürnberger Metzger und Lebküchner die exotischen Zutaten, fügten regionale Grundstoffe hinzu und schufen die weltberühmten Bratwurst- und Lebkuchenklassiker. Leider werden diese in der industriellen Produktion nicht mehr aus reinen oder gar regionalen Zutaten hergestellt. Es ist daher an der Zeit, diese Traditionen zu stärken.

Die Nürnberger Brautradition reicht bis ins Jahr 1305, als das erste weltweit bekannte Reinheitsgebot vom Nürnberger Rat festgelegt wurde. Über die Jahrhunderte bestimmten Brauereien und Hopfenhandel das Bild der Altstadt. Während aber der weltweite Hopfenhandel noch heute zu 40 Prozent über Nürnberger Firmen abgewickelt wird, befinden sich im Stadtgebiet derzeit nur noch zwei kleine Gasthausbrauereien. 1806 dagegen

Ein Schweinezüchter bei BIOerleben am Hauptmarkt: Ein wenig erinnert er an die Stadt Nürnberg, die wie Hans im Glück mit der Messe BioFach zunächst auch nichts anzufangen wusste.

zählte man noch 34 Brauereien alleine in der Altstadt. Und vor nur 100 Jahren war ohnehin alles Bio, ohne Kunstdünger und Pflanzenschutzmittel. Aufgrund sauberer Flüsse konnten sich Lachse ansiedeln, damals wie Flusskrebse ein „Arme-Leute-Essen".

Bei der Frage nach der Qualität eines Lebensmittels ist man schnell bei Bio gelandet. Und in der Tat, ein Biolebensmittel ist das bestuntersuchte, das man auf dem Markt finden kann. Das Qualitätsdenken beginnt bei den Erzeugern mit jährlich zwei Kontrollen. Sodann wird der Großhändler oder „Weiterverarbeiter" auch zweimal besucht und schließlich derjenige, der das Produkt in den Verkehr bringt, sei es Gastronomie, Einzelhandel oder der Supermarkt, ebenfalls. Von der EU-Bionorm, die mittlerweile in allen Discountern zu finden ist, hebt sich die „Premium-Qualität" der Anbauverbände wie Bioland, Demeter, Naturland, Biokreis und GÄA ab. Aber wo Bio draufsteht, ist im Grunde auch Bio drin, andernfalls macht man sich strafbar. Zu wünschen wäre nur, dass alle Lebensmittel so gut kontrolliert werden, wie das bei Bio der Fall ist.

Der Mangel an mehr Bio aus der Region ist hauptsächlich auf die bescheidene Unterstützung seitens der Politik zurückzuführen. Dass der Anteil trotzdem mittlerweile fünf Prozent des Lebensmittelhandels ausmacht, begründet sich aus der Nachfrage der Konsumenten. Dieser Macht wird sich der Verbraucher erfreulicherweise immer bewusster. Die Rückbesinnung auf traditionelle,

Lustwandeln bei der Grünen Lust auf dem Wolfgangshof, einem Gutshof von Faber-Castell.

handwerklich hergestellte Lebensmittel ist dank Slow Food und den Regionalbewegungen allerorten ein gutes Beispiel hierfür.

In der Metropolregion Nürnberg sind derzeit rund 1300 ökologisch wirtschaftende landwirtschaftliche Betriebe registriert. Dazu gibt es noch eine große Zahl von sehr kleinen Produzenten, die sich eine Zertifizierung und den damit verbundenen bürokratischen Aufwand nicht leisten, aber Ansprüchen an eine biologische Produktion gerecht werden. Auch wundert es nicht, wenn man sich die Geschichte des Lebensmittelhandwerks anschaut, dass die Region die größte Dichte an Biobrauereien weltweit aufweist.

Führende Bioregion in Europa

Die Metropolregion nennt sich die führende Bioregion in Europa. Nicht ohne Grund: Bereits seit 1988 gibt es einen Umweltreferenten in Nürnberg und einige Stadtratsbeschlüsse zu mehr Bio-Produkten in städtischen Einrichtungen. Die Bio-Szene der Metropolregion zeichnet sich durch ein starkes Netzwerk sowohl für Endverbraucher (s. Blue Pingu, S. 131) als auch durch die BioInnung für Firmen aus. Zu den Leuchttürmen der rund 250 Verarbeiter in der Region zählen die Messe BioFach mit fünf Ablegern (USA, Japan, China, Indien, Lateinamerika), der Zertifizierer

Die Rinder aus den Herrmannsdorfer Landwerkstätten interessieren sich für die Brotzeit des Bauern. Vielleicht gibt er ja was ab?

BCS Bio Controll System und die Neumarkter Lammsbräu (siehe Seite 43). Und übers Jahr locken fünf Ökomärkte (FrühjahrsLust, Sommerkiosk, BIOerleben, Grüne Lust, Winterkiosk) mit vielen regionalen Produzenten zum Einkauf. Allerdings bräuchte es noch mehr Allianzen zwischen Bauern und Verbrauchern, wie zum Beispiel das in den USA sehr erfolgreiche CSA (community supported agriculture). Dann können in Zukunft auch in Vergessenheit geratene Traditionen wiederbelebt werden. Beispiele hierfür sind das Eichelschwein im Reichswald, das Schinken in Serrano-Qualität liefert, und das lobenswerte Landhuhnprojekt der Hermannsdorfer Landwerkstätten bei Glonn.

Der Winterkiosk im Künstlerhaus K4 grünt auch im Winter.

Termine
Öko-Märkte in und um Nürnberg

Sommerkiosk: Juni bzw. Juli im Rosenaupark, Nürnberg

Winterkiosk: Dezember im K4 Künstlerhaus, Nürnberg

Grüne Lust: September auf dem Wolfgangshof bei Anwanden

FrühjahrsLust: April auf dem Wolfgangshof bei Anwanden

BIOerleben: Juli bzw. August auf dem Hauptmarkt, Nürnberg

Gemütswohl auf Aischgründer Art

Der Name Wirth spricht für die Leidenschaft der Brauer und Wirtsleute. Monika und Benno Wirth führen den Brauereigasthof „Zum Löwenbräu" in neunter Generation. Beide haben den Betrieb von einem einfachen Landgasthof zu einem attraktiven Ausflugsziel umgekrempelt: leckere Bier- und Karpfenspezialitäten, ein sehr schöner Bierkeller und ein komfortables Hotel locken zu einem Abstecher in den Aischgrund.

Zum Löwenbräu
Hauptstr. 3
91325 Adelsdorf /
Neuhaus
Tel.: 09195 / 7221
www.
zum-loewenbraeu.de
info@
zum-loewenbraeu.de

Öffnungszeiten:
Montag und Dienstag
17.30 – 23 Uhr
Mittwoch bis Sonntag
11 – 14 Uhr und
17.30 – 23 Uhr

Seit der Gründung des Gasthofes im Jahr 1747 war es gut 250 Jahre lang völlig normal, dass die Gäste hier maximal an einem Tag in der Woche warmes Essen erwarten konnten. Bis 1985, dem Jahr als Monika und Benno Wirth heirateten, blieb das so. Das Gastronomen-Paar hatte die veränderten Konsumgewohnheiten derweil schon erkannt und erweiterte die Karte. Der Meilenstein für den heutigen Brauereigasthof wurde ab 1992 mit einer Rundum-Erneuerung gelegt. Die Missgeschicke, die bei der Renovierung fränkischer Landgasthöfe auftraten, wiederholten sich nicht. Die bäuerlichen Antiquitäten, die Brauereirequisiten und die Holzvertäfelung sollte den Stuben eine „urgemütliche Atmosphäre" verleihen, wie Benno Wirth anmerkt, und

die Brauereitradition lebe in der Küche auf originelle Weise fort.

Statt auf Braten, die es stets noch am Sonntag gibt, hat sich das Haus auf Bier-Variationen wie Schweinemedaillons in Malzmantel, Kotelett mit Biertrebern sowie Nachspeisen à la Zwickelbiercreme und Braumalzparfait spezialisiert. Der Aischgründer Spiegelkarpfen, eine weitere Spezialität, wird traditionell blau oder gebacken, aber auch asiatisch mit Zitronengras oder Bier-Senf-Sauce serviert (s. Rezept). Ein Steckenpferd von Monika Wirth sind die hausgemachten Extras auf der Basis von Hopfen und Malz: Pralinen, Marmeladen, Biergelee, Biersirup und Hopfenöl, um nur einige zu nennen. Die Domäne ihres Mannes ist die Brauerei. Die fünf ständig

Die Brauereigaststätte „Zum Löwenbräu" wartet mit liebevoll erhaltenen fränkischen Stuben, einem schönen Bierkeller und regionalen Spezialitäten auf."

Karpfenfilet in Bier-Senf-Sauce

von Benno Wirth

Zutaten für 4 Personen:
4 Karpfenfilets à 200 g
Salz und Pfeffer aus der Mühle
1 EL Butterschmalz, 1 kleine Zwiebel, 30 g Butter, 40 g Mehl
400 ml Fischfond, 100 ml Sahne, 170 ml Weizenbier
1 TL Senf, Saft ½ Zitrone

verfügbaren Sorten und die zwei saisonalen Biere (Maibock und Festbier) erfreuen mit einem gehaltvollen Geschmack. Das dunkle Kellerbier erhielt beim internationalen Bier-Star-Award vier Silber-Medaillen, die Aischgründer Karpfen-Weiße sogar zweimal Gold. Daneben managt Benno Wirth die Brennerei, in der Obstbrände und ein dem schottischen Whiskey vergleichbarer Bierschnaps entstehen.

Der von Laubbäumen umgebene Bierkeller im Wald lohnt im Sommer einen Ausflug. Verlängern lässt sich dieser nach Belieben im Hotel. Radfahrer können die herrliche Umgebung, da relativ eben, bequem per Rad erkunden, kleinere und größere Sehenswürdigkeiten eingeschlossen.

Die Karpfenfilets mit Salz und Pfeffer würzen. Das Butterschmalz in einer Pfanne bei leichter Hitze zerlassen und die Karpfenfilets auf beiden Seiten goldgelb braten.

Für die Sauce die Zwiebel abziehen und in kleine Würfel schneiden.
Die Butter in einer Pfanne zerlassen, das Mehl zufügen und unter Rühren etwas Farbe nehmen lassen. Mit dem Fischfond nach und nach aufgießen, glatt rühren und zum Kochen bringen. Bei leichter Hitze 5 bis 10 Minuten köcheln lassen.
Die Sauce durch ein feines Sieb passieren. Sahne und Bier zufügen. Mit Salz und Pfeffer, Senf und Zitronensaft abschmecken.

Die Karpfenfilets auf vorgewärmten Tellern anrichten und mit Bier-Senf-Sauce umgießen. Als Beilage eignen sich Reis oder Bratkartoffeln.

Braumeister Benno Wirth

Die gute alte Zeit ist die gute neue Zeit

Ein Besuch des fränkischen Gasthofs Gentner eignet sich für eine Genussreise in mehreren Gängen. Nicht nur das Essen, der ganze Ort lädt dazu ein, den Aufenthalt als ausgedehntes Menü zu gestalten. Die Umgebung, für Spaziergänge wie geschaffen, bildet den Auftakt. Im Hauptgang stehen leibliche und kulturelle Genüsse zur Wahl und als Dessert können die Gäste den Aufenthalt in einem der herzerwärmenden Übernachtungszimmer nach Belieben verlängern.

Gentner
Gasthof, Kultur-Sudhaus und Obstarche
Spielberg 1
91728 Gnotzheim
Tel.: 09833 / 988930
www.gasthof-gentner.de
info@gasthof-gentner.de

Öffnungszeiten:
Anfang April bis Ende September
Mittwoch bis Sonntag und Feiertags
Warme Küche von
11.30 – 14 Uhr und
17.30 – 21 Uhr

Anfang Oktober bis Ende März
Donnerstag bis Sonntag
11.30 – 14 Uhr und
17.30 – 21 Uhr

Spielberg, 10 Kilometer südwestlich von Gunzenhausen und etwa 40 Autominuten von Nürnberg entfernt, liegt malerisch am Rücken der fränkisch-schwäbischen Alb. Der Gasthof, dessen Anfänge ins 16. Jahrhundert zurückreichen, diente einst der Versorgung der hohen Herren auf der Burg. Als Sehenswürdigkeit können heute beide Gebäude gelten. Vom Gasthof Gentner aus haben es die Besucher nicht weit zum Kulturerbe der Römer und Kelten, die sich in der Region Altmühlfranken angesiedelt hatten. Nur fünf Kilometer von Spielberg sind es nach Kloster Heidenheim, das in den Anfängen der Christianisierung Frankens, im achten Jahrhundert, gegründet wurde.

In dieser wohltätig wirkenden Umgebung hat der Gasthof Gentner, fernab von Touristenströmen, einen Platz für „Wellness" im eigentlichen Sinn eingerichtet. 2004 übernahm die Hotelfachfrau Walburga Gentner zusammen mit ihrer jüngeren Schwester Maria das Anwesen –

Haus und Hof befinden sich seit 1878 in Familienbesitz. Unterstützt von ihrer Tante setzten sie den Gasthof mit großem Aufwand instand.

Wer Wellness sucht, braucht keinen Luxustempel. „Schöne Natur, gute Luft, gesund leben, das reicht aus", meint Walburga Gentner. Die Natur und die Luft wecken den Appetit und den stillt die Küche auf ebenso bewährte wie spannende Weise. Küchenchef Oliver Marschall bereitet aus regionalen Zutaten neue und kreative Gerichte. Nach einer Zwischenstation im Hotel Bareiss, Baiersbronn, und Engagements in der Sterneküche bringt der waschechte Franke in Spielberg seine ganze Erfahrung ein, ohne den Druck der Spitzengastronomie, aber auf hohem Niveau. Der Fisch stammt in der Regel aus nahe gelegenen Weihern, das Rind von Weiden vor der Haustür. Obst und Gemüse bezieht der Gasthof frisch vom Markt oder aus dem eigenen Garten. Auf den nebenan gelegenen Streuobstwiesen ist derweil ein Refugium

Im Gasthof ist die alte Zeit erhalten geblieben, als wären die Uhren stillgestanden. Doch wirkt nichts verstaubt. Die Tradition kommt frisch und lebendig daher.

„Obstarche" Spielberg: Neben dem Gasthof wurde ein wachsendes und blühendes Museum für historische Obstsorten gepflanzt.

für historische, vom Aussterben bedrohte Apfel- und Birnensorten entstanden, die so genannte „Obstarche". Den Initiatoren, dem Landschaftspflegeverband Mittelfranken und der Familie Gentner, geht es darum, der langen Tradition des Obstanbaus in Franken Rechnung zu tragen und die Artenvielfalt nachhaltig zu sichern. Als studierte Landwirtin beschäftigt sich Maria Braun-Gentner darüber hinaus intensiv mit Kräutern und gibt ihr Wissen bei Kräuterwanderungen weiter.

Geistvolles wird zumal im Sudhaus serviert. In dem imposanten Gebäude finden seit April 2011 Ausstellungen, Lesungen, Kleinkunst und Konzerte statt. Einen stilvollen Rahmen bietet das Anwesen sodann auch für Feste und Feiern. Wer das Wellness-Programm vertiefen möchte, findet in einem der sieben Übernachtungszimmer den entsprechenden Rückzugsort. Die Tafel für das Menü ist angerichtet.

Seit 2004 präsentiert sich der alte Gasthof im neuen Gewand, im April 2011 öffnete das ehemalige Brauhaus seine Pforten als Veranstaltungsort.

Unaufdringlich, klar, charmant: ein Zimmer für Übernachtungsgäste. Das antike Mobiliar stammt wie im übrigen Haus aus Familienbesitz. Auf modernen Komfort wie einen Internetanschluss muss der Gast dennoch nicht verzichten.

„Schöne Natur, gute Luft,
gesund leben, das reicht aus."
– Walburga Gentner und
Maria Braun-Gentner (re.)

Die neue Landlust

Friedliche Stimmung breitet sich aus in Keidenzell. Die Bäume vor dem Gasthaus sind sanft beleuchtet, die Gäste sitzen bei Kerzenlicht an den Tischen und unterhalten sich angeregt.

Keidenzeller Hof
Fürther Str. 11
90579 Langenzenn-
Keidenzell
Tel.: 09101 / 901226
www.keidenzeller-hof.de
info@keidenzeller-hof.de

Öffnungszeiten:
Mittwoch bis Sonntag
17 – 23 Uhr (warme
Küche bis 21 Uhr)
Samstag und Sonntag
auch 11.30 – 13.30 Uhr
Bei schönem Wetter
ist die Terrasse an
den genannten Tagen
ab 15 Uhr geöffnet

Es ist einer dieser Momente, in denen sich Vera Stoll nichts Schöneres vorstellen kann, als Gastronomin zu sein. Wenn sich die Menschen hier ein Stück weit wie zu Hause fühlen, so liegt das auch daran, dass die Gastgeberin hier zu Hause ist.

Viele Jahre lag der Hof in der Hand wechselnder Pächter und war eine einfache Schnitzelwirtschaft. Als der letzte Betreiber das Haus verließ, öffneten sich für Vera Stoll, zu dieser Zeit noch Marketing-Expertin in München, vielversprechende Möglichkeiten sich neu zu entfalten. Die Verbundenheit mit dem Ort und eine offene, zupackende Art halfen ihr bei diesem Schritt, ebenso ihre Schwester, die mit ihrem Geschäft für Raumausstattung das Haus praktisch neu erfand, und so entstand mit dem „Keidenzeller Hof" ein Domizil, in dem sich Gemütlichkeit und Gastfreundlichkeit mit gepflegtem Ambiente und gehobener Küche vereinen. Für kulinarische Qualität bürgt der Küchenchef aus renommierten Häusern.
Der Keidenzeller Hof erfährt viel Lob und Anerkennung für die aromatisch intensive Zubereitung ausgesuchter Produkte, die sie zum Teil direkt von heimischen Erzeugern

Ländliche Gemütlichkeit und moderne Eleganz haben in Keidenzell zueinander gefunden.

bezieht. „Es ist das Schöne auf dem Land, dass Feines hier viel einfacher zu bekommen ist als in der Stadt", stellt Vera Stoll fest. Die Karte weicht von der Auswahl an Braten & Co ab, die ringsum angeboten wird, und setzt gezielt auf Besonderheiten, die Fleisch hergeben kann: Rinderbacken, Perlhuhnbrust, Spanferkel, Kalbshüften und Exklusives mehr. Stets gut vertreten ist Fisch. Für Sonntagmittag wurde die Karte fränkischer gehalten, sodass auch die Bratenesser auf ihre Kosten kommen.

„Es ist das Schöne auf dem Land, dass Feines hier viel einfacher zu bekommen ist als in der Stadt."
– Vera Stoll

Und alles mit einer Prise Romantik

Viele Menschen kennen das nahe gelegene Gößweinstein und die dortige Basilika. Wer jedoch kulinarischen Genuss in der Fränkischen Schweiz sucht, macht lieber eine „Wallfahrt" zum Forsthaus Schweigelberg.

Forsthaus Schweigelberg

Behringersmühle
91327 Gößweinstein
Tel.: 0172 / 8120871
www.forsthaus-schweigelberg.de
m.linhard@t-online.de

Öffnungszeiten:
März bis Mitte November

Termine am Wochenende und nach Vereinbarung

Das Auto muss der Gast auf dem Weg dorthin allerdings irgendwann stehen lassen und der Mobilfunkempfang ist eher zufällig. Sicher ist aber der herzliche Empfang durch Marga Linhard, die mit guter Küche verwöhnt.

1971 pachteten die Eheleute Marga und Paul Linhard eine Jagd, auf der auch das Forsthaus stand. 1995 entschieden sie sich, ihr Hobby, das Kochen, zum Beruf und aus ihrem Forsthaus ein kleines feines Lokal zu machen. „Unsere Idee war, feines Essen zu bieten im Einklang mit den Jahreszeiten und dem natürlichen Bio-Rhythmus", sagt Marga Linhard, die das Forsthaus auch nach dem Tod ihres Mannes mit vielen Freunden weiter betreibt. „Meine Küchenphilosophie ist die frische Küche unter Einbeziehung der ortsansässigen Metzger und Bäcker, Wild von der heimischen Jagd sowie unseres eigenen Kräutergartens." Die Qualität der Grundprodukte, die frische Zubereitung und die Inspiration aus der Natur führen zu klaren Gerichten ohne Schnörkel, aber alle fünf Sinne ansprechend.

Themenmenüs wie das Kräutermenü mit Kräuterhexe, ein Menü mit Weinen aus historischen Aroma- oder alten Rebsorten (zusammen mit dem Nürnberger Weinhändler Martin Kössler), sind einige Glanzlichter in der Umsetzung dieser Philosophie. Die Kombination Herbst und Forsthaus führt fast schon zwangsläufig zu einem Hubertusmenü, und beim gastronomischen Jahresabschluss im November sorgt ein Gänse- und Entenessen für kulinarische Glückseligkeit.

Das Forsthaus wird mittels eines Generators mit Strom versorgt. Dafür hat es einen alten Backofen am Rande der schönen

„Feines Essen im Einklang mit den Jahreszeiten und dem natürlichen Bio-Rhythmus" – Marga Linhard

Lichtung und genau dort findet einmal jährlich ein Backofenfest statt – mit allerlei Köstlichkeiten aus selbigem. Und wenn man dann ein letztes Glas Wein auf der Bank unter der 300 Jahre alten Linde vor dem Forsthaus trinkt und Marga Linhard sich nach einem langen Arbeitstag dazugesellt, erfahren wir das letzte Geheimnis ihrer Küche: „Am Ende der Zubereitung kommt hier oben noch mal an alles eine Prise Romantik". Sie lächelt dabei und wir spüren die Magie dieses Ortes.

Das Forsthaus Schweigelberg ist noch ein Geheimtipp in der Fränkischen Schweiz. Anfahrt: auf der B 470 nach Behringersmühle, dann Richtung Bayreuth fahren, ca. 250 Meter nach dem Ortsende links Richtung Forsthaus. Das Auto muss stehen bleiben.

Gemütsschlupfwinkel in der Fränkischen Schweiz

Ein gut ausgebautes Wanderwegenetz verbindet die Attraktionen der Fränkischen Schweiz (im Bild: ein Wegweiser vor dem Forsthaus Schweigelberg nahe der Behringersmühle). Tropfsteinhöhlen sind neben Burgen, Mühlen und Quellen das markanteste Merkmal der Landschaft. Ein Ort für Ober-Romantik ist die Rosenmüllerhöhle bei Muggendorf, erreichbar über den Höhenweg „Roter Senkrechtstrich" (kürzeste Laufzeit: 10 Minuten, ausgedehnter Rundweg: 2 Stunden).

Wenn innen das Kerzenlicht schummrig leuchtet, verbreitet die Höhle eine fast sakrale Atmosphäre.

Mit dem Auto ist man nach dem Ausflug in fünf Minuten in Streitberg. Unterhalb der sehenswerten Burgruine liegt das Hotel-Restaurant „Altes Kurhaus". Ähnlich wie das „Forsthaus Schweigelberg" bietet die Familie Kaiser eine etwas feinere, aber immer noch bodenständige Küche.

Kartoffelbackes mit Käse

von Marga Linhard

Zutaten für eine Person:
3 Scheiben guten Bergkäse oder Emmentaler
2 – 3 große Kartoffeln (gute mehlige oder halbfestkochende)
Butterschmalz oder Öl

Den Käse in Scheiben schneiden, je einen halben Zentimeter dick, und so groß, wie die Form der Backes werden soll. Die Kartoffeln schälen und auf einem Brett mit der groben Reibe reiben. Sofort etwas salzen und in die heiße Pfanne mit Butterschmalz

oder Öl portionsweise drücken, darauf eine Scheibe Käse geben und diese mit der grob geriebenen Kartoffelmasse zudecken. Hitze etwas runterschalten. Wenn die Backes auf der Unterseite schön gebacken sind, vorsichtig umdrehen und fertig backen, bis sie knusprig und goldgelb sind. Dazu einen frischen Blattsalat servieren und vielleicht ein gutes Glas fränkischen Silvaner oder ein dunkles Bier – so sind Sie satt und zufrieden.

Fränkische Klassiker

Schäuferle, Schweinebraten, Rouladen und Sauerbraten bilden die Quadriga der fränkischen Klassiker. Die Gerichte belasten den Magen in der Regel weit mehr als den Geldbeutel. Zum Glück muss deswegen niemand auf sie verzichten.

Dem Wunder des Schäuferle tut es keinen Abbruch, wenn es nüchtern, aber zutreffend als ein mehr oder weniger großes knuspriges Stück Schweineschulter definiert wird. Verlockend thront es auf dem Teller, geschmeidig gleitet das Fleisch vom Knochen. Durch die lange Garzeit in schonender Ofenhitze butterweich geworden, kontrastiert es auf der Zunge zart schmelzend mit der zwischen den Zähnen splitternden Knusperkruste. Die Untertreibung, die dem Schäuferle nach außen hin lediglich attestiert, es würde „gerne gegessen", ist nur zu verständlich. Nicht alles mag man mit jedem teilen. In Wirklichkeit gilt die Schweineschulter als das „Nationalgericht" der Nürnberger, in geräucherter Form sogar als ihr „Himmelreich". Nur der einfache Schweinebraten hat die Größe, ihr den Rang streitig zu machen. Ob es sich dabei um ein Stück vom Schlegel oder Bug oder sonst eines handelte, spielt keine Rolle. Alle Teile des Schweins adelt allein schon ihre Herkunft, und mit der richtigen Zubereitung und Würzung festigt jedes auf seine Weise den Ruf dieses edlen Tieres.

Das Rindfleisch hat es dagegen schwer. Euphorisch besungen wird es nicht, ein Förderverein wie für das Schäuferle wäre für Roulade oder Sauerbraten kaum denkbar. Dabei hätten sie es beide verdient, dass sie allein schon wegen ihrer raffinierten Zubereitung mehr gewürdigt würden. Beim Sauerbraten sind es die Essigbeize

Auch ohne klassische Beilage kann man Schweinebraten ungehindert genießen, sofern er so saftig ist wie der Braten der Nürnberger Metzgerei Meyer (im Bild). Mit besonders leckeren Schäuferle-Portionen wartet der „Landgasthof zur Sonne" in Kirchehrenbach, Fränkische Schweiz, auf (Bild Vorderseite).

und der Soßenlebkuchen, die ihm die einzigartig warme würzige Fülle verleihen, bei der Roulade sind es die feinen würzenden Zutaten, die in ausgewogener Mischung in das hauchdünne Fleisch gerollt werden und sich beim Schmoren unvergleichlich schön mit ihm verbinden.

Standesgemäße Begleiter

Ohne standesgemäße Begleiter sind selbst Klassiker arm dran. An erster Stelle und alle überragend steht hier der Kloß. Mit der sanft ausgleichenden Art der Kartoffel versteht er es vorzüglich, jeden Braten dienend zu erhöhen und fordert als Gegenleistung nur eine größere Menge Sauce. In aller Bescheidenheit ist er unverzichtbar und müsste eigentlich selbst in den Rang eines Klassikers der fränkischen Küche erhoben werden. Hingegen wartet das Rätsel, welchem höheren Zweck der Beilagensalat dient, noch auf seine Lösung.

Es soll nicht verschwiegen werden, dass Klassiker auch mit ihrer Größe ein Problem haben. Nicht jede und nicht jeder ist willens und in der Lage, die beachtliche Menge schieren Fleisches zu bewältigen. Nun kann man vom Sauer- und vom Schweinebraten auch jede gewünschte kleinere Menge abschneiden. Der Roulade lässt sich noch ein dekorativer Nebeneffekt abgewinnen, wenn man sie schräg in zwei Teile oder mehrere dicke Scheiben teilt. Allein das Schäuferle widersetzt sich allen Versuchen der Minimalisierung mit der Trägheit der ihm eigenen Masse. Kinder- und Seniorenteller kann man vergessen. Das Schäuferle ist der Klassiker des starken Mannes und wie dieser ein Bollwerk unumstößlicher Tradition.

Die Nürnberger wären keine, hätten sie nicht auch für dieses Problem eine Lösung gefunden: Das Schäuferle vom Spanferkel. Dagegen gibt es nur das eine stichhaltige Argument, dass der Teller zu leer aussieht. Findige Köche wissen sich zu helfen – mit einer Gemüsebeilage. Dafür darf man sie nicht schelten, denn sie betreten kein unheimliches kulinarisches Neuland und brechen mit keiner lieb gewordenen Tradition. Blaukraut zur Roulade und Sauerkraut oder Wirsing zum Schwein sind ganz und gar klassisch fränkisch.

Bodenständiges weist den Weg

Fränkische Küche hat im „Goldenen Stern" einen Heimvorteil. Nürnbergerisch angehauchte Frankenklassiker waren nach einem Wechsel der Betreiber zunächst von der Karte verschwunden. Seit 2010 knüpft Gerhard Rippel jedoch an die bodenständige Tradition an und – siehe da! – seitdem lebt das Haus wieder auf.

Goldener Stern
Erlenstegenstr. 95
90491 Nürnberg
Tel.: 0911 / 5889815
www.goldenerstern-
nuernberg.de
info@goldenerstern-
nuernberg.de

Öffnungszeiten:
Donnerstag bis Montag
11.30 – 14.30 Uhr
und ab 17.30 Uhr

Das Ambiente ruft nach fränkischer Küche. Die Erwartungen werden nicht enttäuscht, doch gibt es im „Goldenen Stern" mehr als nur Fränkisches.

„Wir machen keine Zaubereien, aber was wir machen, kommt in gleichbleibend guter Qualität auf den Tisch."
– Gerhard Rippel

Es war eine Rückkehr im doppelten Sinn: Zwischen 2002 und 2007 trug der Gastronom schon einmal die Verantwortung im Goldenen Stern, damals aber für ein Restaurant mit gehobener deutscher und thailändischer Kochkultur unter einem Dach. Als die Zufahrt durch eine Dauerbaustelle blockiert wurde, wechselte er in ein anderes Haus. Zwei Jahre später folgte die Wende. Der Goldene Stern wurde wieder frei und Gerhard Rippel nahm einen neuen Anlauf. Ein festes Küchen- und Serviceteam begleitete ihn bei dem Wechsel.
Mit frischen Produkten und bodenständiger Küche macht der Unternehmer alles richtig. Schäuferle, Rouladen, Sauerbraten und Schweinebraten haben am Sonntag Hochkonjunktur, der Schweinebraten auch am Samstag. Gutbürgerliches und fränkische Hausmannskost mit frischen Produkten aus der Region befinden sich zudem auf der Standardkarte, zartes Wiener Schnitzel vom Kalbsrücken, Tafelspitz und Kabeljau, aber auch Exotisches: An jedem zweiten und vierten Samstag im Monat steht inzwischen wieder thailändisches Essen auf dem

Programm, zubereitet von einer leibhaftigen Thailänderin. „Wir machen keine Zaubereien, aber was wir machen, kommt in gleichbleibend guter Qualität auf den Tisch", sagt Gerhard Rippel, und wer die Küche kennengelernt hat, kann das geradeheraus bestätigen.
Das rustikale und zugleich elegante Ambiente des Hauses, einst eine finanzkräftige Zollstation, trägt zur Wohlfühlqualität einiges bei. Sandstein, Fachwerk und ein schöner Holzofen, der in der kalten Jahreszeit jeden Tag vor sich hin bullert, erwärmen das Gemüt. Die Renovierung bewahrte den Charme und nahm frische, moderne Elemente auf. Wenn im Sommer der Biergarten hinter dem Haus geöffnet hat, können sich die Gäste vollends wie auf dem Land fühlen.

Fleischküchle

von Gerhard Rippel

Dieses Rezept meiner Mutter begleitet mich seit meinem ersten Gasthaus in unveränderter Form. Es wird auch im Goldenen Stern von jedem Koch nur wie früher zubereitet.

Brötchen einweichen, Zwiebel mit Petersilie und Majoran in Butterschmalz andünsten. Ausgedrückte Brötchen mit Zwiebelmasse und Hackfleisch vermengen. Mit Salz, Pfeffer und Muskatnuss abschmecken.

Im heißen Butterschmalz kräftig anbraten und im Ofen bei 160 Grad fertig garen.

Zutaten für 4 Personen:
350 g Hackfleisch vom Rind
150 g Hackfleisch gemischt
1 Ei, 2 Brötchen
1 Zwiebel – fein gehackt
1 TL Senf
Salz, Pfeffer, Majoran, Petersilie, Muskatnuss
Butterschmalz

Das Produkt ist der Star

Frische, Qualität und ein zufriedener Gast: Wenn diese Kriterien erfüllt sind, bleiben keine Wünsche mehr offen. Wie genau es ein Restaurant damit nimmt, offenbart nicht nur der Teller auf dem Tisch, sondern auch ein Blick hinter die Kulissen.

Frische ist ein maßgebliches Kriterium für den einkaufenden Koch. Die sorgfältige Verarbeitung macht daraus eine runde Sache.

**Restaurant
Steinplatte**
Haydnstr. 15
90491 Nürnberg
Tel.: 0911 / 5977796
www.
restaurant-steinplatte.de
office@
restaurant-steinplatte.de

Öffnungszeiten:
Montag bis Freitag
11.30 – 24 Uhr
Samstag
16 – 24 Uhr

Das im Frühjahr 2010 neu eröffnete Restaurant Steinplatte besteht den Test auf beiden Seiten mit Bravour.

Der Inhaber Kurt Michelberger und Küchenchef Jörg Müller sind jeweils seit rund drei Jahrzehnten in der Branche und konnten viele Erfahrungen sammeln, davon einige in der Spitzengastronomie. „Alles, was ich an Qualitätsbewusstsein erfahren habe, will ich nun im kleinen Rahmen umsetzen", sagt der Inhaber, der als Hotelmanager Karriere gemacht hat und selbst auf eine Ausbildung als Koch mitsamt Meistertitel zurückblicken kann. Das Produkt ist der eigentliche Star im Haus. „Jeder Mitarbeiter besitzt eine klare Wertschätzung für das Produkt", sagt Jörg Müller, „unabhängig davon, ob es sich um einen Hummer oder eine Karotte handelt." Voraussetzung ist, dass die Qualität seitens der Zulieferer stimmt, dass das Fleisch zum Beispiel von frei laufenden Tieren stammt und ein gleichmäßig feines Fettgewebe aufweist, dass die Fische mit der Leine statt mit dem Netz gefangen werden, weil sie so schon 24 Stunden nach der Schlachtung verarbeitet werden können, dass das Gemüse genau wie das Fleisch nicht künstlich manipuliert wurde. Generell abgelehnt werden Tiefkühlwaren und die allermeisten Fertigpro-

dukte, mit der geringfügigen Ausnahme von Tomatenmark und Dosentomaten, die der Küchenchef geschmacklich intensiver findet als Vergleichsprodukte vom Markt.

Sorgfältige Zubereitung und der präzise Einsatz von Gewürzen aus der Gewürzmanufaktur Ingo Holland bringen die Produkte zur Geltung. Die Ausrichtung auf eine regionale Saisonküche ist angesichts der Qualitätsphilosophie konsequent. Garniert wird die wöchentlich wechselnde Karte dabei mit mediterranen bzw. internationalen Delikatessen wie schottischem Bio-Lachs, „Limousin-Ochse", „Hällischem Schwein" oder einer französischen Freilandgans. Die Weine aus Franken und der Neuen Welt eröffnen spannende Kombinationsmöglichkeiten. Immer wieder.

„Alles, was ich an Qualitätsbewusstsein erfahren habe, will ich nun im kleinen Rahmen umsetzen."
– Kurt Michelberger

Literarisch-lukullische Liaison

Pariser Flair flirtet mit Wiener Charme: Louis-Seize-Leuchter und marmorierte Kugellampen, rote Ledersofas, Original-Thonet-Stühle, blank poliertes Messing und Spiegel schaffen im Literaturhaus Nürnberg ein stilvolles Ambiente, das zum Verweilen einlädt.
Auf dem Lesungsprogramm stehen berühmte Autoren wie Wilhelm Genazino, Peter Härtling oder Martin Walser sowie neu zu entdeckende Talente, auf der Speisekarte kulinarische Gedichte.

Literaturhaus Nürnberg und

Café-Restaurant Literaturhaus

Luitpoldstraße 6
(in Bahnhofsnähe am Eingang zur Altstadt)
90402 Nürnberg
Tel.: 0911 / 2 34 26 58

Öffnungszeiten:
Montag bis Freitag
9 – 24 Uhr
Sonntag und Feiertage
9 – 22 Uhr

Homepage Café-Restaurant
www.restaurant-literaturhaus.de
und
www.rilh.de

Homepage Literaturhaus Nürnberg e.V.
www.literaturhaus-nuernberg.de

Die schöne Terrasse lädt von morgens bis abends zum Genießen ein …

„Die Entdeckung der Currywurst" ist nicht nur eines der erfolgreichsten Bücher von Uwe Timm, sondern auch Inspirationsquelle für eine köstliche Erfindung von Literaturhaus-Küchenchef Bernd Rings. Um die Gäste bei Timms Literaturhaus-Lesung zu überraschen, interpretierte Rings den Bestsellertitel neu und fertigte liebevoll eine eigene Kreation aus Lachs. Ausverkauft war bald nicht nur die Lesung, sondern auch Rings' Lachs-Currywurst.

Diese mittlerweile legendäre Variante des Klassikers ist ein Musterbeispiel für Bernd Rings' Arbeitsauffassung und Genussphilosophie. Dabei verbinden sich Tradition und lustvolle Innovation mit einem hohen Qualitätsanspruch. „Beste Bio-Qualität für

besondere Geschmackserlebnisse":
So lautet eine der wichtigsten Leitlinien von Bernd Rings. Beim Einkaufen nimmt er alles selbst in Augenschein: Weil er so „sicher sein kann, dass nur 1-A-Ware auf den Tisch kommt, und weil die Angebotsvielfalt inspirierend wirkt". Vorzugsweise verwendet er regionale Produkte von Erzeugern, die wie er selbst Genuss mit Gesundheitsbewusstsein und wichtigen ökologischen Kriterien verbinden.

Kein Wunder, dass das Café-Restaurant Literaturhaus immer mehr Stammgäste gewinnt. Auf den Geschmack kommen sie beispielsweise beim opulenten Sonntagsbrunch, der sich besonders empfiehlt, um die Bandbreite von Rings' Kochkunst zu entdecken. Viel Anklang finden neben seinen Tagesgerichten aus frischen Saisonprodukten auch seine Klassiker wie die zarten Schnitzel mit knuspriger Panade, die schon in Rings einstigem Restaurant in Berlin-Friedenau zu den Lieblingsgerichten vieler Gäste gehörten – darunter auch Literatur-Nobelpreisträgerin Herta Müller.

Was aber hat Bernd Rings im Sommer 2009 nach Nürnberg gelockt? Entscheidend für ihn war „das Literaturhaus mit seinen Herausforderungen", sagt Rings, der zu seiner Berufung gefunden hat. „Meine Arbeit hier macht mir jeden Tag aufs Neue Freude. Das gilt für die große Aufgabe, in diesen schönen Räumen die ganze gastronomische Vielfalt vom Frühstück über den Mittagstisch sowie Kaffee und Kuchen bis zu Familienfeiern und Festessen an Weihnachten und Silvester anzubieten. Und es gilt für die kulinarische Abstimmung auf die Lesungen, die besondere Erlebnisse sind, weil Literaturhaus-Leiter Dr. Manfred Boos und sein Team die interessantesten Autorinnen und Autoren einladen."

Begeisterte Zustimmung findet das Literaturhaus-Konzept auch beim Publikum. Es schätzt die regelmäßigen Gelegenheiten zu Begegnungen mit Schriftstellern von Rang, die seit der komplett ausverkauften Eröffnungsveranstaltung mit Christa Wolf 2003 im Literaturhaus ihre druckfrischen Werke vorstellen und in moderierten Gesprächen Einblick in ihre Gedankenwelt bieten. „Unser Anspruch ist es, große zeitgenössische Literatur erlebbar zu machen, neue Horizonte zu eröffnen und die Globalisierung gerade geistig voranzubringen – darin besteht die Attraktivität unserer Lesungen", erklärt Literaturhaus-Leiter Dr. Manfred Boos. Entsprechend liest sich die Liste der Romanciers und Lyriker wie ein „Who is who" der Gegenwartsliteratur und verzeichnet Größen wie Prinz Asfa-Wossen Asserate, Hilde Domin, Monika Maron, Herbert Rosendorfer, Martin Suter, Georg Stefan Troller, Martin Walser und Uwe Timm. Er war – wie viele seiner Autorenkollegen – angetan von dem „schönen Rahmen" im Literaturhaus.

„Meine Arbeit im Literaturhaus macht mir jeden Tag aufs Neue Freude", erklärt Bernd Rings, dessen Glanzleistungen am Herd selbst die anspruchsvollen Testesser von der „Confrérie de la Chaîne des Rôtisseurs" überzeugen.

… genau wie das Café-Restaurant Literaturhaus mit seinem erlesenen Ambiente.

Das Literaturhaus Nürnberg ist eine deutschlandweit einmalige Institution mit langjähriger Erfolgsgeschichte: In rein ehrenamtlicher Arbeit veranstalten Literaturhaus-Leiter Dr. Manfred Boos (rechts) und sein Team Lesungen mit hochkarätigen Schriftstellern, darunter Prinz Asfa-Wossen Asserate, der Autor des Bestsellers „Manieren".

Bio verfeinert den Genuss

Erst kommt das Essen, dann die Moral? Nein! In Nürnbergs einzigem, vollzertifizierten Bio-Restaurant ist beides gleichberechtigt: guter Geschmack und nachhaltige Qualität.

Wittmanns Bio
Beckschlagergasse 8
90403 Nürnberg
Tel.: 0911 / 331088
www.wittmannsbio.de
restaurant@
wittmannsbio.de

Öffnungszeiten:
Dienstag bis Freitag
12 – 14.30 Uhr
und ab 17.30 Uhr
Samstag und Sonntag
ab 17.30 Uhr

Junge Köche, junges Konzept: Wittmanns Bio überzeugt auf ganzer Linie. Bitte reservieren.

„Ich will gute Lebensmittel haben, die ursprünglich erzeugt werden, vom Freiland, mit Hausschlachtung und aus der Region."
– Dieter Wittmann (re.)

Dieter Wittmann, Inhaber von „Wittmanns Bio", setzt sein stimmiges Konzept bis ins Detail um. „Ich will gute Lebensmittel haben, die ursprünglich erzeugt werden, vom Freiland, mit Hausschlachtung und aus der Region", sagt der Inhaber zu seiner Motivation. Das bedeutet für ihn auch, dass Tiefkühlware, Fertigprodukte und als bedenklich angesehene Instrumente wie eine Mikrowelle tabu sind. Der Kerngedanke besteht darin, geschmacklich hervorragende und nachhaltige Produkte als Ausgangsbasis für die Küche bereitzustellen. Die Feinschmecker-Qualität zeigt sich an vielerlei Kriterien: zunächst an der geschmacklichen Vielfalt, die mit saisonalen Erzeugnissen frei übersetzt werden. Von bodenständig bis free-style – die Möglichkeiten der Kombination und Geschmacksfindung sind unendlich, daher setzt der Inhaber auf Offenheit. Es gibt neben Fleisch und Fisch immer auch ein vegetarisches und veganes Gericht bei den Hauptspeisen, so dass allen Gästen eine angemessene Auswahl geboten wird. Und

schließlich selektiert Dieter Wittmann bei den Bio-Lebensmitteln genau. Die verwendeten Produkte stammen ausschließlich von Erzeugern bzw. Händlern, die nach den Vorgaben eines traditionellen Bio-Verbandes – in der Regel Bioland, Demeter oder Naturland – zertifiziert sind. Für den Gastronom sind sie Wahlverwandte, die auf einen liebevollen Umgang mit den Lebensmitteln achten.

Vorzüglich, was die Veredler in der Küche, zwei junge Profiköche mit Leidenschaft, aus den Zutaten machen. Es empfiehlt sich dringend, etwas Zeit mitzubringen. Die Bedienung erzählt, wie die Speisen angerichtet werden – wie in kultivierten Restaurants üblich, doch hier ist alles einen Tick anders, ausgesprochen locker und entspannt, so auch das Ambiente in einer 70er Jahre-Architektur aus Licht und Objekten, das Dieter Wittmann als Projektkünstler selbst entworfen hat. Ökologisches Bewusstsein und Genießermentalität sind eins geworden.

Wie Lukull in Italien

Wer italienisches Essen genießen möchte, will nicht in Luxustempeln dinieren, sondern die Landesküche in frischer, unverfälschter Form serviert bekommen. Erlesene und einfache Zutaten auf den Teller zu bringen, sieht der Restaurantchef von „da Claudio" als seine Hauptaufgabe an. Inzwischen hat er regelrechte Fans, die bei ihm genau das gefunden haben, was sie lange suchten.

da Claudio
Hauptmarkt 16
90403 Nürnberg
Tel.: 0911 / 204752
www.daclaudio.de
tiziano@daclaudio.de

Öffnungszeiten:
Montag und feiertags
18 – 1 Uhr
Dienstag bis Samstag
12 – 14 Uhr und
18 – 1 Uhr

Tiziano Faenza kennt die Kulinaria von der Basis her. Seine Eltern besaßen einen kleinen landwirtschaftlichen Betrieb in der italienischen Region Emilia Romagna, dort hat er in der Saison als junger Mann mit angepackt. Das Wissen aus erster Hand kommt ihm beim Einkauf zugute. Ebenso seine Erfahrung: Seit über 40 Jahren ist der gebürtige Italiener in der Gastronomie tätig, den Großteil davon in Deutschland, zunächst in Frankfurt, seit 1987 am Nürnberger Hauptmarkt. „Von Anfang an habe ich nicht mich und die Küche, sondern das Produkt in den Vordergrund gestellt", sagt Tiziano Faenza über seine Arbeit.

Aus besten Zutaten aus ganz Italien, ergänzt um frische Fleischprodukte aus Frankreich und Deutschland, kreiert das Team bei „da Claudio" ein breitgefächertes Angebot mit saisonal wechselnden Akzenten. Jenseits von Pizza & Co. entstehen Klassiker wie Saltimbocca romana, Gerichte mit fangfrischem Fisch in vielen Variationen, hausgemachte Pasta, Trüffelspezialitäten und himmlische Dolce, fast täglich aber auch eigene Rezepte, zum Teil

mit internationalen Einflüssen. Die Speisen werden mit jener Eleganz und mediterranen Leichtigkeit serviert, für die viele Italien so lieben. Da ist es, abgesehen vom Preis, egal, ob es sich um ein Luxusprodukt wie Hummer oder um eine Sardine handelt.

Angesichts der Weinkarte mit 350 Positionen kann selbst der Kenner den Überblick verlieren. In dieser Situation darf sich der Gast wie auch beim Essen auf die Beratung des professionellen Personals verlassen. Ansonsten gilt die Devise: einfach ausprobieren. Vom Guten kann man nie genug bekommen.

„Von Anfang an habe ich nicht mich und die Küche, sondern das Produkt in den Vordergrund gestellt."
– Tiziano Faenza

Postmodernes Ambiente, klassische italienische Küche: Hier schlagen die Herzen von Italien-Fans höher.

Die offene Küche als Geheimtipp

Mobile Kochkunst
Weinmarkt 10
90403 Nürnberg
Tel.: 0911 / 3651891
www.mobilekochkunst.de
info@mobilekochkunst.de

Öffnungszeiten:
Nach Vereinbarung
Samstag 12 – 15 Uhr

Aus Leidenschaft zum Kochen und Backen, aus Liebe zur Natur und zum Detail und aus der Lust, für viele Gäste eine schöne Feier zu gestalten, begann Gabriele Hussenether zunächst nebenberuflich mit einem Partyservice.

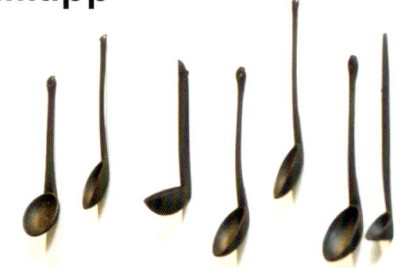

Als „Mobile Kochkunst" ging sie in private Küchen, um dort für ein Fest ein mehrgängiges Menü zu kochen. Frischeste und hochwertige Zutaten stehen nach wie vor im Mittelpunkt ihrer Arbeit. Inzwischen kommt sie jedoch seltener zu den Gästen, als vielmehr die Gäste zu ihr.

In einer Zeit vor den Fernseh-Kochsendungen begann Gabriele Hussenether 1998, erste Kochabende in einem Hinterhofloft in der Nürnberger Nordstadt anzubieten. Nach siebenjähriger Bleibe zog sie 2004 an den Weinmarkt. Dort können im ersten Stock nicht nur Kochkurse besucht werden, sondern auf 300 Quadratmetern sowohl große Firmenveranstaltungen mit oder ohne Kochen als auch private Feiern gebucht werden. Es gibt bewusst keine Türen zwischen Küche und Gastraum, weil jeder herzlich eingeladen ist, sich in der Küche umzuschauen. Die Gäste können sich auch auf einem Küchenbänkchen niederlassen und die Atmosphäre, einschließlich der anregenden Düfte genießen.

„Kochen und gemeinsames Essen sind Kommunikation."
– Gabriele Hussenether

Gabriele Hussenether liebt den Kontakt zu den Menschen, die neugierig und lustvoll in ihre Töpfe schauen. „Kochen und gemeinsames Essen sind Kommunikation", betont sie. Gerne erklärt sie daher, wie alles zubereitet wird, wobei das Bauchgefühl für sie wichtiger ist als ein Rezept. Der so genannte „Chefs-Table" wird mit ihrem Konzept in die Tat umgesetzt. Verwendet werden ausschließlich Gemüse vom Demeter-Bauern Hederer, der freitags auf dem Koberger Markt sein Gemüse feil bietet. Das Fleisch stammt zu hundert Prozent vom Bioland-Klosterbetrieb Plankstetten und die Fische haben eine Qualität, die mitten in Franken, weitab vom Meer, ihresgleichen sucht. Trotzdem gibt es in der Mobilen Kochkunst keine verschnörkelte Küche. Das Produkt steht zusammen mit dem Wechsel der Jahreszeiten immer im Vordergrund. Die Liebe zu Deutschland zeigt sich auch beim Wein – deutsche Weine werden bevorzugt angeboten. Ein geheimes, verstecktes Plätzchen mitten in der Altstadt – auf Klingeln wird geöffnet!

Mmmhhh … Die Gäste können im Küchenstudio dem Team beim Kochen zuschauen.

Reichtum und politisches Gewicht der Reichsstadt Nürnberg im 15. Jahrhundert beruhten vor allem auf ihrer handwerklichen Produktvielfalt und ihrer Stellung als Handelsmetropole im Herzen Europas. Zahlreiche kaiserliche Privilegien förderten die Nürnberger Handwerker, Kaufleute und Spediteure derart, dass sie in zahlreichen Bereichen eine Alleinstellung innehatten. Der Satz „Nürnberger Tand geht in alle Land" oder die – mehr oder minder – anerkennende Bezeichnung Nürnberger Kaufleute als „Pfeffersäcke" sind heute noch geläufig.

Erdapfel des Martin Behaim, Nürnberg 1492 – 1494: Der Patriziersohn Martin Behaim hat im Beschriftungstext zu seinem Globus den Gewürzen kosmopolitische Bedeutung beigemessen. Insgesamt lassen sich etwa 20 Gewürz- und Spezereibezeichnungen feststellen, von Anis über Pfeffer bis Zimt.

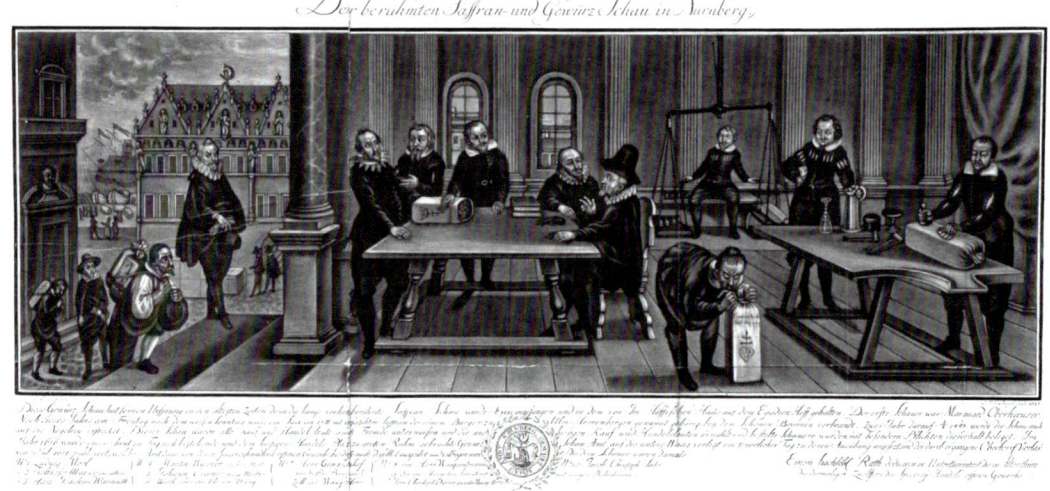

Die Bedeutung der Gewürze wurde in Nürnberg früh erkannt und lange in Ehren gehalten: 1783 fertigte G.P. Nußbiegel nach einem Gemälde von J. Sandrart dieses Schabkunstblatt an.
Der Text bezieht sich auf die berühmte „Saffran- und Gewürzschau in Nürnberg." Diese habe einen Ursprung in den ältesten Zeiten, „die berühmte Saffran-Schau wurde A.° (im Jahr) 1441 angefangen und in dem von Im-Höffischen Haus auf dem Egydien Hoff gehal-

ten", schreibt der Autor. Wer sich den Gebäudestil und die großen Handelsschiffe im Hintergrund genau anschaut, erkennt, dass der Künstler keine typische Nürnberger Safranschau nachgezeichnet hat. Die Szenerie könnte in Amsterdam oder Antwerpen angesiedelt sein. Fachleuten fällt eine weitere Ungenauigkeit auf: Eine Safranschau zur Qualitätskontrolle, die international als Standard anerkannt wurde, gab es in Nürnberg schon 1347, nicht erst 1441.

Die Zeit Nürnbergs als Handelsmetropole lässt sich datieren. Es ist die Zeit der Hochblüte des Levantehandels, also die Zeit zwischen den Tatarenüberfällen nach Mitteleuropa und der Zeit der neuen Beherrscher des Orienthandels, der iberischen Mächte und dann der Engländer und Holländer. Klassische Gewürzanbaugebiete waren und sind Vorder- und Hinterindien sowie die Malaiische Inselwelt. Über die alten Orienthandelswege gelangten die Gewürze zu Land über Kiew, Lemberg, Prag nach Nürnberg. Mit den Mongolenvorstößen ab 1239 wurde dieser ohnehin lange und teure Transportweg zunehmend unsicher. Man baute eine seegestützte Logistikkette auf. Sie war nicht neu, vielmehr seit den Kreuzzügen bekannt. Nun versprach sie durch Know-how aus Venedig sowie durch neue Handelsformen und Kontakte nach Augsburg und Nürnberg großen Profit.

Seewege und Schiffstypen

In Indien entwickelten sich besonders Surat, Goa und Kalikut zu Umschlagplätzen für Gewürze. Von dort übernahmen arabische Händler die Schätze des Orients und transportierten sie auf Daus, einem Schiffstyp, der dort heute noch in Gebrauch ist, durch den persischen

Golf, den Euphrat hinauf, solange er schiffbar ist. Über Karawanenwege kamen die Gewürze an die Mittelmeerhäfen Antiochia, Tripolis und Beirut. Ab dort beherrschten den Levantehandel venezianische Schiffe. Gewürze wurden in Küstenschifffahrt an Zypern, Rhodos, Kreta, Korfu vorbei nach Venedig gebracht und gelangten von dort über die Alpenpässe zu Augsburger und Nürnberger Pfeffersäcken. Eine alternative Route führte von Indien durch das Rote Meer nach Suez und von dort über eine relativ kurze Karawanenstrecke an den Mittelmeerhafen Alexandria. Diese Gewürzwege waren aufwendig und gefährlich: An vielen Stellen hielten Herrscher ihre Hände für Zölle auf oder dalmatinische Piraten – die berüchtigten Buskopen – kaperten mit großer Regelmäßigkeit Schiffe mit wertvoller Ladung. Diese Piraten mit ihren schnellen, kleinen Seglern brauchten gegen die großen und schwerfälligen Galeonen und Galeeren keine besondere Seekriegskunst. Oft „bunkerten" die Seeräuber auch die erbeuteten venezianischen Schiffe in versteckten Häfen dalmatinischer Inseln und führten Schiffe und Ladung unter mysteriösen Umständen dem venezianischen Stapelplatz für Gewürze zu, wenn dort die Ware knapp, also besonders teuer war.

Der Welthandel brachte Gewürze wie Nelken und Muskatnuss auch in Apotheken. Den Gewürzen wurden heilsame Kräfte zugeschrieben. In diesem Ölgemälde, das ein anonymer Künstler in der ersten Hälfte des 18. Jahrhunderts malte, erscheint Christus als Apotheker.

„Zeit ist Geld": auch damals! „Privatermittler" der großen Nürnberger Kaufleute spionierten die auf Venedig zulaufenden Schiffe in der Höhe von Rhodos nach Menge und Qualität der Gewürze aus, berichteten dies nach Venedig und von dort konnte ein Schnellreiter in vier bis sechs Tagen seinem Herrn melden: „Verkaufe schnellstens Deinen alten, schrumpeligen Pfeffer. Die Schiffe bringen viel guten und billigen Pfeffer".

Als Konstantinopel in die Hand der Türken fiel, diese das ganze östliche Mittelmeer beherrschten und auch ein neuer Schiffstyp, die Karavelle, zur Verfügung stand, schlug die Stunde für einen anderen Seeweg zu den Gewürzinseln. Karavellen sind schnelle und hochseetüchtige Schiffe, genügend groß um Mannschaft und Proviant Platz zu geben und auf der Rückfahrt – in gutem Verhältnis zu den entstandenen Transport-

kosten – hinreichend Waren mitzuführen. Und sie können wegen Ihrer Besegelung nicht nur unter dem Wind, sondern auch neben dem Wind Fahrt machen. Der neue Seeweg war weiter, aber lag nur noch in der Macht der Flotten, die die Umrundung Afrikas wagten. Nürnberger Kaufleute kamen auch mit den neuen Gewürzhändlern ins Geschäft. Aber die Handelsvolumina erreichten nie mehr die Größe des Levantehandels.

Condimenta, miracula, aromata, odores.

Die lateinische Sprache kennt kein Wort für Gewürz. Sie umschreibt vielmehr Wirkung und Wesen von Gewürzen. Sie wertet damit Gewürze auf, indem sie deren Vielschichtigkeit und schwer zu fassende Begrifflichkeit zeigt. Ihr Nutzen ist nicht klar zu definieren. Die Grenzwertigkeit zu eventuell eintretenden Vergiftungen ist nahe. Drei Muskatnüsse sind ein lebensbedrohliches Gift. Im Alltag kam und kommt auf den Tisch, was der regionale Lebensraum und die Jahreszeiten hergeben und was Traditionen und Sitten gebieten. In milden Tal-Lagen mit Böden hoher Bonität wachsen Getreide, Hackfrüchte, Gemüse und Obst früher im Jahr, dazu noch ertragreicher und sortenvielfältiger als im rauen und steinigen Mittelgebirge. Wenn Vieles in Feld und Flur reift, also im Sommer und Frühherbst, kommt es leicht zu Überfluss, der mühsam und phantasievoll in die karge Zeit des Winters hinübergerettet werden will. Hortung, Lagerung und Konservierung sind Fertigkeiten, die sich aus diesem Umstand entwickelt haben. Es galt, den Wintermangel zu überlisten: Fleisch und Fisch wurden eingesalzen, Fisch und Früchte wurden gedörrt, Nüsse wurden geröstet, Getreide wurde aufwendig eingelagert, um es vor Schimmel und Mäusen zu schützen. Doch Eingesalzenes und Gedörrtes schmecken oft fad. Es braucht Gewürze, damit aus Sattwerden halbwegs ein Genuss wird. Zunächst heimische, die lange vergessen waren und erst durch die mediale Omnipräsenz unserer Meisterköche heute wieder modisch geworden sind.

Doch die regionale Versorgung reichte nie aus: nicht bei Grundnahrungsmitteln, nicht bei Gewürzen. Das betrifft nicht die Quantität. In der frühen Menschheitsgeschichte zogen die Menschen ihren Nahrungsmitteln nach. Später entdeckten sie den Fernhandel. Zunächst mit dem lebensnotwendigen Salz und dann mit allem, was „gut und teuer" war. „Condimenta, miracula, aromata, odores" (Gewürze) gelangten auf abenteuerlichen Transportwegen aus sagenumwobenen Ländern „vom Rande des Erdkreises" – das war zur Blütezeit des Nürnberger Gewürzhandels wörtlich zu nehmen – in die Küchen der Reichen und Mächtigen. Damit zubereitetes Essen wurde statusmarkierend. In der markgräflichen Küche zu Kulmbach/Bayreuth wurden die von Nürnberg bezogenen Gewürze in einem tabernakelartigen Schrank aufbewahrt und der Küchenmeister hatte über die Verwendung streng Rechenschaft abzulegen.

Wer es sich leisten konnte, suchte nach Teilhabe, und sei es nur, um herausgehobenen Ereignissen und Festen Glanz zu geben und sich selbst zu feiern. Für das übrige Jahr oder gar für Jahre füllte die Schüssel wieder die Eintönigkeit vegetabiler Kost: Breie und Fladen, geschmacklich aufgebessert mit heimischen Kräutern und gelegentlich mit etwas Schmalz und fettem Fleisch.

Die Nürnberger Safranschau

Was „gut und teuer" ist, wird gefälscht. Das ist heute so, das war damals so. Falsches ist bei Tisch ein steter Gastgeber. Die Gier nach dem schnellen Geld begleitet die Essensgeschichte. Das Geschäft der Fälscher konnte durch keine Strafe unterbunden werden, selbst wenn diese „hochnotpeinlich" war. Auf Safranfälschung stand in Nürnberg der Scheiterhaufen. In der Literatur wird mal von zwei, mal von vier Verbrennungen berichtet.

Safran ist das wertvollste und teuerste Gewürz. Der Bamberger Wirtschaftshistoriker Wolfgang Stromer zu Reichenbach (†), ein direkter Nachkomme Nürnberger Pfeffersäcke, urteilt in einer Fernsehsendung des BR treffend: „Die einen mussten sich mit Kümmel und Wacholderbeeren begnügen und die anderen durften Pfeffer über ihre Speisen streuen und die ganz anspruchsvollen eben Safran." Safran ist eine Krokusart und botanisch mit unserer Herbstzeitlosen verwandt. Safran gibt den Speisen eine leuchtend gelbe Farbe, entfaltet einen betörenden Geruch und schmeckt edel. Dem Gewürz werden auch aphrodisierende Wirkungen zugeschrieben. Jedenfalls ist sicher: Fünf Gramm Safran sind tödlich. Das Gewürz wird seit über 3500 Jahren an den Küsten des Schwarzen Meeres, im Zweistromland und in Kaschmir planmäßig angebaut und kam über Griechenland ins Römische Reich, wo es in riesigen Kulturen verbreitet war.

Heute sind der Iran und Spanien die größten Safranproduzenten. Wegen seines hohen Preises wurden vielfältig Anbauversuche gemacht. Während diese im Wiener Becken eingestellt wurden, lebt heute noch das Safrandorf Mund im Oberwallis von dem Gewürz. Im November ist Erntezeit. Die Pollenfäden werden herausgezogen und über offenem Feuer vorsichtig getrocknet. Für ein Kilogramm Safran braucht es 360 000 Fäden. Der in Nürnberg gehandelte Safran stammte in der besagten Zeit aus den Abruzzen. In Lederbeuteln und wasserdichten Packtaschen sorgfältig verschnürt, brachten ihn Transportreiter hierher. Groß war die Versuchung, durch Strecken und Schmieren den Wert der Ware zu erhöhen. Die Gelbfärbung von Gewändern und Speisen durch Safran erreicht man auch mit Färberdistel, Bauernsafran genannt. Die roten Safranfäden imitierten die Fälscher, indem geräuchertes Rinderfilet haarfein geschnitten und untergemengt wurde. Um ihre Reputation zu wahren, mussten Kaufleute und der Rat der Stadt Nürnberg eine Behörde schaffen, die eine Gütemarke vergab. Die Safranschau war relativ simpel. Eine Silberschale wurde mit heißem Wasser gefüllt und die Safranfäden hineingelegt. Breiten sich die Fäden schnell auf der Wasseroberfläche aus und färben diese mit einem goldgelben Glanz, dann ist die Probe bestanden: „Nürnbergisch gerecht geschaut."

Die Nürnberger Tucher gehörten zu den einflussreichsten Safranhändlern in Nürnberg. Ihr Reichtum und politisches Gewicht gründete vor allem auf dem Handel mit dem Gewürz. In der Küche wird Safran auch heute noch sehr vorsichtig eingesetzt, weil er sehr kostbar ist und bereits kleine Mengen intensiv würzen.

Alles braucht und hat seine Zeit

Wer Stefan Rottner fragt, wie er seine Küche charakterisieren würde, erhält spontan die Antwort: „Unsere Küche bietet Regionales der Jahreszeit, auf zeitgemäße und innovative Art und Weise zubereitet." Für einen, der als Pionier der regionalen Küche in und um Nürnberg bezeichnet werden kann, ist das gewiss nicht übertrieben.

Gasthaus Rottner
Winterstr. 15-17
90431 Nürnberg
Tel.: 0911 / 612032
www.rottner-hotel.de
info@rottner-hotel.de

Öffnungszeiten:
Montag bis Freitag
12 – 14 Uhr und
18.30 – 21.30 Uhr
Samstag
18.30 – 21.30 Uhr
Sonntagmittag
fränkische Bratenküche
12 – 14 Uhr

Das Gasthaus und Romantik-Hotel Rottner könnte dem Anschein nach auf dem Land liegen, befindet sich aber direkt vor den Toren der Stadt. Verschiedene Stuben und Räumlichkeiten bieten für jeden Anlass den passenden Rahmen. Fast einzigartig ist, dass Gäste im Sommer zwischen zwei Gartenplätzen wählen können: im Restaurantgarten mit Linden oder etwas fränkischer im Nussbaumgarten vor dem Haus. Fachwerk und alter Baumbestand – beides ist Sinnbild eines Mottos: Alles braucht und hat seine Zeit.

Stefan Rottner verließ mit 18 Jahren seine Heimat, um sich zunächst ausbilden und dann weiterbilden zu lassen. Nach neun Wander- und Lernjahren kehrte er 1985 als Chef de Cusine in das elterliche fränkische Gasthaus zurück. Und damit begann die Weiterentwicklung in das Gasthaus und Romantik-Hotel Rottner, wie der Besucher es heute vorfindet.

Die Qualität dessen, was der Gast sieht, riecht und schmeckt, fängt bei den Zutaten an. Hier schwört Stefan Rottner seit jeher auf regionale Produkte und – so verfügbar – in Bioqualität. Wobei Regionalität und Frische Vorrang haben. „Man sollte auch

die Produzenten in diese Qualitätsphilosophie einbeziehen", so Rottner.

Aus der regionalen Beschaffung folgt, dass die Speisen saisonal angeboten werden. Im Winter gibt es deftigere Gerichte, so etwa geschmorten und gefüllten Ochsenschwanz. Im Frühjahr alles rund um Spargel sowie junge Gemüse und Geißlein. Im Sommer Saiblingsfilet auf Zucchini-Ragout mit Tomatenbutter, einen großen Salat mit Pfifferlingen und marinierte Beeren mit Lavendeleis. Der Herbst kommt mit Wild und Pilzen.

Dazu werden, der Regionalität verpflichtet, gerne fränkische Weine empfohlen. Die Weinkarte mit mehr als 180 Positionen bietet aber auch dem Liebhaber anderer Regionen ausreichend Auswahl. Dass das sorgfältig zubereitete Essen dann auch noch liebevoll und mit kompetenter Beratung in einem jahreszeitlich gestalteten Ambiente beim Gast ankommt, ist die Domäne von Claudia Rottner, Serviceleitung und Sommelière.

Wer wissen will, wie Stefan Rottner arbeitet, kann ihn in seiner Kochschule besuchen und sortiert nach Themen an

Gasthaus und Hotel Rottner an der westlichen Einfahrt nach Nürnberg: Ein Rückzugsort im Grünen kann nicht idyllischer sein.

seinem Erfahrungsschatz teilhaben. Oder aber einfach mit ihm sprechen, wenn er bei einem Glas fränkischen Weißen mit dem Satz „Spargel wächst, wenn der Mensch ihn braucht" charmant beginnt, noch einmal seine Philosophie zu erläutern.

„Unsere Küche bietet
Regionales der Jahreszeit,
auf zeitgemäße und innovative
Art und Weise zubereitet."
– Claudia und Stefan Rottner

81

Lachsforelle „Spalt 1200"

von Stefan Rottner

Zutaten für 4 Personen:
4 Lachsforellenfilets à 120 g (ohne Haut)
½ l Sonnenblumenöl
5 g Hopfenblüten (getrocknet)
15 g Hopfenblütentinktur
100 g Sauerkraut
1/8 l flüssige Sahne
100 g griechische Nudeln
2 Schalotten
¼ l Gemüsebrühe
Salz, Pfeffer, Butter und Hopfenblütensalz

Ich mag dieses Rezept, weil es mit einem hochwertigen Qualitätshopfen zubereitet wird. Zudem entstehen aus dem Spalter Hopfen immer wieder raffinierte Kreationen, die sehr gut in unser Konzept der regionalen Geschmacksküche passen.

Zubereitung:
Für den Nudelrisotto die Schalotten fein würfeln und in Butter anschwitzen. Nun die Nudeln zugeben und ebenfalls glasig angehen lassen. Unter ständigem Rühren mit einem Kochlöffel gießen Sie immer so viel Fond an, dass die Nudeln bedeckt sind. Der Risotto sollte noch leichten Biss haben. Mit Salz und Pfeffer abschmecken, das Sauerkraut einrühren und die flüssige Sahne zugeben. Kurz aufkochen lassen und warm stellen.
Die Hopfenblüten und die -tinktur ins Öl geben und auf ca. 85 Grad erhitzen. Die Fischfilets 3 bis 4 Minuten darin garen lassen. Herausnehmen, mit Küchenkrepp abtupfen und mit dem Hopfenblütensalz würzen.

Anrichten:
In einem tiefen Teller den Nudelrisotto mittig anrichten und die Lachsforelle obenauf setzen. Mit Kerbel garnieren.

„Die Basis
ist unheimliche
Ehrlichkeit"

Interview mit Andree Köthe und
Christian Wonka über privaten und
sozialen Genuss, Kreativität in der
Küche und Trends der Spitzengastronomie

Die Liebe zum Essen teilen sich beide: Andree Köthe, Chef des mit zwei Michelin-Sternen ausgezeichneten Restaurants Essigbrätlein, und Christian Wonka, der in St. Johannis das Restaurant Wonka betreibt. Beide verbindet auch eine geschäftliche Beziehung. Andree Köthe ist am Wonka beteiligt, wobei er dem Freund, mit dem er schon im Essigbrätlein gekocht hat, nicht in dessen Küche hineinredet. Als Andree Köthe nach seinem Mittagsdienst zum Interview im Restaurant Wonka erscheint, erwähnt er, dass er bisher noch gar nichts gegessen hat.

› Wie essen Sie eigentlich außerhalb des Restaurants, zu Hause?

Wonka: Ich würde sagen normal. Wenn es schnell gehen muss, mache ich ein einfaches Spaghetti-Gericht. Wenn die Zeit und Lust vorhanden ist, auch mal etwas Langwieriges.

Köthe: Meine Frau ist Türkin und liebt Salat, und über die Jahre habe ich mir das auch angewöhnt. Auf den Frühstückstisch kommen geschnittene Gurken, Paprika, selbst Blattpetersilie, dazu eingedeutschte Zutaten wie Marmelade, Butter, Käse und Schinken. Das heißt nicht, dass ich ausschließlich auf gesunde Ernährung achte. Ich esse auch bis zu zweimal pro Jahr bei Burger King. Das tue ich mir meist nach einem Kochkurs an, weil es da schon so spät ist. Ich habe beim Essen allerdings jedes Mal ein schlechtes Gefühl, nicht, weil es schlecht schmeckt, sondern weil ich weiß, dass es kein gutes Essen ist.

› Dann setzt sich die Feinschmeckerküche nicht zu Hause fort?

Köthe: Bei uns prägen die Kinder das Essen. Als Eltern suchen wir ja doch immer etwas, das die Kinder essen. Das ist bei Christian Wonka, der auch zwei Kinder hat, wohl ähnlich.

Wonka: Ich denke, wir achten schon darauf, dass der Geschmack nicht von Convenience-Produkten kaputt gemacht wird. Für eine schöne einfache Küche muss ich ja nicht auf Fertigprodukte zurückgreifen, sondern kann frische Produkte nehmen. Im Grunde denke ich jedoch, dass es an jedem Einzelnen liegt, wie wichtig Essen für ihn ist.

› Was bedeutet denn Essen für Sie selbst?

Wonka: Essen ist Genuss. Ich kann beim Essen am besten die Seele baumeln lassen. Ganz wichtig finde ich dabei das Zusammensein mit Freunden oder der Familie. Sicher ist das wegen unseres Jobs schwierig. Aber einmal am Tag sollte die Familie zusammensitzen und gemeinsam essen.

Köthe: Schön ist es dann, wenn man noch zusammen kocht. Dann können wir auch die Kinder mehr integrieren und sie geschmacklich heranführen. Gerade das Vorbereiten und Probieren stärkt die Gemeinschaft sehr stark. Wenn es um das rein persönliche Erleben geht, ist Essen für mich auch Befriedigung, Nervennahrung, vor allem, wenn ich ganz hart gearbeitet habe.

› Essen als Genuss ist ein ständiges Thema im Fernsehen. Es ist sicher toll, wenn Essen gut schmeckt, aber wird das Genießen nicht auch ziemlich übertrieben, wenn man nur an die ganzen Kochshows im Fernsehen denkt?

Wonka: Ich denke, die Fernsehsendungen haben wenig mit Genießen zu tun.

Köthe: Ich finde diese Anregungen gar nicht schlecht. Über die Art und Weise kann man geteilter Meinung sein. Der Beruf des Kochs wird nicht so dargestellt, wie er tatsächlich ist. Aber letztlich hat das Thema Essen und Trinken durch das Fernsehen flächendeckend dazu beigetragen, dass sich die Menschen mehr damit beschäftigen. Das hilft uns auch ein bisschen. Ich glaube außerdem, dass dieses Thema noch lange nicht am Ende ist. Die Sinnlichkeit, die in einem steckt und die man spüren kann, wird nach wie vor zu wenig angenommen. Essen und Trinken ist für 90 Prozent der Menschen Gewohnheit. Aber das Reflektieren, das wir Köche haben müssen, fehlt leider oft.

› Es ist doch sicher auch anstrengend, jeden Tag hochkonzentriert über den nächsten Schritt nachdenken zu müssen. Oder geht es in der Küche sehr harmonisch zu?

Wonka: Das Problem ist ja, dass man selber sehr viel kritischer ist als die Gäste. Zumindest in der ehrgeizigen Art von Gastronomie, wie wir sie betreiben. Das ist bei Andree wahrscheinlich noch extremer als bei uns.

Köthe: Aber die Basis ist die gleiche: unheimliche Ehrlichkeit. Ich glaube nicht, dass es so etwas wie ein Klassensystem gibt mit Sternchen oder Punkten. In Wirklichkeit gibt es nur grundehrliches Handwerk. Der eine macht das daraus, der andere etwas anderes.

Wonka: Die Einstufung, was höher bewertet ist, brauchen vor allem die Gäste, weniger wir.

› Muss es eigentlich bestimmte Gerichte oder Produkte geben, um hoch bewertet zu werden? Es könnte ja sein, dass bei einem Gourmet-Restaurant ab und an so etwas wie Gänsestopfleber auf der Karte stehen muss.

Köthe: Früher haben das die Köche gedacht und sich so verhalten. Wenn es eine Richtung gab, die durch einen toll bewerteten Koch in Mode kam, haben andere ähnlich gekocht. So was gab es vor allem mit der klassisch französischen Küche. Das hat nichts mit einzelnen Gerichten oder Produkten wie Gänsestopfleber zu tun.
Wir Köche denken darüber nach, immer wieder neue Gerichte zu kochen. Nur bei den Gästen teilt es sich ein bisschen auf: Viele suchen genau das, was sie von früher her schätzen. Bei Restaurantkritikern hat das nicht diese Wichtigkeit.

Wonka: Gänsestopfleber ist einfach so ein Luxusprodukt, das der Spitzenküche zugeordnet wird. Wobei Spitzengastronomie ja heißt, dass die verarbeiteten Produkte spitze sein müssen, egal, ob Gänestopfleber oder Schweinefleisch. Es gibt ja auch gute und schlechte Gänsestopfleber.

› Vom Moralischen mal ganz abgesehen.

Köthe: Das Ethische ist eine Katastrophe. Aber ich biete Gänsestopfleber auch deshalb nicht mehr an, weil ich mit dem alten Käse nichts anfangen kann.

› Sie verzichten beide weitgehend auf Luxusprodukte. Wie stehen Sie der Molekularküche gegenüber, die heute als ein Ausweis der Spitzengastronomie gilt? Ist das nicht auch nur ein Trend?

Köthe: Man darf das nicht schlecht reden. Die Molekularküche wird leider oft auf Schäumchen, chemische Zusatzstoffe und vordergründige Spielereien reduziert. Sie hat aber sehr viele Hintergründe zu Themen wie Temperatur, Geschmack und Mundgefühl aufgedeckt. Wo wir solche Entwicklungen sinnvoll fanden, haben wir sie auch im Essigbrätlein integriert.

Wonka: Molekularküche ist ja viel älter. Es gab schon in den 1970er Jahren Bücher, die sich mit dem Einsatz verschiedener Garmethoden beschäftigt haben. Früher hat man das Fleisch nur bei 200 Grad im Ofen gebraten. Heute überlegt man: Ist es nicht sinnvoll, etwas länger zu braten und dafür eine ganz reduzierte Temperatur zu nehmen, zum Beispiel unter 73 Grad, damit das Eiweiß nicht stockt. So bekomme ich ein viel saftigeres und zarteres Fleisch. Die Molekularküche ist sicherlich auch da ganz interessant, wo es um Eyecatcher geht. Wenn ein Produkt witzig aussieht, nimmt das dem Ganzen den Ernst.

› Kann man sich das Experimentieren mit Aromen eher als zufälligen Prozess vorstellen oder gibt es hier gerade die allermeisten Regeln?

Wonka: Durch Zufall entsteht schon das eine oder

andere Gericht. Viele große Klassiker sind auf alle Fälle durch Zufall entstanden. Aber bei uns in der Küche zählt mehr die Professionalität.

Köthe: Die Entstehung eines Gerichtes ist bei uns etwa zur Hälfte Zufall und zur Hälfte exakt auf ein Ergebnis fokussiert. Ganz klar ist: Ein Produkt ist immer die Ausgangsbasis und ein zweites Aroma kommt dazu. Oft tauchen die beiden ersten Sachen in einem daraus entstanden Gericht jedoch überhaupt nicht mehr auf, da wir während der Suche zu anderen Positionen und Aromen gekommen sind. Da ist man beim Zufall und das passiert sehr, sehr häufig.
Wir haben schon versucht, eine gewisse Logik in diesen Suchprozess zu bringen. Das ist aber schwierig. Andererseits kann ich auch den Geschmack eines neuen Gerichtes nicht genau vorhersagen. Ich kann mir einzelne Aromen für sich vorstellen und sie auch schmecken, aber sobald drei, vier Aromen zusammenwirken, ist das Gericht in der Realität meistens anders. Es gibt ganz wenige Volltreffer.

Wonka: Ja, die gibt es eigentlich so gut wie nie. Manchmal liegt es auch an der technischen Umsetzung, dass ein Gericht nicht funktioniert. Wenn man zum Beispiel zu viele Pfannen braucht. Das ist bei mir mit mehr Plätzen und weniger Köchen als im Essigbrätlein auch zu berücksichtigen. Zu aufwendige Gerichte muss ich dann eben umgestalten.

> Ist der Unterschied zwischen Ihnen vielleicht der, dass Sie, Herr Köthe, bei sich auch Gewagtes probieren, mit manchen Gerichten vielleicht sogar Widerspruch provozieren?

Köthe: Das glaube ich nicht. Ich denke, wir sind mit den Jahren eher einfacher geworden. Wir versuchen, die Aha-Effekte sehr vorsichtig zu setzen, um nicht zu plakativ zu wirken. Da ich mit 25 schon sehr früh selbstständig war, stelle ich mir vielleicht noch deutlicher die Frage. Wie kann ich etwas anders machen? Ich musste mich schnell auf meine eigenen Ideen verlassen, weil mein Repertoire zu Ende gekocht war.

Wonka: Bei der Art zu kochen, so wie wir es machen, weiß der Gast nicht, was ihn erwartet. Was uns überzeugt, kann für den einen oder anderen ein No-Go sein. Ich biete an heißen Tagen gerne ein in der Süße reduziertes Dessert an, zum Beispiel mit Salz, weil es den Magen nicht so füllt. Aber es gibt Gäste, für die Salz im Dessertbereich nicht geht.

Bitte umblättern →

Christian Wonka betreibt seit dem Jahr 2000 in Nürnberg das Restaurant Wonka. Er wuchs in der westafrikanischen Stadt Lagos, Nigeria, auf. 1988 begann er eine Kochlehre im Hotel Arabella, Schliersee. Als Koch arbeitete er danach im Ambiance am Dom (Köln), im Essigbrätlein und im Hotel Lindner (Hamburg), wo er seine Prüfung zum Meisterkoch mit einer Auszeichnung der Staatsregierung absolvierte. Im Restaurant Wonka teilt sich Christian Wonka die Rolle des Küchenchefs mit Kemal Běsirević.

Andree Köthe ist Inhaber des mit zwei Michelin-Sternen ausgezeichneten Restaurant Essigbrätlein in Nürnberg. Er wuchs im nordhessischen Witzenhausen in einer Gastronomenfamilie auf. Nach einer Kochlehre im Burghotel Hardenberg (Nörten-Hardenberg) stand er im elterlichen Betrieb zwei Jahre lang am Herd. 1989 übernahm Andree Köthe das Essigbrätlein. Dort arbeitet er seit 1997 mit Küchenchef Yves Ollech zusammen.

Das Essigbrätlein am Weinmarkt – für Genießer eine Pilgerstätte.

Das Restaurant Wonka im Nürnberger Stadtteil Johannis ist von außen fast unscheinbar. Christian Wonka bietet hier Kulinarisches fern vom Mainstream.

› Als kaum realisierbar gilt die Kombination von sauren und bitteren Aromen. Unter Umständen funktioniert aber auch das. Zum Beispiel bei gebratenen Johannisbeeren mit Kakao nach einem Rezept des Essigbrätleins. Gibt es überhaupt noch Gerichte aus Ihrer Anfangszeit, die sie heute immer noch kochen?

Wonka: Nicht viele und nicht exakt wie früher. Eines ist unser Kartoffelpudding als Nachtisch, ein anderes das Ingwereis, das ich aus dem Essigbrätlein mitgebracht habe.

Köthe: Wir haben gar nichts. Wobei es die Gerichte von damals geben musste, damit es die Gerichte von heute gibt.

› Inwiefern gibt Ihr Sparring-Partner Yves Ollech, der 1997 einstieg, dem Essigbrätlein wesentliche Impulse?

Köthe: Mittlerweile macht er mindestens 50 Prozent der Küche aus. Er hat die Gabe, ein hervorragender Handwerker zu sein, der sehr schnell und sehr genau und sehr teamfähig arbeitet. Manchmal habe ich sogar das Gefühl, er ist noch irrer als ich.

› Herr Wonka, Sie kochen bei sich zusammen mit Kemal Besivevic. Ist die Situation mit der Zusammenarbeit zwischen Ihnen und Andree Köthe im Essigbrätlein vergleichbar?

Wonka: Ich bin heute mehr im Service tätig und weniger in der Küche. Das kennt Andree ja auch, dass man mit der Zeit mehr mit anderem zu tun hat. Der Einkauf ist ein ganz wichtiger Teil. Im Übrigen war Kemal Běsirević ja auch schon mal Koch im Essigbrätlein.

› Ach ja. Es gibt darüber hinaus noch mehr Querverbindungen. Diana Burkel, die heute im Würzhaus kocht, lernte im Essigbrätlein. Oliver Esch, der das „Sushi Glas" macht, auch. Also hat das Essigbrätlein Spuren hinterlassen.

Köthe: Definitiv.

Text und Interview: Oliver van Essenberg

Gebratene Johannis-
beeren mit Kakao

von Andree Köthe

Für das Butterkaramell die Milch mit der
Minze aufkochen, eine halbe Stunde ausziehen lassen und durch ein Sieb geben.
Den Zucker in einem Topf karamellisieren
und mit der Milch ablöschen. Die Milch
auf die Hälfte einkochen und mit der Sahne
auffüllen. Alles wieder einkochen bis der
Karamell dicklich blubbert. Jetzt die Butter
in den Karamell mixen. Für das Vanilleeis die Sahne mit der Vanillestange (in
der Mitte halbiert, das Mark ausschaben
und mit den Schalen in die Sahne geben)
aufkochen, eine halbe Stunde ausziehen
lassen und kalt stellen. Das Eiweiß mit
dem Zucker in einer Schüssel auf einem
Wasserbad warm aufschlagen. Nachdem
die Masse steif geschlagen ist, wieder auf
Eis kaltrühren. Die Sahne auf das kalte Eiweiß passieren, den Schmand zugeben und
alles gut verrühren. Das Vanilleeis in einer
Eismaschine cremig frieren.
Fertigstellen: Den Zucker in einer Pfanne
karamellisieren. Die Johannisbeeren in die
Pfanne streuen, vorsichtig vermischen und
schnell aus der Pfanne auf eine Metall-
fläche geben, die mit Kakao abgepudert ist.
Die Johannisbeeren mit Kakao bestäuben
und vorsichtig mit den Fingern trennen.
Anrichten: Den Butterkaramell dünn mittig auf den Teller streichen. Die Johannisbeeren um den Karamell geben und zum
Schluss eine Kugel Eis in die Mitte setzen.

Zutaten für 4 Personen:
120 g schwarze Johannisbeeren
60 g Zucker
40 g Kakao
Butterkaramell:
150 g Zucker
90 ml Milch
90 ml Sahne
50 g Butter
½ Bund Minze
Vanilleeis:
2 Eiweiß
60 g Zucker
400 g Sahne
½ Vanilleschote
200 g Schmand

Thailands klassische Seiten

Etage
Großweidenmühlstr. 9
90419 Nürnberg
Tel.: 0911 / 333002

Öffnungszeiten:
Dienstag bis Sonntag
18 – 24 Uhr

Essen verbindet. Denn so weit Franken und Zentralthailand kulturell auseinander liegen: Über das Essen als Gemeinschaftswerk rücken die Menschen zusammen. Geselligkeit und ein anregendes Ambiente entwickeln im Restaurant Etage eine eigene Anziehungskraft. Sie dringt auch zu denen durch, die nichts anderes wollen, als einfach nur gute Thai-Küche genießen.

Inhaber Manfred Münnich vergleicht das Handwerk in einer Restaurantküche mit dem Einspielen einer Partitur. Das Timing, mit dem die Bestellungen bearbeitet werden, der Einsatz der Instrumente und die Komposition der Gerichte entscheiden über das Gelingen.

Der Vergleich kommt nicht von ungefähr: Manfred Münnich hat Musik studiert. Nebenbei jobbte er in einem Weinladen. Das Geschäft befand sich im gleichen Gebäude, in dem sich nun die Etage befindet: ein ehemaliger Getreidespeicher in St. Johannis mit altem Sandstein-Gemäuer und Innengeschossen aus Holz. Drei massive Getreidetrichter füllen das Zentrum aus. Lange Zeit standen der erste Stock und der Zwischenboden leer, bis Manfred Münnich Geschmack an der Arbeit als Gastronom fand. Nach einer Anlaufphase

mit Vinotheken-Angebot servierte er ab 1983 in der Mühle einfache Gerichte der französischen Küche.

Ist Kochen auch Kunst? Manfred Münnich meint nein. Er weiß aus eigener Erfahrung als Assistent beim Starkoch Eckart Witzigmann, dass es aber durchaus Gemeinsamkeiten mit einer Inszenierung haben kann. Die Anspannung hinter der Bühne, das erwartungsvolle Publikum, der aufgeregte Intendant – jeder spielt eine Rolle und erhält dafür Beifall, manchmal nicht nur im übertragenen Sinn. Gern hätte Manfred Münnich beide Aufgaben übernommen, die des Restaurantleiters und des Musikers. Doch das war bei der Eigendynamik des Betriebs hoffnungslos.

1996 öffnete die „Etage" mit thailändischer Küche ihre Pforten. Diese Art zu kochen mochte der Inhaber schon immer und

ein weiteres Restaurant mit mediterraner Küche wollte er nicht eröffnen, da ihm ein solches bereits gehörte: das „Bis(s)" – heute befindet sich an dessen Stelle das Restaurant Wonka. Was Manfred Münnich mit der Etage vorschwebte, war ein „kommunikativer Raum", der durch Gespräche und gemeinsames Essen lebt. „Meine Vorstellung ist, dass die Gäste nicht in erster Linie wegen des Essens kommen, sondern auch wegen der Geselligkeit. Beides sollte sich ergänzen." Dass dies in der fast immer ausgebuchten Etage so gut funktioniert, hat mit mehreren Faktoren zu tun: dem historischen Ambiente des Speichers, der trotz fränkischer Herkunft Assoziationen an eine thailändische Holzhütte zulässt, mit der Anordnung der Tische um ein Zentrum herum, dem passenden Publikum, der Aufmerksamkeit der Bedienungen und der aromareichen Küche.

Die Kochprofis wechseln im mehrjährigen Turnus. Sie kommen aus Thailand für eine

„Die Gäste sollten nicht in erster Linie wegen des Essens kommen, sondern auch wegen der Geselligkeit."
– Manfred Münnich

Zeit von bis zu drei Jahren hierher und gehen nach ihrem Gastspiel meist wieder zurück. Die Küche bleibt unverändert klassisch, der Hochküche Zentralthailands entsprechend vielfältig. Klar festgelegte Zutaten begrenzen den Spielraum für Improvisation. Nur die berüchtigte Schärfe wird ein wenig zurückgenommen. Aus dem subtilen Zusammenspiel der Aromen entsteht die gewünschte Balance, ein harmonischer Aromen-Mix mit kurz angebratenem Fisch oder Fleisch, der die Körpersäfte angenehm zum Fließen bringt und neben der Kommunikation das Genießen fördert. Das Restaurant erweist sich hier einmal mehr als ein Ort des Ausgleichs.

Woran es liegt, dass das Restaurant Etage fast immer ausgebucht ist? Es muss mit dem Essen und dieser ganz speziellen Atmosphäre zu tun haben.

Der Appetit kommt mit dem Zuschauen

Das Ritual, vor den Augen der Gäste zu kochen, hat man in Japan gepflegt, lange bevor in deutschen Küchenstudios „Showcooking" zelebriert wurde. „Teppanyaki" heißt die zum Braten geeignete Stahlplatte, mit der im Japanrestaurant Ishihara die Speisen frisch zubereitet werden. Während der Koch appetitlich hantiert, sehen die Gäste auf ihren Sitzen mit Freude dem Essen entgegen.

**Japanrestaurant
Ishihara**
Schottengasse 3
90402 Nürnberg
Tel.: 0911 / 226395
www.ishihara.de
mail@ishihara.de

Öffnungszeiten:
Montag bis Samstag
12 – 14.30 Uhr
und 18 – 22 Uhr

Im Ishihara genießt man das Essen gemeinsam an der heißen Platte (Teppanyaki).

Wie die mobile Heizplatte in vielen japanischen Haushalten so steht auch die in den Tisch eingelassene „Teppanyaki" für moderne japanische Küche. Da das Töten von Tieren in Japan bis 1868 verboten war, spezialisierte sich die traditionelle Küche auf vegetarische Kost, erweitert um möglichst viele rohe, gegebenenfalls auch frittierte Produkte. Der Verzehr von rohem Fisch (Sashimi) mag dem unerfahrenen Europäer zunächst Überwindung abverlangen, das eiweißreiche Produkt gilt zu Recht jedoch als unwahrscheinlich gesund und in der richtigen Zubereitung als Delikatesse.

Im Ishihara steht Fisch neben Fleisch gleichberechtigt auf der Karte, Vegetarisches eingeschlossen. Die Gäste haben die Wahl zwischen Sashimi, Sushi, Garnelen, Jakobsmuscheln, Lachs, Seeteufel und Fisch nach Saison (Herkunft: überwiegend aus Frankreich) sowie Huhn, Rind, Lamm und Ente (aus Deutschland, Argentinien,

Australien und Amerika). Von bester Qualität ist das besonders fein marmorierte Wagyu-Rindfleisch. So reduziert die japanische Zubereitung mit Salz, Pfeffer und Soja ohne exotische Gewürze ausfällt, so sehr überzeugt das Restaurant Ishihara mit schlichter Ästhetik. Kenji Ishihara, der 1975 nach Deutschland kam, „um noch etwas von der Welt zu entdecken", führt das Restaurant seit 1989 mit aus Japan stammenden Köchen. Sie richten sich gerne nach den Wünschen der Gäste, sei es bei der Reihenfolge der Speisen oder auch dem Anteil der Sauce.

Das Essen an den großen Tischen stärkt das Gemeinschaftserlebnis. Mit den Schürzen, die an die Gäste ausgegeben werden, ist man schließlich ganz unter sich. Die Montur schützt vor Flecken, die schnell entstehen, wenn statt Messer und Gabel die Stäbchen eingesetzt werden.

*„Noch etwas
von der Welt
entdecken"
– Kenji Ishihara*

Genießen mit Verstand

Keine Bewegung ohne Gegenbewegung: Auf Fast Food folgte Slow Food.

von Claus Fesl

Slow Food ist ein Begriff, eine Marke und durchaus auch ein einflussreicher Trend. Die Wurzeln der Slow Food Bewegung finden sich in Italien. Gegründet wurde die Organisation im Juli 1986 von Carlo Petrini aus dem piemontesischen Bra und seinen „Freunden des Barolo" mitten in den Weinbergen. Um diese Zeit herum erhitzten gerade Proteste gegen die Eröffnung einer McDonald's-Filiale, direkt an der Spanischen Treppe in Rom, die Gemüter.

In Deutschland wurde 1992 eine Sektion gegründet, die inzwischen mehr als 10 000 Mitglieder verzeichnet und in derzeit rund 79 sogenannte „Convivien" gegliedert ist.

1997 gründete Manuela Sillius mit vielen Mitstreitern das Slow Food Convivium Nürnberg. Eine anfänglich überschaubare Gruppe kulinarisch interessierter Menschen traf sich und besuchte eine Veranstaltungsreihe rund um Nürnberg und rund um die Slow Food-Philosophie. Diese entwickelte sich immer mehr vom reinen Genuss zum Kennenlernen und Fördern regionaler Wirtschaftskreisläufe, getragen von einem verantwortungsvollem Umgang mit der Natur und den Menschen. Heute hat das Convivium Nürnberg mehr als 340 Mitglieder.

Das Slow Food Logo stellt die Weinbergschnecke dar – Symbol der Langsamkeit. Zu Beginn positionierte man sich als Gegenbewegung zum Trend des uniformen, globalisierten und genussfreien Fast Food. Man bemühte sich um die Erhaltung der regionalen Küche mit heimischen pflanzlichen und tierischen Produkten und deren lokaler Produktion. Der Gründer und internationale Vorsitzende, Carlo Petrini, definierte 2006 die Grundbegriffe der „Neuen Gastronomie" als Maßstab: buono, pulito e giusto – gut, sauber und fair. Wenn ein Element fehle, sei das laut Petrini nicht Slow Food.

Damit ist Slow Food eine weltweite Vereinigung bewusster Genießer und mündiger Konsumenten, die es sich zur Aufgabe gemacht haben, die Kultur des Essens und Trinkens zu pflegen und lebendig zu halten. Sie fördert eine verantwortliche Landwirtschaft und Fischerei, eine artgerechte Viehzucht, das traditionelle Lebensmittelhandwerk und die Bewahrung der regionalen Geschmacksvielfalt.

Regionale Saisonküche als Schlüsselbegriff

Aber auch regional und lokal können Beiträge geleistet werden, um die Ziele von Slow Food zu fördern und umzusetzen. Der Schlüsselbegriff auf lokaler Ebene ist die regionale Saisonküche, die sowohl im privaten Haushalt als auch in der Gastronomie gefördert wird. Dieser Anspruch soll in den regionalen Convivien umgesetzt und erlebt werden. Aufgabe ist es, Verbraucher und Produzenten auf die Bedeutung dieser Küche hinzuweisen, einer Küche also, die saisonal, natürlich, regional und fair sein muss. Fair steht hierbei für die faire Entlohnung der Produzenten und Lebensmittelhandwerker.

Jedes regionale Kochen beginnt mit dem Einkauf. Hier sollen nur saisonale Produkte verarbeitet werden. Wer braucht beispielsweise Erdbeeren zu Weihnachten? Zum einen ist das wegen des Transportweges nie ökologisch (auch nicht mit Biosiegel), zum anderen auch dem wichtigen Faktor Geschmack meist sehr abträglich. Natürlich heißt, dass Slow Food in den Küchen industrielle Fertigprodukte, Zusätze und Geschmacksverstärker, zu denen übrigens auch biologische Hefeextrakte gehören, ablehnt. Auch jeder Form der industriellen Verarbeitung natürlicher Produkte steht die Vereinigung kritisch gegenüber. Aus verschiedenen Gründen sind die Biosiegel – am besten der anerkannten Anbauverbände und nicht nur der EU – zu bevorzugen. Sie garantieren die Freiheit von Gentechnik und Pestiziden, den nachhaltigen Umgang mit den Ressourcen und im Umgang mit Tieren ein Mindestmaß an Respekt gegenüber dem Leben.

Skepsis gegenüber industrieller Verarbeitung

Es ist kein Zufall, dass häufig die besten Produkte einer Kategorie auch biologisch erzeugt sind. Aber leider ist der Umkehrschluss nicht immer möglich. Viele Bioprodukte sind manchmal wenig ökologisch und nachhaltig, und vor allem genügen sie geschmacklich nicht immer den Anforderungen von Slow Food. Es finden sich durchaus Beispiele, dass Ausgangsprodukte nach biologischen Kriterien erzeugt wurden, aber dann mit den gleichen Verfahren der Lebensmittelindustrie verarbeitet werden wie konventionelle Produkte. Deswegen ist es stets gut, direkt beim Erzeuger zu kaufen oder aber zumindest zu wissen, wer der Erzeuger ist.

Regionalität bedeutet, dass der Erzeuger aus dem unmittelbaren Lebensumfeld kommen sollte. Das fördert die regionalen Wirtschaftskreisläufe, sichert Wirtschaft und Beschäftigung in der eigenen Heimatregion und ist auch unter ökologischen Aspekten wegen der kurzen Transportwege zu begrüßen. Müssen wir unbedingt Mineralwasser aus Italien in Deutschland trinken?

Slow Food bedeutet aber nicht unbedingt dogmatisches Denken, denn alle Kriterien lassen sich manchmal schwer einhalten – und natürlich muss es gestattet sein, auch einmal eine Auster oder ein Bressehuhn zu genießen. Es gibt nicht für alles regionale Alternativen zu Geschmackserlebnissen, die man sich wünscht.

Und Slow Food plädiert für Fairness. Fair sollen die Produzenten entlohnt werden, da nur auf der Basis monetärer Anerkennung ihrer Arbeit nachhaltiges Wirtschaften möglich ist und es den „Lebensmittelhandwerkern" ermöglicht, angemessen und respektvoll mit den ihnen anvertrauten Ressourcen von Land und Tier umzugehen.

Produzenten und Gastronomen, die sich diesen Kriterien unterwerfen, sind auch gerne Förderer von Slow Food. Ein Label, das man sich nicht kaufen kann, sondern dessen Vergabe an der Zustimmung des regionalen Conviviums hängt. Näheres findet man dazu unter www.slowfood.de

In diesem Buch werden mehrere Förderer und Mitglieder von Slow Food Nürnberg vorgestellt.

Förderer:
Abokiste Hemhofen, Neumarkter Lammsbräu, Stadtbrauerei Spalt, Gasthof Gentner, Forsthaus Schweigelberg, delikatEssen, Feinkost Langer, Weingut Hofmann, Kaffeerösterei Fortezza, Café Arte

Mitglieder:
Metzgerei Meyer, Mobile Kochkunst, Fiasco Classico, Edeldestillation Haas, Die Möbelmacher

Käse-Wellness

Käsekennerschaft kann wie Weinverständnis ein Leben lang verfeinert werden. Speziell Rohmilchkäse eignet sich für ausgedehnte aromatische Entdeckungsreisen. Allein hierfür lohnt sich ein Besuch bei Ulrike Langer.

Feinkost Langer
Ziegenstr. 20
90482 Nürnberg
Tel. 0911/ 541120
www.feinkost-langer.de
info@feinkost-langer.de

Öffnungszeiten:
Montag bis Donnerstag
8 – 13 Uhr
und 14.30 – 18 Uhr
Freitag 8 – 18 Uhr
Samstag 7.30 – 13 Uhr

Die Käseverfeinerin verleiht vielen Sorten eine besondere Note, hat aber auch sonst ein Händchen für Feinschmecker. Ulrike Langer verwendet vor allem Rohmilchkäse. Das Ausgangsprodukt wird nach alter Art langsam auf maximal 38 Grad erwärmt, statt schnell auf 70 Grad erhitzt (pasteurisiert), so wie heute noch in kleinen Hofkäsereien oder naturnah arbeitenden Betrieben üblich. Danach erhalten die frischen Käse ein „Wellness-Programm", Langers Spezialbehandlung. Im kühlen Sandsteinkeller hinter dem Laden werden sie mit Alkohol oder Salzwasser gewaschen, geschrubbt, mehrfach gewendet, eventuell mit Kräutern umhüllt und gelagert – manchmal ein paar Wochen, manchmal ein Jahr oder länger. All die Munsters und Langres, die Maroilles und Livarots sowie die anderen teils mehr, teils weniger legendären Sorten können auf diese Weise zu Spitzenqualität heranreifen.

Ulrike Langer hat sich die nötigen Kenntnisse mit Reisen durch Frankreich, dem Lesen von Fachliteratur und dem Besuch von Seminaren selbst beigebracht. Die Anregung eines Käsehändlers, den Laden ihrer Eltern um eine Käseauswahl zu erweitern, löste den entscheidenden Funken aus. „Wer einmal das Aroma eines Rohmilchkäses entdeckt hat, lässt sich immer wieder gerne davon überraschen", weiß sie. Und so wuchs das Sortiment bis heute auf über 150 Produkte an. Die Käse stammen aus allen Regionen Frankreichs, aber auch aus Italien, der Schweiz, Österreich, England, Holland und Deutschland.
Der Einkauf bei Feinkost Langer lässt sich mit einem kleinen Rundgang durch das mittelalterliche Mögeldorf verbinden. Außer den Käsespezialitäten, darunter auch Bio-Käse, warten Feinkostartikel wie italienische Schinken, Salami, Weine, Antipasti und Nudeln auf die Genießer. Bequem, wenn auch ohne Probiermöglichkeit, funk-

Kein anderes Lebensmittel, mit Ausnahme von Wein, kann so alt werden wie ein Käse, der durch die Hände eines guten Veredlers – im Fachjargon: Affineur – gegangen ist.

tioniert der Einkauf über das Internet. Das Probieren und Studieren fördern Käseseminare von Mai bis Oktober. Diese können privat wie auch geschäftlich gebucht werden. Käseverführungen auf Bestellung.

„Wer einmal das Aroma eines Rohmilchkäses entdeckt hat, lässt sich immer wieder gerne davon überraschen."
– Ulrike Langer

Ein wenig abschweifen kann so delikat sein

Es ist eine alte Weisheit, dass der Geruch delikater Genussmittel mehr ans Leben bindet als jede Philosophie. Spätestens nach einem Besuch im Feinkostenladen delikatEssen weiß jeder, warum dem so ist. Der Laden empfängt einen mit einer Vielfalt von Gerüchen und Aromen.

delikatEssen
Weinmarkt 14
90403 Nürnberg
Tel.: 0911 / 2029132
www.delikatessen-nuernberg.de
info@delikatessen-nuernberg.de

Öffnungszeiten:
Dienstag bis Freitag
10 – 18.30 Uhr
Samstag
10 – 17 Uhr

Das Angebot von delikatEssen reicht sprichwörtlich von „A" bis „Z"; von „Avocado Öl bis Zwiebelkonfitüre".

Fruchtige Noten, angenehm gemischt mit bitteren, scharfen Aromen und unbekannte Düfte umspielen die Sinne.
Die Gefahr sich zu verlieren ist groß angesichts der Vielzahl verschiedener Pfefferarten, Chilisorten, Gewürzmischungen und dem Salz, das es wie Sand am Meer gibt. Romana Schemm ist ein Geruchsmensch und ihre Philosophie eine sehr persönliche: Ihr Feinkostladen delikatEssen soll ein Treffpunkt für Gleichgesinnte sein, die hier zum Beispiel die Gewürze von Ingo

Holland, Babette's aus Wien oder „1001 Gewürzen" finden und auch Spezielles wie österreichischen Safran oder gesalzene japanische Kirschblüten. An einer Öl- und Essig-Bar können die Kunden unter vielseitigen Produkten das Richtige auswählen. In den Regalen nebenan: Kaffee aus einer Nürnberger Kaffeerösterei, Bio-Tees in ausgesuchter Qualität, exquisite Schokoladen, Marmeladen, Chutneys, Patés, Pestos, Nudeln, Senf und vieles mehr.
Abschweifen ist hier kein Problem. Probieren und darüber sprechen – darum geht es auch, wenn die Menschen zum Bummeln und Einkaufen vorbeikommen. Die Inhaberin und ihr Team beraten und geben Tipps. Romana Schemm pflegt, unterstützt durch ihren Mann Manfred Gendsior, zudem enge Kontakte zu Herstellern. Sie kennen deren Produkte, nicht nur durch Erzählen und Miteinander-Sprechen, sondern durch Erleben. Sie wissen, was wie und mit welchen Grundprodukten produziert wird.

„Wir wollen Produkte anbieten, die unserem Gaumen nach die besten sind."
– Romana Schemm

Von Zeit zu Zeit werden Hersteller eingeladen. Der Kunde hat so die Möglichkeit, die dahinter stehenden Menschen kennenzulernen und einiges über die Produkte und deren Herstellung direkt zu erfahren.

Lange bevor Romana Schemm und ihr Mann im Oktober 2008 ihren Laden eröffneten, sind sie auf Reisen in vielfältige und neue kulinarische Welten eingetaucht und haben Kontakte zu Erzeugern geknüpft. Deutschland und Österreich, hier insbesondere die Steiermark und das Burgenland, spielten für die Auswahl der Produkte zunächst die Hauptrolle. Nach und nach kamen internationale Adressen dazu. Eine kleine, feine Wein- und Spirituosenabteilung rundet das Sortiment ab. Hier stehen neben ausgesuchten Weinen und Sekt Edelbrandspezialiäten, Sake, Likör und die eine oder andere Rarität.

Romana Schemm und Manfred Gendsior sind Seiteneinsteiger mit Liebe zum Genuss, die mit vielen anerkannten Profis zusammenarbeiten. Bei deren Seminaren kann nicht nur der Laie allerhand lernen. Ist der Kochinteressierte auf den Geschmack gekommen, findet er Kochbücher und Fachliteratur, um zu Hause anregende Gerichte nachzukochen und auszuprobieren. „Wir wollen Produkte anbieten, die unserem Gaumen nach die besten sind", sagt Romana Schemm. Von einem hochwertigen Gewürz oder einer Zutat würde oft schon eine kleine Menge genügen, um ein Essen zu verfeinern, wenn das Grundprodukt stimmt. Es ist gar nicht schwer, dem Alltag etwas Würze zu verleihen.

Genussvoll Einkaufen in entspannter Atmosphäre.

Der langsame Wein

Weinhändler lassen sich grob in zwei Gruppen einteilen:
Die meisten Weinhändler konzentrieren sich auf ein bestimmtes
Land oder eine Region, oder sie bieten volle Sortimente an.
Nur wenige Fachhändler verfolgen ein geschmackliches Konzept.

K&U
Die Weinhalle
Nordostpark 78
90411 Nürnberg
Tel.: 0911 / 525153
www.weinhalle.de
info@weinhalle.de

Öffnungszeiten:
Dienstag bis Freitag
10 – 18.30 Uhr
Samstag
10 – 14 Uhr
Im Dezember
10 – 16 Uhr

„Der handwerklich langsame Wein ist nicht grundsätzlich teurer als der schnelle Kommerztropfen, aber er schmeckt nach mehr und ist deshalb hochwertiger."
– Martin Kössler

Die K&U-Weinhalle verfolgt ausschließlich ein geschmackliches Konzept und geht noch einen Schritt weiter: Für Gründer und Geschäftsführer Martin Kössler finden nur traditionell handwerklich hergestellte Weine Eingang ins Sortiment, die harten Qualitätskriterien entsprechen müssen.

Harte Qualitätskriterien? Ist Wein nicht ein sehr subjektives Vergnügen? „Nein, Qualität kann man schmecken und präzise definieren", meint Martin Kössler. Der studierte Naturwissenschaftler und Weinexperte mit 30-jähriger Erfahrung hat für seine traditionell hergestellten Weine das Konzept „langsamer Wein" entwickelt, das er sich als „ManuVin®" schützen ließ: ‚Manu' für die handwerkliche Arbeit im Weinberg, ‚Vin' für den traditionellen Ausbau im Keller. „98 Prozent aller Weine der Welt werden heute quasi-industriell mit synthetischen Reinzuchthefen und vielen technischen Hilfsmitteln hergestellt", meint Kössler, „unser ManuVin® setzt Weine dagegen, die mit natürlicher Hefe vergoren werden und lange auf der Hefe reifen können, ganz wie

in früheren Zeiten. Sie schmecken deshalb ‚anders' und vielschichtiger. Unsere Weine sind mehr als ‚nur Bio' und sie lassen sich nicht mit einem simplen Wort beschreiben, sondern bieten mehr Duft und Geschmack". Gut sei zudem, dass sie viel länger trinkbar bleiben, wenn sie geöffnet sind, „bis zu einer Woche sind sie mit Genuss trinkbar und entwickeln sich, ohne umzukippen." Das Konzept entwickelte Kössler über 20 Jahre hinweg und setzt es

heute speziell in der Gastronomie ein. Der umtriebige Weinkenner hat zum Beispiel gemeinsam mit Andree Köthe, Inhaber des Essigbrätlein, das Weinkonzept für dessen Restaurant entwickelt, das über 90 Prozent aller Weine glasweise ausschenkt.

Die Winzer für das Konzept findet K&U auf der ganzen Welt. Die Idee für ManuVin® kam Martin Kössler – das mag überraschend klingen – nicht in Europa, sondern in den USA. Dort wuchs Mitte der 1980er Jahre eine heftige Gegenbewegung gegen den industriellen Weinbau heran. Kössler hat diese Bewegung nach Deutschland gebracht und entscheidend daran mitgewirkt, dass auch hierzulande der Qualitätsweinbau eine Plattform fand gegen den rasant zunehmenden Billigwein. Nicht nur deshalb wurde er im Dezember 2010 von der „Frankfurter Allgemeinen Sonntagszeitung" zum besten Weinhändler Deutschlands gekürt.

K&U importiert alles direkt, bringt seine Weine also ohne Zwischenhändler direkt vom Winzer zum Kunden. Dabei sorgt nicht der Verkauf im Nürnberger Nordostpark, sondern der weltweite Versand für den Großteil des Umsatzes. K&U zählt zu den führenden Internetweinhändlern Deutschlands. Knapp 1000 Positionen vom Alltagswein bis zum teuren Spitzentropfen umfasst das Sortiment. Dabei ist, wie Kössler ausdrücklich betont, „der handwerklich langsame Wein nicht grundsätzlich teurer als der schnelle Kommerztropfen, aber er schmeckt nach mehr und ist deshalb hochwertiger". Das umfangreiche Weinangebot ergänzen traditionell handwerklich hergestellte Lebensmittel, von der italienischen Nudelmanufaktur über Kaffee, Honig, Marmeladen, Öl und Essig bis zu Gewürzmischungen des Essigbrätleins, alles in handverlesener Qualität.

Eine gute Gelegenheit, das Geschmackskonzept von „Kössler & Ulbricht", wie K&U richtig heißt, zu testen, bietet die jährliche Hausmesse im Nürnberger „Ofenwerk" (Klingenhofstr. 72), die stets am zweiten November-Wochenende stattfindet.

O vino mio

Von den Alpen bis Sizilien und den Inselchen nahe der afrikanischen Küste bringt Italien eine kaum überschaubare Vielfalt an Weinen hervor. Wozu sollte der Weinfreund lange im Dunkeln tappen, wenn er sich auf die Erfahrung eines guten Vorkosters verlassen kann? Der Direktimporteur FIASCO CLASSICO trifft eine strenge, aber glasklare Auswahl.

FIASCO CLASSICO
Äußere Sulzbacher Str. 70
90491 Nürnberg
Tel.: 0911 / 595910
www.fiasco-classico.de
info@fiasco-classico.de

Öffnungszeiten:
Montag bis Freitag:
14 – 19 Uhr
Samstag
10 – 16 Uhr

An der Mühle 1a
90530 Wendelstein-Neuses
Tel.: 09122 / 87 28 54

Öffnungszeiten:
Dienstag bis Freitag:
14 – 19 Uhr
Samstag:
10 – 14 Uhr
und nach Vereinbarung

Jede Region in Italien verfügt über ihre eigenen lokalen Trauben und pflegt ihren unverwechselbaren Weinstil. Die Formel „Einheit in der Vielfalt" trifft in dem klassischen Kulturland insbesondere auch auf die Weine zu. Sicher, auch in Italien gibt es inzwischen das unselige Einerlei an Allerweltsweinen und die fragwürdigen Mix-Produkte international agierender Großabfüller. Doch für den Italophilen, der ehrliche und ortstypische Weine vom Erzeuger sucht, liefern sie bestenfalls das Grundrauschen im Konzert der Mitspieler. Mit einem „Wein für alle Sinne" haben sie eher wenig zu tun. Genau hier setzt die Selektion von FIASCO CLASSICO (dt.: die klassische Strohflasche) an.

Den Geschmack und den Geruch bezeichnet der Geschäftsführer des Importeurs, Günther Scholz, als die wichtigsten, aber bei weitem nicht einzigen Auswahlkriterien, nach denen er und seine vier Mitarbeiter Weine testen. Sie berücksichtigen, wie bekömmlich der Wein ist, womit er sich kombinieren lässt und wie er in verschiedenen Situationen erlebt wird. „Ich lade immer dazu ein, hinter den Wein zu schauen. Daher erzähle ich auch von den Weinen und vermittle die Hintergründe, damit die Menschen das Produkt verstehen", sagt Scholz. Wesentliche Voraussetzung: die strikte Trennung zwischen industriell und handwerklich hergestelltem Wein. „Nur über den direkten Draht zum Weinbauern

kann ich die Weine hier eins zu eins so präsentieren, wie sie erzeugt werden."

Der Weg, bis ein Wein bei FIASCO CLASSICO landet, ist in der Regel lang. Von 100 neuen Weinen würde das Team nur jeweils zwei oder drei aufnehmen, so Scholz. Die Qualität, das Preis-Leistungsverhältnis und die Beziehung zum Produzenten müssen stimmen. Eine zusätzliche Herausforderung: die Entdeckung von Nischen, die noch nicht bekannt sind, es eventuell aber noch werden, wie in der Vergangenheit beispielsweise der süditalienische Wein, den Scholz lange vor dessen Durchbruch im Regal hatte.

Die Entdeckerneugier rührt an die Anfänge des Unternehmens. Als Student und Dozent besuchte Scholz zigmal im Jahr die Toskana, um kleine Winzer ausfindig zu machen. Aus dem Einkauf für sich und seine Freunde wurde Ende der 80er Jahre ein erfolgreiches Geschäftsmodell. Von seiner Philosophie ist er bis heute, sei es beim direkten Einkauf, sei es bei der Auswahl, nicht abgewichen. Sowohl die Beziehung zu den Kunden als auch zu den Erzeugern währt oft sehr lange.

In den beiden Läden und im Internet-Shop von FIASCO CLASSICO sind kleine bis

mittelgroße Weingüter aus allen Regionen Italiens, vom Alltagswein bis zur High-End-Flasche, vertreten. Großer Nachfrage erfreuen sich die kostenlosen Verkostungen zur Faschingszeit, im Mai und im Herbst. Im Forsthaus Schweigelberg (siehe S. 63) findet jedes Jahr eine Sommerveranstaltung mit Degustationsmenü statt. „Schon für sich kann Wein sehr gut schmecken", sagt Scholz, „aber in Kombination mit einem guten Essen großartig."

Dolce Vita in Nürnberg: Die Italien-Experten bei FIASCO CLASSICO importieren keine Industrieware, sondern ausschließlich handwerklich hergestellten Wein, direkt von den Erzeugern.

Wein soll Freude bereiten

Weingut Hofmann
Oberndorfer Str. 20
91472 Ipsheim
Tel.: 09846 / 727
www.wein-hofmann.de
weingut@wein-
hofmann.de

Öffnungszeiten
der Vinothek:
Montag bis Freitag
8 – 18.30 Uhr
Samstag 9 – 17 Uhr
Sonntag 9 – 12 Uhr

„Man hat als Winzer nur 40 Chancen, einen guten Wein hinzubekommen", lautet ein Ausspruch unter Weinbauern, an den Bernd Hofmann vor dem Öffnen seines ersten Jahrgangs häufig denken musste. Der junge Winzer aus Ipsheim nutzte gleich seine erste Chance. Zwischen 1998 und 2000 stellte der Familienbetrieb von Landwirtschaft mit ein bisschen Weinbau auf ein Vollerwerbs-Weingut um. Als Bernd Hofmann nach etlichen Nachtschichten im Gärkeller den Jungfernjahrgang testete, konnte er mit dem Ergebnis vollauf zufrieden sein. Im Millenniumsjahr wurden sodann die ersten Spätburgunder-Reben gepflanzt. Mit ihnen baute Bernd Hofmann einen Wein aus, dessen filigraner Körper den Ruf der fränkischen Vorzeigesorte festigt.

Für die Klassifizierung hat das Weingut eigene Qualitätsstufen entwickelt, von unkomplizierten jungen Weinen über feinfruchtige, mineralische Erzeugnisse bis zur selektiven Spitze. Frankens gängige Rebsorten wurden zuletzt um die Sauvignon-Blanc-Traube erweitert, die der Winzer wegen der „grünen", vegetativen Aromen schätzt. Seine Maxime: Wein soll Freude bereiten, interessant und facettenreich sein. Genuss und Trinkvergnügen stehen im Vordergrund. Um dies zu erreichen, werden Trauben und Wein so schonend wie möglich behandelt. Deshalb lautet im Keller die Devise: kontrolliertes Nichtstun, mit akribischer Genauigkeit. „Je weniger du den Wein bewegst, umso mehr wird er es dir danken."

Bernd Hofmanns Schwester, Dozentin für Wein und Genuss, bietet Führungen im Weinberg an. Ein Bewirtungshaus mit Küche und Keller eignet sich bei Gruppen zwischen 60 und 80 Personen für Weinproben und Seminare.

Fränkisch, europäisch, individuell

Wandern, radeln und genießen: Es gibt viele Möglichkeiten, den Frankenwein zu entdecken. Im westlichen Mittelfranken bei Ipsheim trifft der Frankenwein auf die Vielfalt europäischer Weinsorten. Vom Parkplatz der Burg Hoheneck aus (in unserem Bild links) führt der Weg über wunderschöne Panoramaaussichten zum Europaweinberg. Hier werden 39 Rebsorten aus 14 europäischen Weinbauländern präsentiert. Wenn der Herbst der Natur ein buntes Kleid anzieht, ist der Ausflug wegen der verschiedenen Trauben und Blätter besonders eindrucksvoll.

Im Ertragsteil des Weinbergs entstehen als einmalige Besonderheit so genannte „Première-Cuvée-Weine". Erhältlich sind die Spezialitäten, die in 0,75l-Bordeaux-Flaschen abgefüllt werden, auf Nachfrage beim Weingut Hofmann in Ipsheim (s.o.).

Edelstahl und Wein –
eine fruchtbare Beziehung

Geographisch gesehen befindet sich der Winzerhof Stahl in einem oenologischen Niemandsland. Kein einziger Weinstock wächst am Hof und doch wird der junge Familienbetrieb in einem Atemzug mit renommierten Marken genannt.

Winzerhof Stahl

Lange Dorfstr. 21
97215 Auernhofen
Tel.: 09848 / 96896
www.winzerhof-stahl.de
mail@winzerhof-stahl.de

Öffnungszeiten
Heckenwirtschaft:
Februar und März,
Donnerstag bis Samstag
ab 18 Uhr

Feiern und Weinproben:
April bis Dezember nach
Voranmeldung

Weinverkauf:
Ganzjährig, Montag bis
Samstag nach
telefonischer Anmeldung

15 Hektar bewirtschaftet das Weingut inzwischen. Die Rebflächen liegen im schönen Taubertal, in bevorzugten Lagen des Steigerwalds und an Steilhängen des Mains. Nach Lehrjahren im Weingut am Stein, Würzburg, und dem Oenologiestudium führt Christian Stahl mit seiner Frau Simone und dem Zwillingspaar Leon und Lea das 1990 gegründete Weingut. Das moderne Design der Flaschen, der Verzicht auf Literware, auf Bocksbeuteleligkeit und gängige Prädikatsbezeichnungen brachten dem Winzer in der Szene bald den Ruf des „Weinpunks" ein. Stahl schuf seine eigene Qualitätspyramide: Die Gewächse heißen im Basissegment „feder STAHL", die klassischen Essensbegleiter „Damaszener STAHL" und die Weine der Premium-Linie „EDELSTAHL". Wichtiger ist der Charakter der Erzeugnisse. Fachleute bezeichnen ihren Stil als zeitgemäß und schnörkellos, fruchtbetont und mineralisch.

Der Erfolg verdankt sich nicht dem Zufall. „Es lässt sich nur die Qualität sichern, die im Weinberg vorbereitet wurde", führt der Winzer aus. Deshalb gilt ein maßgebliches Augenmerk dem knappen, ausgewogenen Ertrag pro Stock, der peniblen Laubarbeit, der richtigen Einschätzung des optimalen Lesezeitpunkts und der strengen Traubenselektion. Bei der Vinifizierung achtet Christian Stahl auf schonende Verarbeitung.

In Mittelfrankens Westen was Neues: das Weingut Stahl auf halber Strecke zwischen Würzburg und Rothenburg o.T. Das ehemals landwirtschaftliche Anwesen verfügt über viel beachtete Weine, eine Brennerei und ein Weinrestaurant, das als beliebter Veranstaltungsort für Gruppen-Menüs, Hochzeiten und Feiern aller Art genutzt wird. 2010 wurde es um eine Vinothek und ein neues Kellereigebäude erweitert.

„Es lässt sich nur die Qualität sichern, die im Weinberg vorbereitet wurde."
– Christian Stahl

Neben der wachsenden Zuneigung für Burgunder und Riesling liebt Stahl die klassischen fränkischen Sorten Silvaner und Scheurebe. Der oft geschmähten Rebe Müller Thurgau gilt seine spezielle Passion. Mit ihr gelang schon früh der Durchbruch: Bei der Blindverkostung zum „Internationalen Müller-Thurgau-Preis" des Jahrgangs 2006 wurde Stahls „Hasennest" als Sieger gekürt. Er wächst wie Stahls andere Müller-Thurgau-Interpretationen in den hohen Steillagen des Taubertals. Sie werden zu den besten des Landes gezählt.

Die Seele der Frucht

Früchte so weit das Auge reicht – inmitten des größten Kirschenanbaugebiets Europas hat sich die Edelbrennerei Haas auf die Produktion seltener und hocharomatischer Obstsorten spezialisiert, allerdings nicht für den Verkauf, sondern für den Eigenbedarf. Die Früchte bilden die Basis für mehr als 110 verschiedene Brände, Geiste und Liköre.

Edelbrennerei Haas
Schmiedsgasse 2
91362 Pretzfeld
Tel.: 09194 / 1256
www.destillerie-haas.de
info@destillerie-haas.de

Öffnungszeiten
Hofverkauf und
Probierstube:

Montag bis Freitag
9 – 12.30 Uhr
und 14 – 18 Uhr
Samstag
9 – 14 Uhr

1901 gründete die Urgroßmutter des heutigen Inhabers Johannes Haas die Brennerei, zunächst als zusätzlichen Erwerbszweig zum landwirtschaftlichen Betrieb. Johannes Haas hat aus der Zeit, als seine Oma die Brennerei führte, viele hilfreiche Erinnerungen mitgenommen und das Wissen um alte Brenntechniken mit neuester Technologie kombiniert. Mitte der 90er Jahre begann er damit, alte Obstsorten zu rekultivieren. Auch gängige Sorten, selbst die in der Fränkischen Schweiz allgegenwärtige Kirsche, nahm er in den Eigenanbau mit auf. Die von ansässigen Bauern zunächst eher belächelte Aufzucht gilt heute als wichtigstes Kapital und Alleinstellungs-

gang von allen Blüten, Stilen und Samen (Bitterstoffe!) befreit, so dass einzig das Fruchtfleisch weiterverarbeitet wird. Die Qualität der Maische sei höher als die der Babynahrung in den Gläsern, merkt Haas an. Vergärung und Destillation erfolgen bei niedriger Schontemperatur, auf der Basis von Champagnerhefe. Braucht ein Brenner vom Befüllen der Anlage bis zur beendeten Destillation normalerweise eineinhalb Stunden, sind es bei Haas dreieinhalb. Sorgfältig wird das Destillat von allen schädlichen Alkoholen getrennt und mit Wasser auf Trinkstärke gebracht. Was daraufhin in die Flasche kommt, ist nichts anderes als die Seele der Frucht.

„Beste Rohware, saubere Verarbeitung, äußerst schonende Destillation und sorgfältige Einstellung des Produkts ergeben ein hundertprozentiges Qualitätserzeugnis."
– Johannes Haas

Wundervolle Aromen aus allen nur vorstellbaren Obstsorten – Bei der Edeldestillation Haas werden über 110 feine Destillate und Liköre hergestellt und ein zehn Jahre gereifter Single Malt Whiskey.

merkmal des renommierten Betriebs. „Beste Rohware, saubere Verarbeitung, äußerst schonende Destillation und sorgfältige Einstellung des Produkts ergeben ein hundertprozentiges Qualitätserzeugnis", sagt Johannes Haas im Hinblick auf seine Richtlinien. Knappe Worte für einen langwierigen Vorgang: Die aromareichen Früchte werden beim Einmaischvor-

Jahr für Jahr erhält die Edeldestillation Auszeichnungen, Johannes Haas hängt sie schon gar nicht mehr auf. Die Genießer sollen sich auf die Fruchtaromen konzentrieren und sich auf ihren eigenen Geschmack verlassen. So hochprozentig und hochkarätig wie hier bietet sich ihnen diese Gelegenheit nicht oft.

Langsam röstet's sich gut

Kaffee behauptet sich noch vor Bier und Wasser als der Deutschen Lieblingsgetränk, als Massenprodukt, aber auch als Spezialität. Wie sich mit langsamem Rösten nicht die Masse und der Umsatz, wohl aber die Qualität steigern lässt, zeigt die Kaffeerösterei Fortezza (dt.: die Burg) – im Industriegebiet von Cadolzburg.

Fortezza
Kaffeerösterei

Am Farrnbach 7
90556 Cadolzburg
Tel.: 09103 / 713320
www.fortezza-kaffee.de
info@fortezza-kaffee.de

Lagerverkauf:
Montag bis Freitag
9 – 17 Uhr
Samstag
9 – 13 Uhr

Großbetriebe jagen mehrere Tonnen Kaffee in wenigen Minuten durch die Maschine. Mit einer Menge von 15 bis 30 Kilogramm und einem Zeitaufwand von durchschnittlich 18 Minuten pro Röstvorgang ist Fortezza gewissermaßen ein „Oldie" in der Branche, wie jene für das Rösten verwendete Maschine des Betriebs, Baujahr 1958, auch. Mit dem aufwändigeren, traditionellen Trommelröstverfahren geben die Cadolzburger den Espresso-Bohnen ein charakteristisches Kaffeearoma. Aus den Bohnen werden anschließend hauseigene Röstmischungen kreiert. Der positive Nebeneffekt langsamen Röstens: Die Bitterstoffe in den Bohnen werden stark reduziert, der Kaffee wird besonders bekömmlich.

Über die Einhaltung der Qualitätsstandards – Gesundheit, faire Produktionsbedingungen, Nachhaltigkeit und Transparenz – wacht die Deutsche Röstergilde. Bei Fortezza ist es möglich, hinter die Fassade zu schauen, live beim Rösten dabei zu sein, zu probieren und das Wissen in Seminaren zu vertiefen. Milder oder intensiver Geschmack? Ein Kaffee für jeden Tag oder den besonderen Anlass? Konventionell oder bio-zertifiziert? Fortezza deckt als Spezialist ein entsprechend breites Sortiment ab, mit Bohnen aus rund 20 Ländern.

Zeit für eine kleine Pause.

Die nötigen Kaffee-Maschinen gibt es auch, von der simplen Mokka-Kanne bis zur Siebträger-Profi-Maschine können die Geräte von der Firma zudem selbst gepflegt und repariert werden. Über das Vermieten von Kaffee-Maschinen als „Studentenjob" kam Rainer Langguth überhaupt erst zum Handel mit den Bohnen. Heute ist er zusammen mit Reiner Sulzer einer der beiden Geschäftsführer von Fortezza. „Bis Anfang 20 habe ich keinen Kaffee getrunken", erinnert sich Langguth. „Jetzt haben wir unsere eigenen geheimen Rezeptchen, und ich liebe speziell leckeren Espresso". Auf Wunsch übernimmt Fortezza in der Metropolregion für Betriebe aller Größen die komplette Kaffeeverpflegung. Weiterhin bietet die Rösterei für Wiederverkäufer und Firmen Kaffeetüten mit Eigenlogo bereits ab Kleinstmengen an. Für die garantierte Frische sorgt die tägliche Röstung.

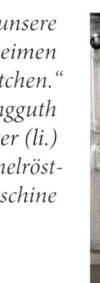

„Wir haben unsere eigenen geheimen Rezeptchen."
– Rainer Langguth und Reiner Sulzer (li.) an der Trommelröstmaschine

Sinn und Sinnlichkeit

Im Genuss findet der Mensch zu sich selbst, im Rausch die Überschreitung. Ein Plädoyer eines Genussforschers.

von Gero von Randow

Novizen empfehle ich ein Fünfminutentraining. Nehmen Sie zwei Würfel; der erste Wurf bestimmt eine Stundenzahl, zwei weitere Würfe ergeben eine Minutenangabe, und nun haben Sie die Uhrzeit, zu der das Training beginnt. Fünf Minuten lang tun Sie nichts anderes, als sich auf angenehme Sinneseindrücke zu konzentrieren. Die sind zwar uhrzeitabhängig, aber das ist egal; nehmen Sie, was Sie kriegen können. Danach haben Sie etwas Wichtiges gelernt: Nämlich dass wir unausgesetzt genießen. Immer. Selbst der Leidende kennt Genuss (die Linderung). Von wegen, der Mensch sei nicht zum Genießen geboren, wie es bei Schopenhauer heißt! Falls er überhaupt zu etwas geboren ist, dann just dazu, schließlich ist er so eingerichtet, dass er sich erhält und vermehrt.

Wie unnatürlich das Nichtgenießen ist, habe ich erlebt, als ich einmal am Geschmackssinn erkrankte. Alles begann damit, dass ich allerhand Bewunderung erntete: Weil ich bitter schmeckende Zucchini wegwarf, die andere prima fanden. Weil ich die feine mineralische Bitternote von Weißweinen lobte und die übertriebene Strenge von Rotweinen kritisierte. Bis irgendwann alles nur noch bitter schmeckte.

Ich war mit einem guten Freund verabredet und hatte versprochen, eine ganz besondere Flasche Wein mitzubringen. Gesagt, getan, und ich mochte es ihm nicht antun, meinen Zustand mitzuteilen – immerhin konnte ich gut riechen und wir schwärmten beide einen Abend lang vom Wein. Genuss ist ein sozialer Akt, und ich fühlte mich sozial beschränkt. Bitter für jemanden, der gerne mit Freunden essen geht, und noch lieber zusammen mit ihnen kocht.

Und dann, nach zwei Wochen, war alles wie zuvor. Ich fühlte mich wieder als Teil des Genussgeflechts, das wir Gesellschaft nennen.

In unserer christlich geprägten Kultur tritt noch dem ausgekochtesten Heiden der Wein unausgesetzt als Zeichen des Himmlischen und des Verbindenden entgegen.

Genussmittel sind soziale Signalsysteme. Ich durfte einmal den Weinkeller des britischen Außenministeriums besichtigen. Hochinteressant. Ich habe versprochen, nichts darüber zu erzählen. Nur so viel: Die Etiketten sprachen vom hundertjährigen Krieg und anderem, das England und Frankreich miteinander verbindet. Wein bildet ein ganzes System der Tradition, also der Übergabe von Wissen und Verhaltensweisen, von sozialen Abgrenzungen und Ritualen. In unserer christlich geprägten Kultur tritt noch dem ausgekochtesten Heiden der Wein unausgesetzt als Zeichen des Himmlischen und des Verbindenden entgegen, des Religiösen also. Schon der altpersische Mithraskult vereinte seine Gemeinden bei Brot und Wein.

Ich habe bereits muslimische Anwälte, evangelische Theologen und gottverlassene Zyniker unter den Tisch getrunken. Weingenuss ist der große Gleichmacher. Genauer gesagt, er schafft seine eigene Hierarchie. Konrad Adenauer lud kurz vor dem Kanzlerwechsel zu Ludwig Erhard seine Getreuen dazu ein, die Eisweine im Keller des Kanzleramts auszutrinken, denn, wie er sagte, „Dä Ährhard, der versteht da nix davonnn."

Sie können das Glas drehen und wenden, wie Sie wollen, Genuss ist ein individuelles Phänomen und ein soziales zugleich. Wann hat das Genießen wohl geschichtlich begonnen?

Wenn wir das Genießen verstehen wollen als eine Leistung, die den Menschen in einen Glückszustand versetzt, und zwar als eine, die einen Gegenstand hat, dann setzt das Genießen immerhin so etwas wie eine leistungsfähige Seele voraus. Außerdem die Fähigkeit, sich einen Gegenstand zu schaffen, und sei es nur im Wege der Auswahl des Vorgefundenen. Mit anderen Worten: Arbeit.

Seele und Arbeit also, wie auch immer sie zusammenhängen mögen, sind die Voraussetzungen des Genießens. Und deren Auftreten datieren wir auf das Tier-Mensch-Übergangsfeld. Irgendwo in diesem Feld liegt er, dieser Arbeits- und Seelenentstehungspunkt, oder vielmehr ist er eine Strecke. Die Arbeits- und Seelenentstehungsstrecke. Die entscheidende Strecke der Menschwerdung. Der Mensch wird Mensch, indem er den Genuss entdeckt. Vielleicht hat ja wirklich alles mit vergorenen Trauben begonnen. Die Fortsetzung war die Verwandlung der Natur in Weinbaugebiete.

Das genießerische Einverleiben von Nahrungsmitteln jenseits der puren Notwendigkeit wurde freilich erst möglich, als der Mensch sich diesen Luxus leisten konnte, als mithin seine Produktivität weiter reichte als die elementare Notwendigkeit. Also als er in der Lage war, sich ein Mehrprodukt zu erarbeiten.

Der Genuss kommt mit dem Mehrprodukt. Und bietet einen Anreiz dafür, es zu vergrößern, also mehr und noch mehr zu produzieren. Außerdem einen Anreiz, sich des Mehrprodukts anderer Menschen zu bemächtigen. Mit dem Genuss beginnen mithin Arbeitsteilung, Klassenkampf, Geschichte. Alles sehr anstrengende Sachen. Und deshalb muss der Mensch immer wieder locker lassen. Bacchus hatte den Beinamen „der Löser". Ein mutiger Gott, der den Rausch nicht fürchtete.

Tun wir es ihm nach! Von Oscar Wilde stammt der kluge Satz: „Es gibt schreckliche Versuchungen, und es gehören Mut und Kraft dazu, ihnen nachzugeben."

Bacchus hatte den Beinamen „der Löser." Ein mutiger Gott, der den Rausch nicht fürchtete.

Neu erfundene Kaffeehaus-Tradition

**Caffè e Tè
La Violetta**

Obere Wörthstr. 10
90403 Nürnberg
Tel.: 0911 / 23555599
www.la-violetta.de
info@la-violetta.de

Öffnungszeiten:
Montag bis Freitag
8 – 20 Uhr
Samstag
8 – 18 Uhr

Das Café La Violetta wirkt, als ob es hier schon sehr lange ansässig wäre. Die charmanten Details, die den Esprit eines französischen Café verströmen, die Verbindung mit dem üppig dekorierten Blumenladen von nebenan, der die Wirkung der schönen Einrichtung unterstützt, ja das gesamte Ambiente haben die Betreiber so sympathisch und persönlich inszeniert, wie man es selbst in den großen Kaffeehaus-Städten selten vorfindet.

Das La Violetta wimmelt nur so von historischen Zitaten, angefangen bei der Tapete, die eine Atmosphäre zwischen Salon und Wohnzimmer schafft, über die teils antiken Möbel bis zum Tresen, an dem die Gäste wie in einem italienischen Cafe ihre Bestellung selbst aufgeben. Die Zeit, da Kaffee ein Luxusgetränk war und Tee ein aristokratisches Genussmittel, ist Geschichte. Doch das hochwertige Ambiente erinnert noch ein wenig an die einstige Szenerie, wenn auch, zum Glück entfernt. Das Publikum hier ist gemischt, so dass vom Junior bis zum Senior verschiedene Ansprüche bedient werden: morgendliche Anregung, Stärkung am Mittag und am frühen Nachmittag, Einstimmung auf den Abend. Das La Violetta ist ein Ort für die Zeitungslektüre und einen schnellen Kaffee, aber auch für ausgedehnte Besuche, die mit kleinen Mahlzeiten rund um Tee, Kaffee und Prosecco länger und länger werden können. Vom Reißbrett ließ sich das nicht planen. Das im Jahr 2003 eröffnete Cafe und der Blumenladen haben sich „so entwickelt", wie die Inhaber Steffen und Melanie Stummhöfer es umschreiben. Dass die Einrichtung in Geschichtsseligkeit erstarrt, kann wegen des ständigen Wechsels nicht passieren. Zwischen den Jahreszeiten ändern sich, vor allem natürlich in der Blumenbinderei, die Auswahl und Dekoration.

Viele Teile wie Geschenkartikel, Gartenaccessoires und süße Spezialitäten wechseln die Besitzer. Sogar das eine oder andere Ausstattungsobjekt wie ein antikes Schmuckkästchen kann mitunter käuflich erworben werden. Unersetzbar sind der cremige Kaffee, der aus der kleinen Rösterei „Vergnano" nahe Turin stammt, sowie die große Auswahl an delikatem Ronnefeldt-Tee. Dazu ein nach Oma-Art selbst gebackener Kuchen oder ein belegtes Brot – wunderbar.

Der Eindruck langer Tradition täuscht. Aber egal, das „La Violetta" stimmt so nostalgisch wie kein anderes Café.

Käsekuchen

von Karl Neef

Mürbeteig:
300 g Mehl
100 g Zucker
200 g Butter
1 Prise Salz
Mark von ¼ Vanillestange
Abrieb von ¼ Zitrone
1 Eigelb

Quarkmasse:
1 kg Speisemagerquark
300 g Zucker
50 g Puddingpulver
4 Eier
Mark von ½ Vanillestange
Abrieb von ½ Zitrone
600 ml Milch
100 g Butter

Bei der Confiserie Neef steht der Käsekuchen in der Gunst der Kunden seit Jahr und Tag an vorderster Stelle.

Für den Mürbeteig aus dem Mehl einen Kranz bilden. Zucker, Butter, Salz, Vanillemark, Abrieb der Zitronenschale und das Eigelb in die Mitte geben, alle Zutaten vermengen und zu einem Teig kneten, eine Stunde kühlstellen. Den Teig ausrollen und in die gebutterte Form legen. Der Teig muss gut zwischen Boden und Rand gedrückt werden, sodass die Quarkmasse nicht ausläuft.

Den Quark in einem Küchentuch ausdrücken. Mit Zucker, Puddingpulver, Eiern, Vanillemark, Abrieb der Zitronenschale und Milch in der Küchenmaschine glattrühren. Zum Schluss die zerlassene heiße Butter dazugeben. Die Masse in die Form füllen und diese in den vorgeheizten Backofen schieben. Backzeit im Elektroherd bei 180 Grad: 60 bis 70 Minuten.
Für den Kuchen eine Springform mit hohem Rand verwenden, Durchmesser: 28 cm. Den Kuchen erst aus der Form nehmen, wenn er ausgekühlt ist.

Eine Krönung der süßen Auszeit

Beeindruckende Mengen an feinem Backwerk reihen sich aneinander, edle Kuchen auf wagenradgroßen Blechen, bunte Kreationen aus Schokolade und Marzipan. Wer an der Confiserie Neef vorübergehen kann, ohne dass ihm das Wasser im Mund zusammenläuft, muss Sinnesorgane aus Stein haben.

**Confiserie
Café Neef**

Winklerstr. 29
90403 Nürnberg
Tel.: 0911 / 225179
www.confiserie-neef.de
neef-confiserie@gmx.de

Öffnungszeiten
Confiserie:
Montag bis Freitag
8 – 18 Uhr
Samstag
7 – 17 Uhr

Öffnungszeiten Café:
Montag bis Freitag
8.30 – 18 Uhr
Samstag
8.30 – 17 Uhr

Zu Stoßzeiten ist der Andrang in Nürnbergs bekanntester und nach Meinung vieler auch bester Konditorei so groß, dass die Menschen bis auf die Straße Schlange stehen. Erstaunlich, dass in der Anfangszeit des Unternehmens kaum ein Nürnberger die Winklerstraße kannte.

Als Karl Neef 1972 hier seine Konditorei aufbaute, schien das Einkaufsviertel am nur 200 Meter entfernten Hauptmarkt zu enden. Dass aus dem Ein-Mann-Betrieb eine Nürnberger Institution mit zeitweise über 20 Mitarbeitern wurde, ist umso mehr das Ergebnis hingabevoller Arbeit und – so abgedroschen das Wort auch klingen mag – Liebe. Doch zusammen mit Ingrid Neef, die aus der traditionsreichen Konditorenfamilie Beer (Breite Gasse, Nürnberg) stammt, war der Grundstein für das

„Dream Team" gelegt, welches später um den gemeinsamen Sohn Florian erweitert wurde. Seit Anfang 2011 führt Florian Neef den Betrieb nach dem Tod seines Vaters fort.

Die Qualitäts-Philosophie orientiert sich an der Backtradition der Großmütter, angereichert mit Einflüssen aus der französischen Küche, von denen sich Karl Neef in der Schweiz inspirieren ließ. Auch Florian Neef griff schon Rezepte seiner Oma auf und entwickelte sie weiter, etwa den Gugelhupf gefüllt mit Schokolade und Ingwer, den Sandkuchen und den überaus begehrten Käsekuchen. „Für einen guten Kuchen reichen auch heute noch ein paar frische Zutaten: ein Mürbteig, dick mit Himbeeren bedeckt, oder eine Kombination von Vanillecreme und Birne beziehungsweise auch Apfel und Ingwer", führt der Konditor-

*„Oft liegt
im Einfachen
der Kick."*

*– Ingrid und
Florian Neef*

meister aus. Und schließlich geht auch der ungewöhnliche Durchmesser der Kuchenbleche von stattlichen 50 Zentimetern statt der üblichen 28 Zentimeter auf eine Tradition zurück, die speziell auf dem Land zu Omas Zeiten verbreitet war. Damals wurden für die Familie extragroße Kuchen hergestellt und zum Bäcker gebracht, der sie ausbackte.

Ein Unterschied zu früher: „Heute werden nicht mehr so große Mengen gegessen", sagt Ingrid Neef. „Wenig soll es sein, aber vom Allerfeinsten." Und eben diesen Unterschied schätzen die Kunden an dem Genussbetrieb. Er ermöglicht eine süße Auszeit, stillen Genuss und gemeinsame Freude, im privaten Kreis und in geselliger Atmosphäre im Café. Jeder hat seine Lieblinge. In der Winterzeit vor allem das Weihnachtsgebäck mit einer Auswahl an zehn verschiedenen Lebkuchensorten, dazu Stollen und Plätzchen. Pralinen, Konfitüren, Marzipanprodukte und Schokolade sind wie die saisonalen Kuchen und Torten das ganze über Jahr erhältlich, ebenso der Elisenlebkuchen – gerade Touristen wollen ihn auch im Sommer probieren.

„Gescheite Zutaten" und „gekonnte Handarbeit" setzt die Confiserie Neef als ihre wichtigsten Maßstäbe an. Es sind die Details, die es ausmachen. „Oft liegt im Einfachen der Kick", meint Florian Neef. Die Wahrheit aber ist, dass es schwierig ist, stets das Einfache zu erreichen.

Die Neefs machen ihre Kunden unter anderem nicht nur mit Obstkuchen, sondern auch mit Lebkuchen glücklich.

Laibhaftige Verbindungen

Ab und an reicht ein Brot und der Genuss stellt sich ein. Mehr noch: Manchmal kann schon der frische Duft aus einer Bäckerei die Schleusen öffnen und eine Woge des Hochgefühls auslösen. Dem Glück steht nichts mehr im Weg, wenn der Geschmack stimmt. Arnd Erbel verzichtet für sein Backwerk auf unnötigen Schnickschnack, um ursprüngliche Produkte möglichst vollendet auszuformen.

**Freibäcker
Arnd Erbel**

Hindenburgplatz 1
91462 Dachsbach
Tel.: 09163/8096
www.arnderbel.de
info@arnderbel.de

Kohlenmühle
Bamberger Str. 53
91413 Neustadt a.d.
Aisch
Tel.: 09161/883499

Öffnungszeiten:
Dienstag bis Freitag
6.30 – 18.30 Uhr
Samstag
6.30 – 13 Uhr

Täglich Paketversand
(weltweit)

Als ehemaliger Chefkonditor eines führenden deutschen Hotels hat Arnd Erbel schon Torten so groß wie Hotelbetten gebaut. Seine Begeisterung aber wird nicht durch eindrucksvolle Bauwerke geweckt. Für ihn ist es vielmehr „ein superschöner Gedanke", dass es sein Baguette sowohl im Gourmet-Restaurant gibt, wo es aufwändig inszeniert wird, als auch in fränkischen Gaststuben der Umgebung.

Es freut ihn, wenn ein relativ einfaches Produkt wie ein Landbrot, ein Käsekuchen, ein Streuselkuchen, ein Nusszopf, was auch immer eine Bäckerei an alltäglichen Artikeln anbietet, feinsinnig verzehrt werden kann. Seine Bindung an die Tradition ist stark. Gerade beim Brot spürt er, wie tief die Verbindungen gehen. Wenn er „Urkorngetreide" wie Emmer, Einkorn oder Rotkornweizen verwendet, reichen die kulturellen Wurzeln bis zu 15.000 Jahre zurück. Nicht nur der Geruch, sondern auch die Geschichte kann da die Kanäle kräftig durchströmen.

Viele Bäcker bemühen Begriffe wie Regionalität, Authentizität, Berufsethik – grotesker weise pflegt selbst der von modernen Backmitteln verführte Großbetrieb ein nostalgisches Bild. Arnd Erbel hält sich wahrscheinlich genauer an diese Ansprüche als jeder andere Bäcker. Nur ein Beispiel anhand des Getreides: Von den Bio-Getreidesorten werden die gesündesten eingekauft, die nicht nur einmal wie sonst üblich, sondern immer wieder ausgesät werden können. Das zu Vollkorn vermahlene Getreide wird vorab doppelt gereinigt, um es von Fusarien, Erregern von Pilzkrankheiten, zu befreien. Keine andere Bäckerei leistet sich das. Beim Vermahlen wird das Getreide so gut wie nicht erwärmt, manchmal auch nur gequetscht. 1000 Kleinigkeiten vom Einkauf über den Einsatz urtümlicher Maschinen, das ausgiebige Kneten und sanfte Backen bis zur Verpackung werden mit Bedacht umgesetzt. Sind viele Details für sich beinahe unscheinbar, macht die Summe den Unterschied aus, und das ist der unnachahmliche Geschmack.

Für die Produkte erhält die Bäckerei denn auch zu Recht hohes und höchstes Lob von Kunden aus ganz Deutschland sowie seitens der Fachpresse. Seinen markanten Stil entwickelte der Inhaber durch jahrzehntelange Erfahrung, bei Entdeckungsreisen durch europäische Nachbarländer und im Austausch mit anderen Qualitätsbewussten. Zu persönlichen Favoriten des Bäckers gehören die rustikalen Landbrote, insbesondere das Doppelback-Brot, der Würz-

*„Wir sind nicht wirtschaftlich,
sondern primär kulturell motiviert."*
– Arnd Erbel

Bauernbrot, Zöpfe, Streuselkuchen und Baguette – für Feinschmecker nicht der Rede wert? Weit gefehlt!

laib, das Drescherbrot, die Baguettestangen und Spezialitäten wie Brioche, Panettone und das italienische Osterbrot Colomba. Mit der Bereitschaft der Kunden, einen angemessenen Preis für diese außerordentliche Qualität zu bezahlen, kann Arnd Erbel immer rechnen. Und wenn nicht? Diese Sorge ist dem Bäckermeister fremd.

„Wir sind nicht wirtschaftlich, sondern primär kulturell motiviert", lautet sein Credo, das seine Kundschaft ebenso schätzt. Der Betrieb steht fest in der Verbindung des Handwerks. Seit über 300 Jahren existiert die Bäckerei in Dachsbach und sie hat das Potenzial, noch einmal 300 Jahre alt zu werden.

Leib- und Seelenwärmer

Wie Glühwein und Tee schafft der Lebkuchen speziell in der kalten Jahreszeit wohlige Gefühle. Leib- und Seelenwärmer sind die Traditionsgebäcke, die aus der Bäckerei von Arnd Erbel und Tres Aromas kommen.

Tres Aromas
Weinmarkt 3
90403 Nürnberg
www.tresaromas.de
info@tresaromas.de

Lebkuchen werden in der Bäckerei Erbel schon lange in bester Qualität hergestellt. Die frühe Prägung für Grundqualität verdankt Arnd Erbel seinem Vater. Angeregt von der Spitzengastronomie entdeckte der Bäcker, wie wichtig über die Aromen hinaus die Textur, sprich: das Mundgefühl, beim Schmecken ist. Saftig und weich sollte das Weihnachtsgebäck sein, so dass es nicht im Mund kleben bleibt, sondern in klar identifizierbare Aromen zerfällt. Diese Erkenntnis spornte Arnd Erbel an, das Produkt weiterzuentwickeln. Dünne Oblaten, dreierlei Nussgranulationen, teils geröstet, teils weniger geröstet, selbstkreierte Gewürzkompositionen und eine Grand Cru Schokolade aus der Schweiz, die aus einer fachmännischen Blindverkostung als „beste der Welt" hervorging, verweisen die als Massenartikel hergestellten Rundlinge auf ihre Plätze. Erbels Lebkuchen aus Dachsbach sind in zwei Varianten, mit dunkler Schokolade und zusätzlich mit einer hauchdünnen Zuckerglasur, erhältlich.

Zusätzlich zu seinen hauseigenen Lebkuchen entwickelte Arnd Erbel zusammen mit Andree Köthe und Yves Ollech, den Chefköchen des Essigbrätleins, auf der Basis der Nürnberger Lebkuchentradition weitere außergewöhnliche Neukreationen. Die fünf Sorten unter dem Label Tres Aromas heben sich aufgrund der exotischen Gewürzkombinationen deutlich von allen anderen Lebkuchen ab. Es empfiehlt sich, die Köstlichkeiten in kleinen Stücken, bei Zimmertemperatur zu genießen. Ob mit Wein oder Tee, kann jeder für sich selbst herausfinden. „Olive Noir" passt sogar zu einem kraftvollen Bier.

Weihnachtsklassiker mit nationaler Bedeutung

Viele Gerichte assoziieren wir mit Ortsnamen – die Münchner Weißwurst und die Linzertorte mögen als Beispiel genügen. Für Nürnberg gibt es zwei prägende Gerichte: die kleinen Bratwürste und die Lebkuchen.

von Utz W. Ulrich

Die Lebkuchen sind nicht in Nürnberg erfunden, Gebäcke mit Honig, Mehl und Gewürzen sind schon von den alten Ägyptern her bekannt. Kirchliche Bräuche spielten dabei eine große Rolle. Als die Klöster in Folge der Reformation stark zurückgingen, traten aber andere Motive in den Vordergrund.

Nürnberg war von den deutschen Kaisern gegründet worden, um zwischen die beiden Erzbistümer Bamberg und Freising einen Keil zu treiben. Geographische Abgrenzung war die Pegnitz. Die kluge Idee bestand darin, hier eine kaisertreue, vielleicht auch kaiserabhängige Stadt zu gründen und ihr zur wirtschaftlichen sowie politischen Blüte zu verhelfen. Bodenschätze gab es weit und breit keine, die Furt durch die Pegnitz war wohl wenig genutzt. Die Kaiser waren nicht sehr reich. Das Einzige, was sie geben konnten, war eine sehr weitgehende Steuerbefreiung, ein paar Handelsprivilegien und die Unabhängigkeit von allen Herren unterhalb der Kaiser. Damit konnte man jedoch schon den Verlauf der Handelsstraßen verändern, Nürnberg ins Zentrum setzen und seine Bedeutung herausheben.

Was wären wir ohne Lebkuchen? Das Nürnberger Gebäck gehört zur Weihnachtszeit wie der Christkindlesmarkt.

Durch den Handel kamen viele exotische Gewürze über Venedig auf dem kürzesten Weg nach Nürnberg. In den großen Wäldern um die Stadt produzierten die Zeidler große Mengen an Honig, dem einzigen damals bekannten Süßungsmittel. Aus Honig, Mehl und vielen Gewürzen entstand eine vergleichsweise große und schmackhafte Lebkuchenproduktion. Da in dem Lebkuchen keinerlei Fett war, waren sie auch mehrere Jahre haltbar – bei den damaligen miserablen Verkehrsverbindungen ein absolutes Muss. Die Zoll- und Steuerfreiheit sicherte niedrige Preise, die Macht der Nürnberger garantierte gefahrlosen Transport. „Nürnberger Tand geht durch alle Land" war ein geflügeltes Wort. Der Markt war klug reguliert. Gleichzeitig durften immer nur zwölf Lebküchner in der Stadt arbeiten. Starb einer von ihnen, dann hat (wie auch in anderen Branchen) der Altgeselle die Witwe „übernommen" und ihre soziale Versorgung ohne Belastung des Stadtsäckels gesichert.

Der Beginn der Nürnberger Lebküchnerei geht auf fränkische Klosterbrüder des Mittelalters zurück. Erste Lebküchner gab es seit 1395, ab 1643 organisierten sie sich in einer Zunft. Die Marke „Nürnberger Lebkuchen" besteht vermutlich schon seit dem 19. Jahrhundert. Seit 1996 handelt es sich auch nach europäischem Recht um eine geschützte geographische Angabe.

Eine große Herausforderung trat auf, als im 19. Jahrhundert Rübenzucker zu vertretbaren Preisen zur Verfügung stand. Hier waren ganz andere Erzeugnisse gefragt: nussreiche, gut gewürzte und leicht zu kauende „Luxuslebkuchen". Die Nürnberger Delegationen brachten in viele Städte sowohl die klassischen Lebkuchen (die sogenannte braune Ware), Herzen, Brezen, Sterne etc. wie auch die neu entwickelten Elisenlebkuchen, die bis heute maximal zehn Prozent Mehl, aber mindestens 25 Prozent Mandeln und Haselnüsse enthalten müssen – aber auch Zitronat und Orangeat dürfen nicht fehlen. Die Produktion ist technisch aufwendig, weil die Oblaten-Lebkuchen erst getrocknet und dann gebacken werden müssen. Auf diese Art haben sie eine feste äußere Kruste, dazu aber im Inneren eine ganz feine und weiche Mischung aus Nüssen, Honig, Eiweiß und diversen Gewürzen. Gewürze waren einer der teuersten und damit preisbestimmenden Zusätze bei Lebkuchen. Nur ein renommierter Lebküchner konnte sich hochwertigen Zimt, Sternanis und Kardamom leisten – und damit die eigene Qualität und den eigenen Namen weiter nach vorn bringen.

Die Nürnberger sind mit diesem Gebäck namentlich so fest verbunden, dass ein Großteil der deutschen Produktion aus Nürnberg kommt und – wie in alten Zeiten – den Ruhm der Stadt auch jenseits der Bratwürste nach außen trägt.

Hand für Hand ein Meisterstück

Sommer ist Hochzeit für Lebkuchen. Aber nur, solange es sich um die industrielle Herstellung handelt. Nicht damit zu vergleichen ist das, was die Eckentaler Weihnachtsbäckerei Dornauer mit ihren Original Elisenlebkuchen macht: In der Backstube werden in einem mehrtätigen Reifeprozess handwerkliche Meisterstücke gefertigt, frisch für den Verzehr.

Lebkuchen Dornauer

Herrengasse 16
90542 Eckental
Tel.: 09126 / 5282
www.
lebkuchen-dornauer.de
info@
lebkuchen-dornauer.de

Öffnungszeiten:
Mittwoch bis Freitag
8 – 18 Uhr
Samstag
7.30 – 13 Uhr

Eiscafé Naschhaus

Bayreuther Str. 20
91338 Igensdorf
info@nasch-haus.de
Tel.: 09192 / 9916467

Öffnungszeiten:
Im Sommer täglich
11 – 22 Uhr
Im Winter eventuell
verkürzt

Schon mit bloßem Auge lässt sich die Handwerksarbeit erkennen. Die leckere Masse liegt grob auf der Oblate und sieht besonders saftig aus. Beim Reinbeißen entfaltet das Objekt der Begierde vielfältige Aromen. Marzipan, Marmeladen, verschiedene Zuckerarten und Orangeat bilden die Basis für die Rohmasse. Diese muss mindestens einen Tag lang reifen. Denn auch ein Lebkuchen brauche Zeit, „damit sich der Geschmack entwickelt", wie Bäckermeister Thomas Dornauer ausführt. Anschließend kommen weitere Massen hinzu, so dass sich zuletzt über 20 verschiedene Zutaten in dem Lebkuchen befinden, egal ob mit Schokoladenguss, Zuckerguss oder einem Überzug aus weißer Schokolade.

Nicht nur das Rezept, sondern vor allem auch die exakte Zubereitung bleibt natürlich geheim.
In dem kleinen Betrieb stellen Anneliese und Georg Dornauer auf diese Weise schon lange gehaltvolle, aber beileibe nicht schwergewichtige Rundlinge her. Seit das Magazin „Feinschmecker" auf die Spitzenprodukte aufmerksam wurde und sie von 2007 an kontinuierlich zu den „besten der Welt" kürte, empfiehlt es sich, die Lebkuchen rechtzeitig vor Weihnachten vorzubestellen oder eine gewisse Zeit vorher anzurufen, um auf Nummer sicher zu gehen. Bei der Gelegenheit sollte man auch die nach einem Oma-Rezept gebackenen Plätzchen und die Pralinen des Hauses, so vorrätig, testen.
Um die süße Lust speziell zur warmen Jahreszeit zu stillen, betreibt Thomas Dornauer das Eiscafé „Naschhaus" in Igensdorf, etwa 10 Kilometer nordöstlich von Eckental. Der Vergleich mit einer guten italienischen Eisdiele ist erlaubt. Wer da nicht sündigt, ist selbst schuld.

Bäckermeister
Thomas Dornauer

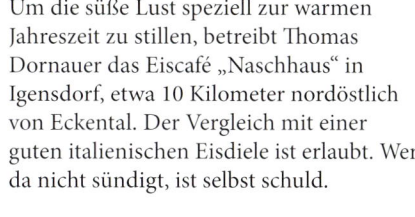

Hochgefühlbar

Vor 2003 brauchte man einige Phantasie, um sich an der Stelle der heutigen BMF Bar eine klassische American Bar vorstellen zu können. Um die Bar auf dem ehemaligen Areal der Bayerischen Metallwarenfabrik (BMF) so geradlinig umsetzen zu können, wie sie sich dem Bargast präsentiert, brauchte es noch mehr: Erfahrung, Konsequenz und die Leidenschaft für eine Nebenbei-Tätigkeit als Barbetreiber.

Blaue Stunde in der BMF Bar: René Vogel lädt zum schluckweisen Hinübergleiten in die Nacht ein.

René Vogel, im Hautberuf Versicherungsmakler, und Christoph Schlee, Mitarbeiter der Weinhalle K&U, brachten wichtige Voraussetzungen mit. Beide standen schon in der alten „Steinplatte" in Erlenstegen als Mixer hinter dem Tresen und hatten sich regelmäßig mit Barkeepern aus dem Schumann's, Münchens legendärer Bar, über Drinks ausgetauscht. Als Philipp Streng, wie sie ebenfalls ein „Schumannianer", die beiden Freunde in seine Baupläne einweihte, reagierten sie erst zögerlich. Hausherr Philipp Streng wollte eine Bar an der Stelle einer ehemaligen Hofdurchfahrt, die zur Straße hin zugemauert war, installieren. Anschlüsse: keine. Belag des Bodens: Kopfsteinpflaster. Fenster zur Straße? Nichts. Nicht einmal die Decke sollte erhalten bleiben. Über dieser befand sich ein Lagerraum, der der Bar nach oben zusätzlich Freiraum verschaffte.

Der Durchbruch machte Platz für neun Meter hohe Wände. Im Verhältnis zu der schmalen Grundfläche wirkt die Bar damit wie eine kleine Kathedrale. Den Halt in diesem modernen Traum eines Architekten gibt der Tresen, der fast ebenso lang ist wie der Raum hoch. Die bequemen Sitznischen an der Wand und die Barhocker sind wie der Tresen auch Sonderanfertigungen eines Metallbauers. Sie sehen nur gebraucht aus, sind aber wie die 2003 eröffnete Bar gar nicht so alt.

Ganz klassisch oder lieber speziell? Bei den Drinks hat man die Wahl. Eher speziell kommt das Angebot an Whiskey Malts und Gin-Getränken daher. Eher klassisch: die Auswahl an Aperitifs, „Classic" und „Tropical Drinks". In jedem Fall nicht gewöhnlich sind die Hochwertigkeit und die Frische der Zutaten.

BMF Museum • Bar
Wiesentalstr. 34
90419 Nürnberg
Tel.: 0911 / 8919100
www.bmf-bar.de
info@bmf-bar.de
www.bmf-museum.de
info@bmf-museum.de

Öffnungszeiten Bar:
Donnerstag bis Samstag
ab 20 Uhr

Die Bar spiegelt, ganz nach Absicht des Hausherren, das Industrie-Image der BMF aus der Hochzeit der Fabrik in den 1920er und 30er Jahren wider, ohne deswegen kühl zu wirken. Wenn es am Wochenende voll wird, kommt man sich an den Plätzen innen, aber auch außen auf der Terrasse schnell näher.

Ohne das BMF Museum im selben Gebäudeteil gäbe es die Bar nicht. Auf 250 Quadratmetern wird dort die Firmengeschichte der 1902 in Nürnberg gegründeten BMF präsentiert. Anhand der ausgestellten Produkte lässt sich die Entwicklung von Geschmack, Design und Tafelkultur des vergangenen Jahrhunderts ablesen. Der Raum im ersten Stock kann auch für private Veranstaltungen und Firmenfeiern gemietet werden. Der Mix stimmt.

wohnen

mode

schmuck

Aus Holz und Tuch und viel Gefühl

Der Christkindlesmarkt
als zentraler Ort
Nürnberger Besonderheiten

von Susanne von Goessel-Steinmann

Ein verführerischer Duft zieht durch die Budengassen. Es riecht nach Glühwein und Bratwurst, nach Lebkuchen und gebrannten Mandeln. Von nah und fern strömen Besucher zum Nürnberger Christkindlesmarkt, um sich von der weihnachtlichen Stimmung des weltberühmten Markts bezaubern zu lassen.

Auf dem Hauptmarkt in der Altstadt ist, wie in jedem Jahr in der Adventszeit, „ein Städtlein … aus Holz und Tuch" errichtet worden. Dicht gedrängt stehen die mit Tannengrün liebevoll verzierten Verkaufsstände beieinander, prall gefüllt mit einem überreichen Warenangebot.

Seit gut 400 Jahren findet in Nürnberg der Christkindlesmarkt statt, seine Wurzeln gehen gar zurück bis ins 13. Jahrhundert. Er entwickelte sich aus verschiedenen Gebrauchswaren- und Nahrungsmittelmärkten am Jahresende, die für die Versorgung der Nürnberger über die vielen Festtage der Weihnachtszeit hinweg abgehalten wurden. Da mussten nicht nur Lebensmittel eingekauft werden, es waren auch die Jahresgaben an das Gesinde fällig und die Kinder sollten ebenfalls mit Geschenken bedacht werden. Entweder erhielten die Kinder diese bereits am 11. November oder am 6. Dezember – ursprünglich galten Sankt Martin oder der Heilige Nikolaus als Gabenbringer – oder auch zu Neujahr. Doch mit der Reformationszeit änderten sich in den protestantischen Gegenden die Weihnachtsbräuche. Luther hatte die Heiligen „abge-

schafft" und so brachte nunmehr nicht mehr Nikolaus, sondern der Heilige Christ höchstpersönlich an seinem Geburtstag die Gaben für die Kinder, also am Weihnachtstag bzw. am Vorabend, dem Heiligen Abend. In Nürnberg etablierten sich ab Mitte des 16. Jahrhunderts diese neuen Gepflogenheiten und so entstand eine Weihnachtsmesse, die vor den Festtagen, in der Adventszeit, mit einem entsprechenden Warenangebot den verstärkten Bedarf an Geschenken abdeckte. Dieser „Kindles-Markt" wurde nach dem 30-jährigen Krieg ab der Mitte des 17. Jahrhunderts allmählich fester Bestandteil des Nürnberger Marktwesens.

„Die Nürnberger Kinder sind überzeugt, dass das Christkind hier selbst die Sachen einkauft …"

Ein Bericht des Rechtsgelehrten Johann Christoph Wagenseil aus dem Jahr 1697 erinnert schon sehr an den Markt, wie wir ihn heute kennen: „Einige Tage vor dem Weihnachtsfest wird auf diesem Platz [dem Hauptmarkt] der Weihnachtsmarkt aufgestellt, den man ‚Kindleinsmarck' oder ‚Christkindleinsmarck' zu nennen pflegt. Da ist dann fast der ganze Platz mit Holzbuden vollgestellt, worin Waren aller Art verkauft werden, alles, was ein Kinderherz begehrt, aber auch nützliche Sachen und sogar Waren für Erwachsene. Zu diesem Markt kommen die Menschen aus den umliegenden Orten, nicht nur die einfachen Leute, sondern auch Vornehme, in Scharen herbeigeströmt." Und eine Frage beschäftigte schon damals die Kinder: Woher nur hat das Christkind all die Geschenke? Wagenseil wusste um die besondere Beziehung des Christkinds zum Nürnberger Markt: „Die Nürnberger Kinder sind überzeugt, dass das Christkind hier selbst die Sachen einkauft, um sie dann in der Nacht vor dem ersten Weihnachtstag an die Kinder zu verteilen." Und wer schuf und wer verkaufte all die Herrlichkeiten, nach denen sich die Kinder sehnten? In einer 1737 erstellten Liste sind 140

Lustige Gesellen aus Pflaumen, Feigen und Nuss: Zwetschgermännle.

Handwerker und Händler erfasst, die auf dem Markt ihre Waren anbieten durften. Da werden genannt: Dockenmacher (Puppenmacher), Drechsler, Hafner, Zinngießer, Wachsbossierer, Zuckerbäcker, Lebküchner, Buchbinder, Holzschnitzer. Es gab wie heute Spielzeug, Süßigkeiten, Weihnachtsschmuck, es gab zu essen und zu trinken, aber auch Gebrauchswaren für das tägliche Leben: warme Winterkleidung, Küchengerät, Haushaltswaren.

Mit der Entwicklung Weihnachtens zu einem Familienfest mit Kinderbescherung im 19. Jahrhundert wurde auch der Christkindlesmarkt immer beliebter. Aber mit dem Aufkommen des Einzelhandels und später der Kaufhäuser verlor er seine Versorgungsfunktion. Zudem nahm der Straßenverkehr in der Nürnberger Innenstadt zu und schließlich „störte" der altehrwürdige Markt auf dem Hauptmarkt so sehr, dass er Ende des 19. Jahrhunderts verlegt wurde, zunächst auf die Insel Schütt, später ans Prinzregentenufer und vor das Gewerbemuseum.

Da fällt die Auswahl schwer: Glasschmuck für den Christbaum.

Mit der Entwicklung Weihnachtens zu einem Familienfest mit Kinderbescherung im 19. Jahrhundert wurde der Christkindlesmarkt immer beliebter.

Das prachtvolle Ambiente hatte er verloren. Als die Nationalsozialisten die Macht in der Stadt an sich gerissen hatten, holten sie 1933 zur Aufwertung des „Reiches Schatzkästleins" den Markt zurück auf den Hauptmarkt und ließen ihn wieder wie in alten Zeiten aufleben. Im Zweiten Weltkrieg gab es keinen Weihnachtsmarkt auf dem Hauptmarkt, der wie fast die gesamte Altstadt in Schutt und Asche gelegt wurde. Erst ab 1948 wurde wieder ein Christkindlesmarkt veranstaltet, zunächst inmitten der Trümmer. Den Menschen kam das damals nach den entsetzlichen Kriegsjahren wie ein Wunder vor, sie klammerten sich an die Traditionen, in denen sie Trost fanden. Sie knüpften deshalb auch mit der Eröffnungszeremonie an den Vorkriegsmarkt an: Das Christkind, flankiert von zwei Rauschgoldengeln, sprach einen Prolog, der aber nach dem Krieg ganz entscheidend andere Inhalte hatte. Im Laufe der Jahre passte sich dieser Spruch an die jeweils

neuen Gegebenheiten der allmählich wieder aufgebauten Stadt an, bis er zur heutigen Form fand. Nach und nach kamen nun auch immer mehr Menschen von außerhalb in die Weihnachtsstadt Nürnberg und inzwischen möchten jedes Jahr über zwei Millionen Besucher die heimelige, etwas altmodische Atmosphäre des Christkindlesmarkts erleben.

Natürlich gibt es genug Weihnachtsmärkte allerorten. Der Nürnberger Christkindlesmarkt unterscheidet sich aber von anderen Advent-Events ganz wesentlich. Das ist wohl auch der Grund für seine Beliebtheit und Sonderstellung. So gibt es hier keine Fahrgeschäfte wie auf einem Jahrmarkt. Die findet man zwar auf der Kinderweihnacht, aber dort nur in ihrer nostalgischen Variante. Außerdem bleibt man von Dauerbeschallung mit Weihnachtsmusik aus der Konserve verschont. Von der Bühne vor der Frauenkirche erklingen Weihnachtslieder „live" und stimmen auf das bevorstehende Weihnachtsfest ein. Täglich wird hier ein reichhaltiges Musikprogramm dargeboten: Kinderchöre, Schulorchester, Gesangsvereine und Posaunenchöre treten auf. Wesentlich zur in sich stimmigen Gestaltung des Marktes trägt auch die Verwendung der alten Holzbuden bei, die Eigentum der Stadt sind. Die stark beanspruchten Einzelteile müssen zwar immer wieder ergänzt und erneuert werden, aber man orientiert sich dabei an den alten Vorlagen und einige Teile stammen tatsächlich immer noch aus dem 19. Jahrhundert. Die Stände werden so in Reihen aufgebaut, dass sich Gassen bilden. Der ganze Platz wirkt dadurch etwas behäbig, aber sehr authentisch und in sich geschlossen. Die Wege tragen Fantasienamen, die an vergangenes

Golden funkelnde Weihnachtsfigur: Nürnberger Rauschgoldengel.

Kinderglück erinnern: Dockn-Gässla, Zur Eisenboh, Sternlasweg … Die Stände werden mit dem für Nürnberg typischen rot-weiß gestreiften Tuch verkleidet und mit frischem, also nicht aus Kunststoff gefertigten, Tannengrün geschmückt. Die Marktbeschicker geben sich viel Mühe bei der Einrichtung ihres Verkaufsstandes, denn es winkt ein Preis für die „schönste" Bude: der „goldene Zwetschgamoh". Viel Wert wird auch auf die Qualität des Warenangebots gelegt. Es gibt keinen Jahrmarktsramsch, keine Luftballons, kein Kriegsspielzeug.

Ansonsten wird all das angeboten, was das weihnachtssehnsüchtige Herz begehrt. Das ist in der Spielzeugstadt Nürnberg natürlich vorrangig Spielzeug. Nürnberg war und ist auch immer Umschlagsplatz für Spielsachen aus anderen Gegenden. Hier findet sich neben Spielzeug aus heimischer Produktion Ware aus dem Erzgebirge, aus Thüringen, aus dem Alpenraum und aus den Herstellungsorten im nördlichen Franken. Aus diesen Regionen stammt aber auch das vielfältige Angebot an Christbaumschmuck. Da gibt es sowohl althergebrachte als auch den jeweiligen Trend widerspiegelnde Kostbarkeiten; man könnte so seinen Christbaum also auch ganz „modern" behängen. Gläserne Christbaumkugeln aus Lauscha schillern in allen Farben; aus feinen Glasstangen verarbeitete Gebilde, wie sie einst aus Gablonz (heute: Jablonec) kamen, sind nach alten Vorlagen gearbeitet; Weihnachtsfiguren und Miniaturspielzeug als Baumbehang oder Aufstellschmuck sind aus Holz geschnitzt und gedrechselt; Zinnfiguren für den Weihnachtsbaum hängen dicht vom Vordach einiger Buden; es gibt Plauener Spitze, Strohsterne, Sterne aus Papier, aus Metallfolie, aus Metall; es gibt Laubsägearbeiten, Textilarbeiten, Baumbehang aus Keramik oder aus Leder und all das ist insofern typisch für den Nürnberger Christkindlesmarkt, weil es hier traditionell immer angeboten wurde.

In den letzten Jahren tauchte eine Spezialität wieder auf, die man lange vermisst hatte: der „Nürnberger Eierzucker", auch „Springerle" genannt, ein Bildbackwerk aus einem speziellen, in Formen oder „Modeln" gedrückten Teig. Die fantasievollen Figuren, unbemalt oder bunt, taugen eher zum Baumschmuck als zur Schleckerei. Und auch der allgegenwärtige Zwetschgamoh eignet sich nicht zum Verzehr. Die Figur aus getrockneten Pflaumen, Feigen und Nüssen taucht auch in anderen Gegenden Deutschlands auf den Weihnachtsmärkten auf und ist nicht ureigen nürnbergerisch, hier aber besonders beliebt. Die buntgekleideten Männlein und Weiblein sind glücksbringende Mitbringsel vom Markt und gehören unzweifelhaft

zum Repertoire, mit dem die Weihnachtszimmer ausgeschmückt werden.

Für das leibliche Wohl sorgt ein Dreiklang echt Nürnberger Produkte: Lebkuchen, Glühwein, Rostbratwürstchen. Natürlich gibt es das auch auf anderen Märkten; aber der Nürnberger greift gerne zu Produkten, die tatsächlich auch hier hergestellt worden sind, und das gewährleisten alt eingesessene Firmen. Die Palette der Köstlichkeiten für Leib und Magen ist natürlich unendlich breit: Es gibt jede Art von Zuckerzeug, Getränke mit und ohne Alkohol, Deftiges und weniger Deftiges gegen den Hunger.

Dann ist da noch der Rauschgoldengel. Der gehört auf die Spitze des Christbaums oder zum Reigen der Weihnachtsfiguren, die im heimischen Weihnachtszimmer zur Aufstellung kommen. Dieser Weihnachtsengel aus Metallfolie und mit einem Porzellan- oder Holzköpfchen ist nun tatsächlich in Nürnberg entstanden und gehört fest zur fränkischen Weihnacht. Kundige Metallwerker entwickelten einst in Nürnberg das Know-how, Messingbleche so fein wie Blattgold zum sogenannten Rauschgold zu schlagen, das bei jeder Berührung leicht knisterte. Wird die feine Metallfolie gefaltet, erhält sie Stabilität und so wurde zusammen mit den Dockenmachern, die Holzkopf und -körper lieferten, eine Engelsfigur entwickelt, die ohne Beine auf dem gefalteten, weit ausladenden Rock steht und die anstelle der Arme große Flügel hat und auf dem Köpfchen eine hohe Krone. Für die Nürnberger Kinder war das einst ihr geliebtes „goldenes Christkindla" und heute noch findet man den Engel an vielen Verkaufsständen. Zwei lebendige Rauschgoldengel begleiten auch das heutige Christkind, wenn es von der Empore der Frauenkirche seinen Markt eröffnet.

„ … im Ranking gleich hinter Schloss Neuschwanstein und noch vor der Loreley."

In unmittelbarer Umgebung der Budengassen sind noch weitere Attraktionen zu entdecken: Inmitten des Marktes befindet sich eine Krippe mit liebevoll geschnitzten Figuren, die bei den Kindern ebenso beliebt ist, wie die Kinderweihnacht auf dem Hans-Sachs-Platz und das Sternenhaus nebenan. Außerdem laden Krippen- und andere Weihnachtsausstellungen beispielsweise ins Fembohaus und in die Ehrenhalle des Rathauses. Man kann eine riesige Feuerzangenbowle bestaunen oder auch den Markt der Partner-

Kleiner Anhänger für den Weihnachts-baum: Christkindles-markt en miniature.

städte besuchen, eine eigene kleine Budenstadt hinter dem Rathaus mit fast internationaler Atmosphäre. Der Nürnberger Christkindlesmarkt gehört zu den beliebtesten Touristenorten Deutschlands. Im Ranking befindet er sich gleich hinter Schloss Neuschwanstein und noch vor der Loreley, und das bei all der Konkurrenz. Natürlich gibt es Stimmen, die ihn nicht mehr zeitgemäß oder gar kitschig finden. Wieder andere können mit der ganzen Weihnachtsromantik nichts anfangen oder erleben den Markt als zu kommerzialisiert. Der Trubel auf dem Markt, das Gedränge der Menschenmassen in den Budenreihen passt oftmals gar nicht so sehr in die „stade" Zeit; andererseits lässt ein leerer Markt bei schlechtem Wetter eine spürbar angespannte Stimmung vor allem unter den Markt-kaufleuten aufkommen. Für sie bedeutet das schnell empfindliche Gewinneinbußen und kann ein ganzes Jahres-Finanzierungskonzept durcheinanderbringen. Für die meisten Besucher aber bietet der Markt eine Projektionsfläche ihrer geheimen Sehnsüchte. Hier können sie sich der nostalgischen Erinnerung an eine längst vergangene, vermeintlich heile Kinderwelt

hingeben, hier suchen sie nach der Idee einer romantischen, friedvollen Weihnacht. Hier können sie einmal flüchten vor Ängsten, aussteigen aus dem Einerlei des Alltags und eintauchen in einen bunten, verspielten Weihnachtskosmos oder auf den Flügeln großer Gefühle davon schweben. Manche „globalisierte" Menschen finden hier die Wärme eines Heimatgefühls, die ihnen in der Kälte der modernen Welt verloren gegangen ist. Die Weite des Globus lässt das Bedürfnis nach Regionalisierung aufkommen; das erleben wir in vielen Bereichen.

„In jedem Jahr vier Wochen vor der Zeit, da man den Christbaum schmückt …"

So stiftet der Markt Identität und Heimat und für die Nürnberger ist er tief verankert in ihrem Gemeinschaftsgefühl. Es ist wieder soweit: „In jedem Jahr vier Wochen vor der Zeit, da man den Christbaum schmückt" lädt das Nürnberger Christkind zu seinem Markt.

Die Küchenwunderwelt

Seit 1847 ist Küchen-Loesch in Nürnberg. Beliebt sind heute farbige Produkte, sowohl Porzellan als auch Küchenutensilien.

Küchen-Loesch
Lorenzer Platz 7/15
90402 Nürnberg
Tel.: 0911 / 206740
www.
kuechen-loesch.de
info@
kuechen-loesch.de

Öffnungszeiten:
Montag bis Freitag
9.30 – 19 Uhr
Samstag
9.30 – 18 Uhr

Egal, welches Küchengerät und welchen Haushaltsartikel man sucht – bei Küchen-Loesch, so lautet eine gängige Einschätzung, gibt es das schon. 30 000 Artikel, eine Verkaufsfläche von 1400 Quadratmetern, verteilt über vier Häuser und vier Etagen und ein Lager, das über eine ähnliche große Fläche verfügt, machen das Fachgeschäft selbst bundesweit zu einer fast einzigartigen Institution.

Wer angesichts der Fassaden aus den 1950 bis 1970er Jahren an einen etwas altbackenen Haushaltswarenladen denkt, in dem vor allem Praktisches, aber weniger Ästhetisches zu finden ist, liegt falsch. Ganz auf der Höhe der Zeit führt das Haus etliche Design-Klassiker und neueste Entwicklungen in Sachen Küchengeräten, alles in allem ein enorm breites Sortiment, von Töpfen, Pfannen und Kaffeemaschinen über alles für den gedeckten Tisch, von Grillzubehör und Einweggläsern bis zu Silikon-Topflappen und Wäscheständern. Ungewöhnlich ist aber auch die Tiefe des Sortiments.

So finden sich bei Küchen-Loesch teilweise noch Utensilien aus den 1950 und 1960er Jahren. Einige wenige Einzelprodukte sind sogar noch wesentlich älter: die Kaffeemaschinen mit Sieb und Seiher zum Beispiel, die nach einer 150 Jahre alten Technik (die so genannte „Santos-Technik") funktionieren.

Gegründet wurde das Unternehmen 1847 von Leonhard Carl Loesch, dem Ururgroßvater des heutigen Inhabers Klaus Harl. Angefangen hatte die Firma mit einem Haushaltswarengeschäft in der Laufer Gasse. Da es im Zweiten Weltkrieg ausgebombt wurde, musste man nach 1945 ganz von vorn beginnen und bezog am jetzigen Standort eine kleine Baracke von zunächst nur zehn (!) Quadratmetern. Im Zuge des Wirtschaftswunders begann sodann die Expansion. „Zum langfristigen Erfolg hat neben unserem Angebot unser umfangreicher Service beigetragen", kommentiert Klaus Harl die Firmengeschichte. Das Haus dient mit Reparaturservice, Messerschleifern, einem Online-Shop, Hochzeitstischen und kompetenter Beratung. Man möchte das Nürnberger Fachgeschäft für Küche und Tischkultur nicht missen.

„Zum langfristigen Erfolg hat neben unserem Angebot unser umfangreicher Service beigetragen."
– Klaus Harl

Massiv, regional, modern

Beim Drachenfliegen haben sich der Schreinermeister Gunther Münzenberg und der Germanistik- und Politikstudent herwig Danzer das erste Mal getroffen. Gott sei Dank am Boden, denn sonst wäre aus dieser Begegnung wohl nie eine Freundschaft und aus den gemeinsamen Idealen des Einrichtens keine Massivholzschreinerei entstanden, die sich mit Kompletteinrichtungen deutschlandweit einen Namen machte.

Die Möbelmacher
Unterkrumbach 39
91241 Kirchensittenbach
Tel.: 09151 / 862999
www.die-moebelmacher.de
info@die-moebelmacher.de
www.
nachhaltigkeitsblog.de

Öffnungszeiten:
Montag bis Freitag
10 – 18 Uhr
Samstag
10 – 13 Uhr
und nach Vereinbarung

Das Faible für massives Holz, das die Unternehmensgründer verbindet, reicht weit zurück: herwig Danzer (der Vorname schreibt sich tatsächlich klein!) hatte im Waschkeller seiner Mutter einst eine kleine Werkstatt für Möbel und Holzspielzeug eingerichtet, mit der er sein Studium finanzierte. Gunther Münzenberg sammelte Erfahrungen als Meister in verschiedenen Betrieben. Beide erwarteten gerade Nachwuchs und beschlossen, ihre unterschiedlichen Fähigkeiten in die 1988 gegründete Firma „Die Möbelmacher" einzubringen. Danzers ökologische Ansprüche sorgen bis heute für wohngesunde Konsequenz und Münzenbergs „Pochen auf Qualität" – er hatte bei Möbel Krügel gelernt – führte das althergebrachte Massivholzmöbel aus der Öko-Nische in eine neue Ära: Die Holzoberflächen werden durch die aufwendige Behandlung mit Naturharzöl ästhetisch und pflegeleicht veredelt. Und modernste Technik ermöglicht immer wieder neue Designlösungen für Küchen, Tische oder Betten. „Aus ehrlichen Materialien wie Massivholz, Glas oder Edelstahl machen wir Möbel, Küchen und die gesamte Einrichtung für Menschen, die Freude an Individualität, Qualität und Regionalität haben", fasst Danzer die Philosophie zusammen und Münzenberg ergänzt: „Nur durch unsere Einzelanfertigung können wir die Wünsche der Kunden und die Anforderungen der Räume passgenau verwirklichen."

Nach neun Jahren Selbständigkeit schufen sich die Gründer mit ihrem eingespielten Team von über zehn Mitarbeitern ein preisgekröntes Fertigungs- und Ausstellungsgebäude. Hierfür wurden nur die Materialien verwendet, die die Fachleute für ökologisches Wohnen auch ihren Kunden empfahlen. Endlich war genug Platz für die Holzlagerung und sie konnten die gesamte Fertigung vom Wald bis zum Kunden nach den eigenen Qualitätswünschen steuern. So erfanden sie die „regionale Waldschöpfungskette", die zur Zusammenarbeit mit anderen Holzfachleuten und der Gründung des Initiativkreises Holz aus der Frankenalb führte. Gleichzeitig entstand durch den Austausch mit dem Naturschutzzentrum Wengleinpark in der Werkstatt der Möbelmacher 1988 der erste Tag der Regionen.

Ein Geheimtipp sind die Massivholzküchen aus Unterkrumbach seit den Kochshows mit Spitzenköchen, so etwa für den Bayerischen Rundfunk auf der Consumenta oder bei BIOerleben auf dem Nürnberger Hauptmarkt. Aber spätestens seit dem Zei-

„Aus ehrlichen Materialien wie Massivholz, Glas oder Edelstahl machen wir Möbel und die gesamte Einrichtung für Menschen, die Freude an Individualität, Qualität und Regionalität haben."

– Gunther Münzenberg und herwig Danzer (re.)

Kompletteinrichtung bedeutet, dass vom Fußboden über die Polsterstühle und -möbel bis zur Beleuchtung alles aus einer Hand geliefert wird.

2009 gestalteten die Möbelmacher erste Küchen mit digital bedruckter Glasfront als Klaviertastatur (im Bild), Mohnblume oder mit den eigenen Fotos der Kunden. Solche Innovationen führen auch zu großen Aufträgen im Büro- und Ladenbau. Weitere Infos: www.larasloft.de

tungsbericht über die Küche des Nürnberger Oberbürgermeisters Dr. Ulrich Maly gehören sie zum regionalen Vorzeigeprodukt: für Menschen, die gerne gut und mit Freu(n)den kochen, die die Langlebigkeit von Massivholz schätzen und die regionalen Wirtschaftskreisläufe unterstützen möchten. Die zahlreichen Preise für Nachhaltigkeit bringen sogar Geschäftskunden aus Berlin nach Unterkrumbach; denn auch für sie entsteht Nachhaltigkeit nicht durch Reden, sondern durch Handeln.

Der ökologische Gewerbebau wurde 2001 durch das „regionale Musterhaus" ergänzt, das außen und innen Ökologie, Regionalität und Qualität demonstriert.

Flammkuchen vegetarisch

von herwig Danzer und dem Hersbrucker Bürgermeister Robert Ilg

Wir haben dieses Rezept für eine gemeinsame Kochshow entwickelt. Da es für Männer nicht ganz leicht ist, gleichzeitig zu kochen und über die Cittaslow Hersbruck zu reden, haben wir es bewusst einfach gehalten. Wir zeigen damit auch, wie leicht sich der Teig für einen Flammkuchen herstellen lässt. Dieser wird leider viel zu häufig als Fertiggericht gekauft. Statt der klassischen Variante mit Speck finden Sie hier eine vegetarische Zubereitung mit getrockneten Tomaten.

Zutaten für 10 Personen als Vorspeise:
500 g Mehl
2,5 TL Salz
3 EL Olivenöl
evtl. ein Päckchen Trockenhefe
250 ml lauwarmes Wasser
400 g Schmand
Salz und Pfeffer, Muskat
5 Stück Zwiebeln
1 Glas getrocknete Tomaten

In der Küchenmaschine aus Mehl, Salz, Öl und Wasser einen Teig herstellen, eventuell ein Päckchen Hefe zugeben, dann stehen die Ränder auf, ohne Hefe bleibt er flacher. Teig solange kneten, bis dieser nicht mehr klebt, mindestens 30 Minuten ruhen oder mit Hefe auch aufgehen lassen.

Schmand mit Ölivenöl glatt rühren und mit Mineral- oder Meersalz, Pfeffer und Muskat würzen. Zwiebel abziehen, halbieren und in dünne Streifen hobeln oder in Würfel schneiden, so isst sich der Flammkuchen leichter.

Den Teig auf einer mit Mehl bestäubten Arbeitsfläche sehr dünn ausrollen und mit Schmand bestreichen, Zwiebel darauf verteilen und klein geschnittene, getrocknete Tomaten zugeben. Im Ofen mindestens 30 Minuten bei 280 Grad den Backstein vorheizen. Wer für Gäste vorbereiten will, bäckt den Teig ca. 30 Sekunden auf dem Backstein vor, dann braucht der fertig belegte Flammkuchen nur noch ein paar Minuten.

In jedem von uns steckt ein kleiner Weltveränderer

Alternativen zum konventionellen
Lebensstil gibt es immer.
Heute mehr denn je.

von Frank Braun

So viel Nachhaltigkeit war nie. Kaum eine Rede, kaum ein guter Artikel, in dem dieses Wort nicht vorkäme. Das hätte sich Hans Carl von Carlowitz seinerzeit nicht träumen lassen, als er den Begriff 1713 prägte. Er schrieb damals einen Bericht über die nachhaltige Nutzung von Wäldern. Die Wälder waren abgeholzt, der Hunger nach Holz aber ungestillt, und hätte sich seine Vision des nachhaltigen Wirtschaftens in Wäldern nicht durchgesetzt, so würden wir wohl heute in unserer fränkischen Heimat über sandige Böden spazieren, bedeckt von Sträuchern und Wiesen, wenn überhaupt noch etwas wachsen würde. Haiti zeigt eindrücklich, wie es hierzulande möglicherweise ausgesehen hätte. Keine schöne Vorstellung!

Unter Nachhaltigkeit verstehen wir eine Lebensweise, die auch zukünftigen Generationen genug zurücklässt, um (über-)leben zu können.

Könnte Herr von Carlowitz heute, fast 300 Jahre später in unsere Welt hineinlauschen, dürfte ihm das Herz aufgehen angesichts der Tatsache, wie Politik und Wirtschaft sein Leitbild scheinbar verinnerlicht haben. Kein Vortrag eines Politikers, keine Aktionärsversammlung, wo nicht von nachhaltiger Fiskalpolitik, von Nachhaltigkeitsberichten, nachhaltigem Portfolio etc. die Rede ist. Leider wird der Begriff aber oft eher oberflächlich verwendet und fokussiert sich meist auf das Wohl der Shareholder, nicht aber auf einen langfristigen Nutzen für Gesellschaft und Umwelt.

Dabei ist der Grundgedanke nachhaltigen Handelns mehr denn je von existentieller Bedeutung. Die Rohstoffreserven neigen sich dem Ende entgegen. Eine Reihe von Staaten ist völlig überschuldet und steht vor dem Konkurs. In schöner Regelmäßigkeit erschrecken uns Lebensmittelskandale, und die Energiepolitik fußt (noch) auf einer Technologie, deren radioaktiver Abfall für die nächsten 100 000 Jahre strahlende Erinnerungen hinterlassen wird.

Vom Wut-Bürger zum Mut-Bürger

Es hat vielen Menschen Mut gemacht, dass rund um Themen wie Stuttgart 21 und die Katastrophe in Fukushima die Massen auf die Straße gingen und Druck auf Politik und Wirtschaft ausübten. Vom Wutbürger ist in der Presse in diesem Zusammenhang immer wieder die Rede. Ich würde diese Menschen aber eher als Mutbürger bezeichnen, denn es ist in erster Linie nicht die destruktive Wut, die sich hier zusammenballt, sondern der kollektive Wunsch nach Veränderung, nach gelebter Nachhaltigkeit.

Als Arbeiter und Angestellte, als Wähler und als Konsumenten sind die Bürger der Motor des Systems. Ohne dieses Fundament käme alles zum Stillstand. Es stehen vornehmlich zwei Hebel zur Verfügung, um mitzugestalten. Zum einen unser Geldbeutel, der unterschiedlich dick gefüllt ist, zum anderen unsere Zeit, von der alle erst einmal gleich viel haben. Mit anderen Worten: Wir können durch unseren Konsum und unser Engagement täglich mitbestimmen, in welche Richtung wir uns als Gesellschaft bewegen.

Abstimmung mit dem Geldbeutel

Die Veränderung durch Konsum hat eine quantitative und eine qualitative Dimension. Erfreulicherweise gibt es mittlerweile zu fast allen Produkten ökologisch und fair produzierte Alternativen. Es liegt also an jedem einzelnem von uns, ob er hier, wie jüngst zur Atomkraft, bereit ist, mit der gegebenen Kaufkraft ein klares Votum für eine nachhaltige Gesellschaft abzugeben. Wie erkenne ich aber beim Einkauf das „bessere" Produkt? Dies lässt sich leider nicht pauschal beantworten. Doch die folgenden Fragen können weiterhelfen.

Wie wurde produziert? Hier geht es um die Frage, welche Folgen ein Produkt für Mensch und Natur hat. Als Orientierung dienen hier vor allem die Bio- und Öko-Siegel wie z.B. bei Nahrungsmitteln die Siegel der ökologischen Anbauverbände sowie die Siegel des fairen Handels. Das bekannteste in Deutschland ist das Transfair Siegel.

Wo wurde produziert? Hier geht es um die Frage, in welchem Umkreis man ein Produkt beziehen kann. Stellen Sie sich das wie einen Radarschirm vor, bei dem die Verfügbarkeit von Produkten nach Entfernung eingetragen ist. In nächster Nähe gibt es in unserer Region beispielsweise Fleisch, Gemüse, Eier etc., während Baumwolle, Tee oder Kaffee regional nicht verfügbar sind. Folglich ist es notwendig, Tee aus Sri Lanka zu kaufen, während es nicht sinnvoll wäre, Eier aus Holland oder Tschechien zu beziehen. Zur leichteren Orientierung gibt es Regionalsiegel oder schlicht den Herkunftsnachweis auf der Verpackung.

Zu guter Letzt geht es aber beim Konsum auch um die Frage: Brauche ich das Produkt wirklich? Muss ich beispielsweise im Winter Erdbeeren essen oder jeden Tag ein Stück Fleisch auf dem Teller haben? Wer mit der Saison isst und sich ausgewogen ernährt, lebt nicht nur gesünder, sondern schont den eigenen Geldbeutel und die Umwelt. Auch Fragen der Wiederverwendbarkeit und Langlebigkeit von Produkten gehören hierzu.

Zugegeben: Die Abwägung dieser Entscheidungen kann einem schon mal den Spaß am Einkauf verderben, ist aber absolut sinnvoll. Und seien Sie getröstet: Ich kenne niemanden, der hier alles richtig macht! Aber wir haben eigentlich immer eine Alternative – ob bei Essen, Kosmetik, Reisen oder Kleidung. Allein der Regionallotse Bluepingu (www.regionallotse.de) zählt über 200 Betriebe im Nürnberger Stadtgebiet, die ökologische Produkte anbieten.

Engagement ist das zweite wesentliche Kriterium auf dem Weg zu einem zukunftsbewahrenden Lebensmodell – das Wort „zukunftsbewahrend" gefällt mir im Übrigen besser als der überstrapazierte Begriff Nachhaltigkeit. Engagement in diesem Zusammenhang bedeutet: Wie gehen wir miteinander um? Haben wir ein Lächeln übrig? Sehen wir, wenn jemand Hilfe braucht? Diese und viele andere Fragen legen die Tonart fest, in der unsere Gesellschaft schwingt. Mit unserem Verhalten und Wissen nehmen wir maßgeblich Einfluss auf unser Umfeld. Ob es uns gefällt oder nicht, ein wenig von uns hinterlassen wir in jedem, dem wir begegnen, und so stehen wir über kurz oder lang immer wieder unserem Spiegelbild gegenüber.

Das Fundament, das die Entscheidungen nährt, ist Information. Nur wenn wir uns kontinuierlich informieren, können wir Schritt für Schritt Ursache und Wirkung unseres Handelns verstehen. Noch nie zuvor gab es hierfür so viele Ressourcen und Möglichkeiten. Dank Internet sind Informationen oft nur einen Knopfdruck entfernt. Das alles sollte uns ermutigen. Wir können etwas bewegen, in jedem von uns steckt ein Weltveränderer. Und für die Veränderung gibt es keinen besseren Zeitpunkt als jetzt!

… noch mehr

Lebensart
genießen

Lebensart
genießen

IN UND UM **BAMBERG**

selekt

Blättern
und Entdecken

Fränkisches Rom auf sieben Hügeln und
Weltkulturerbe, mittelalterliche Romantik und
barocke Pracht – Die Stadt Bamberg und ihre
Umgebung sind reich an Attraktionen. Feines
und Erlesenes befinden sich darunter sowie
Hausbackenes und Bodenständiges. Kunst und
Kultur in höchster Qualität, eine ausgeprägte
Regionalküche, aber auch vorzügliche Möglich-
keiten, um einzukaufen und sich auszustatten.
Das Buch „Lebensart genießen" zeigt,
was und wo es Schönes zu entdecken gibt.

Herausgeber: Oliver van Essenberg.
Mit Beiträgen von: Peter Braun, Karin Dengler-
Schreiber, Barbara Dicker, Werner Dressendörfer,
Oliver van Essenberg, Rolf-Bernhard Essig,
Christian Fiedler, Christine Freise-Wonka, Nora
Gomringer, Georg Lang, Martin Neubauer,
Andreas Reuß, Enrico Santifaller, Bernd
Wagenhäuser u.a.

selekt Verlag, Bamberg 2010, 216 Seiten, ca. 370 Abbildungen.
Softcover incl. Fadenheftung und Lesezeichenband. Preis: 14,80 Euro.
ISBN: 978-3-9813799-0-7

Erhältlich im Buchhandel und unter www.lebensart-bamberg.de
E-Mail: info@selekt.org

Möbel, die den Wandel überstehen

Schöne Möbel können dem Schreinermeister Wolfgang Vogl Genuss bereiten, so sehr, dass er von „leckeren Küchen" und „sinnlichen Bädern" spricht. Wenn es erlaubt ist, seinen Möbeln menschliche Eigenschaften zuzuschreiben, kommt dafür neben dem Begriff „nachhaltig" auch das Attribut „intelligent" in Frage.

**Schreinerei
Schränkla**

Neustädter Str. 15
91462 Dachsbach
Tel.: 09163 / 959776
www.schraenkla.de
info@schraenkla.de

Termine nach
Vereinbarung

Im Handumdrehen wird aus drei Einzelregalen ein großes Regal. Mit jederzeit tauschbaren Schiebetüren kann daraus ebenso ein Schrank entstehen. Die Möbel richten sich nach den Anforderungen der Benutzer und erfüllen alle Kriterien einer nachhaltigen Bauweise.

Intelligent sind genau genommen natürlich nicht die Möbel, sondern der Schreiner, der diese in vorausschauender Weise baut. Eine Wertschätzung für langlebige Möbel entwickelte Wolfgang Vogl schon während seiner Meisterprüfung, vor allem jedoch durch Restaurierungsarbeiten für Antiquitäten – eine „dankbare Aufgabe", die ihm schnell sehr viel Spaß gemacht habe, wie er sich erinnert. Noch heute restauriert er Möbel, wenn die handwerkliche Anfertigung der Stücke es zulässt. Damit wird er nicht nur den Objekten, sondern dem Werkstoff Holz insgesamt gerecht, bei der Pflege ebenso wie beim Bau von Massivholzmöbeln, eine Spezialität seiner 1991 gegründeten Schreinerei „Schränkla". „Es wäre schön, wenn Möbel den gleichen Zeitraum überstehen, den ein Baum zum Wachsen braucht", sagt er. „Im Falle einer Buche also 80 bis 120 Jahre."

Als Konsequenz aus der nachhaltigen, ökologischen Arbeitsweise verwendet die Schreinerei aus Dachsbach überwiegend Hölzer der Region, insgesamt etwa 20 verschiedene Arten. Der Schreinermeister achtet wie schon die Hersteller von Antiquitäten darauf, dass die Oberflächen mit traditionellen Mitteln wie Schellack, Wachs und Öl bearbeitet werden. Der Vorteil: Bei partiellen Korrekturen muss anders als bei Lack nicht die gesamte Oberfläche erneuert werden. Gesundheitlich unbedenklich sind die Stoffe obendrein – besonders beim Kauf von Schlafzimmermöbeln ein gewichtiges Argument.

Trotz allem Respekt vor der Tradition muss niemand auf modernen Komfort verzichten. Viele seiner Stücke hat Wolfgang Vogl nach einem intelligenten Baukastenprinzip entwickelt. Die mit Holzverbindungen ausgeführten Möbel lassen sich leicht auseinander montieren und neu zusammensetzen, sodass aus einem Regal im Handumdrehen ein Raumteiler werden kann. Die steckbaren Holzverbindungen

gewähren auch nach mehreren Umbauten, die bei Umzügen oder Neueinrichtungen anstehen, langfristig Stabilität. Selbst optische Gestaltungselemente wie Schiebetüren lassen sich bei Bedarf, Zeit und Geld sparend, variieren. „Flexibilität soll nicht nur von der Funktion, sondern auch von der Ästhetik gegeben sein. Sie unterstützt die Hochwertigkeit."

Bei der Einführung des Modulsystems überlegte Vogl kurzfristig, daraus eine Serie zu entwickeln, ließ die Absicht jedoch fallen, da so die Möglichkeit der individuellen Ausführung zu kurz gekommen wäre. Die Schreinerei passt die Massivholzmöbel den persönlichen und ergonomischen Bedürfnissen an und deckt zusammen mit Spezialisten aus angrenzenden Fachbereichen den kompletten Bereich der Inneneinrichtung ab. Da allen Seiten gedient ist – dem Nutzer, der Natur, der regionalen Wirtschaft und der Lust am Schaffen – kommt der ganzheitliche Ansatz optimal zum Tragen.

„Flexibilität unterstützt die Hochwertigkeit."
– Wolfgang Vogl

Die Schneidbretter (oben) leimt die Schreinerei Schränkla aus Resten von Edelhölzern wie Apfel, Kirsche, Birnbaum, Nussbaum, aber auch Lärche, Ahorn, Buche etc. zusammen. Für die Oberfläche wird das Stirnholz verwendet, welches wesentlich beanspruchbarer für seinen Zweck ist. Die Klötze werden zu immer neuen Mustern geleimt, sodass jedes Brett ein Unikat ist.

Wohnkompositionen in Harmonie

Mit der Einrichtung verhält es sich wie mit der eigenen Biographie: Beides ist oft Stückwerk. Möbel aus der ersten Wohnung, Erbstücke, Andenken aus dem Urlaub, Geschenke und neu Erworbenes treffen aufeinander. Der Innenarchitekt und Einrichter Stefan Bodack will das Patchwork-Inventar keineswegs abschaffen. Im Gegenteil: Ergänzung ist gefragt.

Bodack & Kellenberg
Trödelmarkt 47
90403 Nürnberg
Tel.: 0911 / 6603909
www.bodack-kellenberg.de
info@bodack-kellenberg.de

Ab 1. November 2011
Obere Schmiedgasse 24
90403 Nürnberg

Öffnungszeiten:
Mittwoch bis Freitag
10 – 13 Uhr
und 14 – 18 Uhr
Samstag
10 – 16 Uhr

Weitere Termine nach
Vereinbarung

Ein konkretes Problem bildet häufig den Anlass für einen Besuch bei Bodack & Kellenberg. Das Sofa passt nicht mehr, die Farben und die Beleuchtung könnten angenehmer sein, ein Umzug steht an … In einem großen Möbelhaus würde der Händler nun seinen Katalog im Kopf durchblättern und schöne Dinge anbieten, die er von Haus aus verkaufen muss. Der individuellere Berater geht anders vor. Er greift Vorhandenes auf, interpretiert es neu und spielt mit dem Interessenten verschiedene Möglichkeiten der Gestaltung durch. „Schon mit einem kleinen Konzept lassen sich manchmal außergewöhnliche Wohnsituationen realisieren", lautet Bodacks Überzeugung. Zusammen mit Frank Kellenberg teilt er sich die Verantwortung im Unternehmen.

Wenn sich der Wohnberater nach dem Kennenlernen den Wohnraum anschauen kann, genügt der erste Eindruck oft schon für ein grobes Konzept. Je nach Bedarf kann das Bild nach und nach verfeinert werden. Wie sind die Lichtverhältnisse? Wie werden die Raumelemente angeordnet? Welche Akzente lassen sich setzen? Stefan Bodack und Frank Kellenberg haben die Erfahrung gemacht, dass jede Situation einzeln zu betrachten ist. Ihr Schwerpunkt liegt auf der individuellen Planung und ehrlichen Beratung. Als Innenarchitekt und gelernter Schreiner kann Stefan Bodack

„Es gibt viele Tricks und Kniffe, die bei der Einrichtung zu beachten sind."
– Stefan Bodack und Frank Kellenberg (re.)

Vielfältige Möglichkeiten: Von der individuellen Konzeption über die Zusammenarbeit mit exklusiven Herstellern bis zur Realisierung durch kompetentes Handwerk deckt Bodack & Kellenberg ein breites Spektrum ab.

Vieles selbst kreieren. Bei der Ausführung kommen die Partner ins Spiel. Unterstützt wird er dabei von ausgewählten Herstellern aus den Bereichen Möbel, Leuchten, Textilien und Accessoires. Mit einem breit aufgestellten Team aus Handwerkern lassen sich sämtliche Arbeiten für Privatkunden anbieten. Der Qualitätsanspruch ist weit gefasst. Schließlich müssen auch die Verarbeitung und die Optik der Zeit standhalten. Massiv verarbeitete und ,zeitlos' schön geformte Möbel würden mit kleinen Abnutzungen sogar noch schöner werden, fügt Stefan Bodack hinzu.

„Es gibt viele Tricks und Kniffe, die bei der Einrichtung zu beachten sind." Dezent getönte Wände würden sofort sehr viel mehr Atmosphäre verbreiten als eine reinweiße „klinische" Optik. Bunte Tapeten und ausgefallene Objekte? Eher weniger. Gediegenheit und Komfort? Oh ja! Gemütliche, große Sessel und Sofas, auf denen jeder noch sitzen und nicht nur herumlümmeln kann,

sind wichtig. Das Zuhause sollte Ruhe vermitteln. Draußen ist es hektisch und laut genug. Daher lieber ein paar gezielte Akzente als überall ein bisschen Dekoration. Als ein sehr sinnlicher Mensch setzt der Wohnberater insbesondere auf „schöne Oberflächen", sprich Materialien wie Holz, Marmor, naturbelassenen Stein und feine Stoffe wie Leinen, Seide und Wolle. „Es muss eben alles ein bisschen liebevoller sein." Niemand sei deswegen gezwungen, seinen Stil zu ändern. Denn die Ausstattungsobjekte sind „neutral" gehalten und passen sich verschiedenen Situationen an. So kann aus der Vielfalt eine harmonische Einheit entstehen.

Lebens-
qualität in allen
Facetten

*Was die gelungene Atmo-
sphäre eines Raumes
ausmacht*

von Rainer Hilf

Die Franken, groß im Kleinen und klein im Großen, sorgten dafür, dass sich mittelalterliche Enge und Winkeligkeit Nürnbergs länger bewahrten und die Fragmente der Vergangenheit sich besser als in anderen europäischen Städten erhielten. Erst nach der Vernichtung von 1945 setzte der planende Zugriff neuzeitlicher Stadtgestaltung behutsam und mit Feingefühl ein.

Die Überreste als Basis für den Aufbau zu verwenden, entsprang keineswegs einer Verherrlichung der Vergangenheit oder mangelnder Kreativität. Es galt vielmehr, im Wandel das Bleibende zu sehen und solche Eigenschaften wie „Unverwechselbarkeit" oder „Charakteristik" wieder ernst zu nehmen. Architektur sollte in seinen verschiedenen Maßstabsebenen vom Gebäudeinneren bis zur Stadtgestalt erlebbar werden.

Wer Nürnberg nicht nur als Touristen-Anlaufpunkt abhaken will, sollte sich der Stadt von verschiedenen Seiten nähern. Einmal wird er diese vortreffliche und zugleich vielschichtige Stadt, ihre Geschichte, ihre Baudenkmäler, die Menschen und ihren Lebensstil und nicht zuletzt das Umland als Gesamtheit begreifen. Zum anderen wird er nicht umhin können, auch die kulturellen, geistigen und leiblichen Genüsse zu erfahren.

Wer im Herzen der Altstadt in einem der alten Wirtshäuser einen Platz findet und es sich dort bequem macht, wird noch eine Ahnung von der ausgeprägten Gastronomie erhalten, die in ihrer Blüte – mit ihren Weinschenken, Bierwirtschaften, Kaffeestuben bis hin zu einer türkischen

Teestube – als das Inbild „deutscher Gemütlichkeit" und „Gemüthaftigkeit" weit über die Grenzen Nürnbergs hinaus bekannt war. Während vom wesentlich größeren München damals nur um die 170 Wirtshäuser überliefert sind, brachte es die Noris bereits 1806 immerhin auf die erkleckliche Anzahl von mehr als 270 Gastwirtschaften. „Zu den persönlichen Eigentümlichkeiten des echten Nürnbergers gehöre auch seine Vorliebe für kleine, engbegrenzte Wirtshausräume; je niedriger und abgeschlossener dieselben seien, um so traulicher würden sie ihm erscheinen", so geschrieben in der „Gartenlaube" des Jahrganges 1878. „Und" – so fährt der vormalige Berichterstatter fort – „eine große, luftige Bierhalle nach Wiener, Berliner oder Hamburger Art (man bemerke den „Boykott" Münchens!) würde in Nürnberg nur durch den Fremdenbesuch lebensfähig sein, obschon der einheimische Bierkonsum den anderer gleich bevölkerter Städte (wohlgemerkt) wohl noch übersteige."

Was ist das Geheimnis einer wohltuenden Umgebung?

Die Zeiten und die individuellen Ansprüche haben sich geändert. Geblieben ist das Bedürfnis nach Räumen, die den Gästen für die Dauer ihres Aufenthalts Wohlgefühl vermitteln. Was aber ist das Geheimnis einer wohltuenden Umgebung? Was ist, unabhängig von der Befriedigung unseres Gaumens und dem Zuspruch einer freundlichen Bedienung, der Schlüssel für ein reizvolles Restaurant? Was ist der Anreiz für den Besuch eines sehenswerten Museums? Natürlich in erster Linie die aufsehenerregenden oder ungewöhnlichen Exponate! Doch gibt es hier wie beim Restaurantbesuch noch andere Faktoren, die bewirken, dass wir uns wohlfühlen, ohne uns deren Einfluss bewusst zu sein. Was lässt uns mehrere Stunden auf demselben Platz in der „Meistersingerhalle" ausharren, wenn uns nicht gleichermaßen ein bequemer Konzertstuhl sowie die Gestaltung, die Raumakustik und das Raumklima darauf einstimmen würden?

Oft fühlen wir uns in bestimmten Räumen wohl, sind entspannt und gelöst, jedoch nur allzu häufig reagieren wir ärgerlich, sind unlustig und verstimmt. Nicht von ungefähr fühlen wir uns manchmal, etwa nach einer Einladung bei Freunden, „geschafft"; nicht nur, weil wir zu viel des guten Essens und Trinkens genossen haben, sondern weil der Raum, in dem wir diskutiert, mit Geschirr geklappert, mit Gläsern angestoßen und mit Stühlen gerückt haben, zu laut, zu „schallhart" war. Wir fühlen uns unbehaglich, sind missgestimmt und weniger leistungsfähig, wenn der Raum, in dem wir arbeiten, schlecht belüftet oder zugig, zu feucht oder trocken, zu kalt oder warm ist. Dagegen sind wir durchdrungen von Wohlbehagen, wenn wir einen lichten Raum betreten, in dem die Proportionen ausgewogen, die Farben abgestimmt, die Beleuchtung koordiniert und Baustoffe sowie Materialien sensibel ausgewählt sind.

Das Leben wird zu einem wesentlichen Teil von wechselnden Reizen bestimmt und der gesamte Muskelapparat ist auf Bewegung ausgerichtet, nicht auf statisches Verharren. Das selbe gilt für den „Empfangsapparat", der die Sinnesreize wahrnimmt und steuert. Mit anderen Worten: Wir sind gewöhnt an wechselndes Tages- und Sonnenlicht, an unterschiedliche Tages- und Nachttemperaturen, sogar an veränderliche Luftfeuchtigkeiten. Wird auf diese Eigenheiten etwa beim Entwurf von Licht- und Beleuchtungskonzepten nicht eingegangen, werden sie gehemmt oder gar unterbunden,

fühlen wir uns unwohl. Zu den leicht übergangenen, aber ebenso wichtigen Sinnesreizen gehört auch das Tastgefühl von Händen und Füßen. Damit werden nicht nur Oberflächenstrukturen wahrgenommen, sondern auch die Charakteristika der Materialien und deren Temperatur. Damit kann Wohlgefühl oder auch Abneigung erzeugt werden.

Farben reizen oder beruhigen unsere Gemüter

Gleich bedeutsam in jeder Beziehung, aber gerade auch für die innere Gestaltung und äußere Erscheinung einer Architektur sind Proportionen, Farben und Farbwirkungen. Farben können heiter stimmen oder trist sein, giftig, aber auch lebhaft, süß oder sachlich. Farben reizen oder beruhigen unsere Gemüter, sind Signal für Mensch und Tier. Farben werden als kalt oder warm empfunden und können einen Raum erweitern oder beengen. Neben diesen unwillkürlichen Empfindungen des Menschen spielen bei der Gestaltung seines direkten Umfeldes auch ergonomische Gesichtspunkte wie die körper- und bewegungsgerechte Bemessung von Möbeln und Einrichtungen eine wesentliche Rolle für sein Wohlgefühl und seine Leistungsfähigkeit.

Das Ergebnis der genannten Voraussetzungen macht einen Ort, einen Raum aus. Es erzielt Orte und Architekturen, die beruhigen, animieren, erheben und Räume, die dadurch erlebbarer, fühlbarer werden. Es lässt Lebensfreude entstehen und schafft Atmosphäre. Dies umfasst mehr als nur einen technisch-rationalen Vorgang. Dafür bedarf es neben einem sparsamen und sicheren Umgang mit Material und Energie aufmerksamer Hingabe und hoher Sensibilität für Maß und Differenzierung, vor allem aber für individuelle Bedürfnisse und Besonderheiten. Auch in einer Welt, die sich in hohem Maß über Datenkabel und Bildschirme vermittelt, gibt es einen enormen Bedarf, dem Leben in der Stadt und auf dem Land eine menschengerechte Form zu geben, neue, richtungsweisende Wohnformen und neue Konzepte im Städtebau zu entwickeln, die auf die Anforderungen des demografischen Wandels und des Klimaschutzes abgestimmt sind. Auf diese Weise kann sich Atmosphäre als elementares Erlebnis von Lebensqualität bestmöglich entfalten.

Feinheiten der Raumgestaltung

Im 16. Jahrhundert entwickelte sich in Europa ein Sammlungs-
konzept der frühen Museumsgeschichte. Als Wunderkammern
bezeichnet man Sammlungen, die Objekte unterschiedlichster
Herkunft und Funktion gemeinsam ausstellen. Betritt man die
Geschäftsräume von Justin Interieur, fühlt man sich daran erinnert,
denn hier gibt es eine erstaunliche Vielfalt zu entdecken, die augenblicklich Lust zum Stöbern und Betrachten macht.

Eine fast barocke Fülle an Wohnaccessoires, Kleinmöbeln, Heimtextilien und
Leuchten ist mit Antiquitäten, originellen
Stücken aus fernen Ländern sowie einer
kompletten Kollektion stilvoller Ledertaschen durchwoben – und das nicht irgendwie. Der Betrachter ahnt sofort, dass all
die schönen Dinge bewusst platziert sind,
um miteinander zu korrespondieren. Vor
allem das Zusammenspiel der Farben bereitet dem Auge beim Umherschweifen
und Entdecken großes Vergnügen. „Alle
vier bis sechs Wochen dekorieren wir
unseren Verkaufsraum völlig um", erzählt
Inhaber Jürgen Strößner, „da wir unseren
Kunden immer wieder neue und außergewöhnliche Anregungen geben und ihnen
Impulse für eigene Gestaltungsideen vermitteln möchten. Der richtige Mix aus unterschiedlichen Farbkompositionen spielt
hierbei eine wichtige Rolle."

Viele der Objekte kommen aus kleinen
Manufakturen, sind handsigniert und nur
in limitierter Auflage erhältlich, wie zum
Beispiel die extravaganten Vasen des Bel-
giers Henry Dean. Seine beständige Suche
nach dem Besonderen führt Strößner regelmäßig und europaweit auf Messen, wobei
er bestimmte Hersteller schon gerne zuvor
besucht, um sich neue Kollektionen vor
allen anderen anzusehen. Er möchte seinen
Kunden Novitäten anbieten, die nicht überall zu haben sind.
Doch auch aus eigener Werkstatt kommt
Ausgefallenes: strapazierfähige Kissen und
Plaids in kleiner Stückzahl, maßgeschnei-
derte Bettwäsche, Gardinen oder Teppiche
– und selbst Leuchten, die variabel zusam-

Justin Interieur
Bergstr. 10
90403 Nürnberg
Tel.: 0911 / 2447772
www.justin-interieur.de

Öffnungszeiten:
Montag bis Freitag
10 – 18.30 Uhr
Samstag
10 – 16 Uhr

Objekte aus kleinen Manufakturen und Einzelanfertigungen stehen im Mittelpunkt. Darüber hinaus versteht sich der Einrichtungsspezialist auf die Verarbeitung und Anfertigung von Dekorationen sowie Polsterarbeiten mit feinsten Stoffen.

*„Feintuning für jede
Wohnsituation"
– Jürgen Strößner*

mengestellt werden können. Die Montage vor Ort sowie Bezugsarbeiten in der hauseigenen Polsterei gehören ebenso wie individuelle Anfertigungen und die Erfüllung von Sonderwünschen zum selbstverständlichen Repertoire und Service der Raumgestalter. Begleitet wird all das von umfassender und professioneller Fachberatung. „Feintuning für jede Wohnsituation", fasst es Inhaber Jürgen Strößner zusammen, wobei gewerbliche Räume natürlich eingeschlossen sind. Eine immense Auswahl an Stoffmustern ergänzt das Angebot.

Zu den Marken, die bei Justin Interieur präsentiert werden, gehören Christian Fischbacher, Graser, Schlossberg, Designers Guild, Zimmer und Rohde, Texdecor, Romo und Chivasso sowie die vollständige Kollektion an Stoffen und Möbeln von Missoni.

Opulent geht es in der Weihnachtszeit zu, wenn das Geschäft zu einer Erlebniswelt inszeniert wird. Denn Jürgen Strößner und sein Team verwandeln nicht nur die Innenräume in eine weihnachtliche Szenerie, sondern beziehen gleich das gesamte Haus in die thematische Gestaltung mit ein. In diesem wohnte Ende des 17. Jahrhunderts übrigens die Künstlerin und Naturforscherin Maria Sibylla Merian, was allerdings erst bekannt wurde, nachdem sich Justin Interieur 1998 dort angesiedelt hatte.

Alles so schön bunt hier

Dass sich in einem Blumenladen ein Teil des Sortiments entwickelt, ist nichts Ungewöhnliches. Manuela Hillers Blumenladen aber ist mit keinem anderen vergleichbar. Hier ändern sich nicht nur die Blumen mit der Saison. Nach der jährlichen Sommerpause im August erhält der gesamte Verkaufsraum einen neuen Anstrich, und mehrfach ändert sich im Jahr die Ordnung der Dinge.

Auch das Angebot ist ständig in Entwicklung und hat sich kontinuierlich erweitert. Blumen waren und sind das Faible und die Stärke der Floristin. Zwischen 1990 und 2010 war sie mit in einem Blumenladen bei der Sebalduskirche in der Innenstadt so wie manche ihrer Blumen auch eine exotische Erscheinung. Ausdrucksstarke Farben und originelle Bildideen ziehen sich als Konstante durch ihre Kreationen. „Ich denke mein ganzes Leben in Bildern", sagt die vielseitige und handwerklich geschickte Floristin, die auch ein Talent für bewegte Bilder und Fotostyling hat. Sie hat mit ihrem Team im Übrigen auch schon Wände in Wohnungen gestaltet und ein komplettes Restaurant ausgestattet.

Seit der Eröffnung ihres neuen Ladens in der Nürnberger Nordstadt, der ihr seit November 2010 fast dreimal so viel Fläche bietet wie ihr alter, kann sie verschiedene Stile besser ausleben. Und neben dem Grill-Restaurant „Hunger & Durst" befindet sie sich ebenfalls in guter Nachbarschaft. Üppige, barocke Formen, buntes und poppiges Design und moderner Minimalismus haben im Laden und im Garten ausreichend Platz. Frische und ausgefallene Blumen (Orchideen!) Aufsehen erregende Sträuße, Blumenkreuze und Totenköpfe – seit vielen Jahren Kernbestandteil bei „Hiller" – treffen hier auf bunte Antikmöbel aus Indien, Wohnaccessoires der Pariser Künstlerin Nathalie Lete und Bilder der befreundeten Malerin Ursula Kranz. Das Angebot an Blumen und Kräutern wird ergänzt um Kaffee- und Teemischungen in Bioqualität. Sortiert hat Manuela Hiller den Tee ebenfalls nach Farben.

Hiller
Rilkestraße 16
90419 Nürnberg
Tel.: 0911 / 208060

Öffnungszeiten:
Montag bis Freitag
9.30 – 18.30 Uhr
Samstag
9.30 – 17 Uhr
In der Vorweihnachtszeit
bis 20 Uhr
Im August geschlossen

„Ich denke mein ganzes Leben in Bildern."
– Manuela Hiller

Freude
an der Formgebung

NEOOS
Neues Design
Gostenhofer Hauptstr. 71
90443 Nürnberg
Tel.: 0911 / 8914950
www.neoos-design.com
post@neoos-design.com

Termine
nach Vereinbarung

Die Gestaltung von Raum ist ein weites Feld, oder besser gesagt: eine Aufgabe mit vielen Feldern. Das Steckenpferd des Innenarchitekten Udo Kloos, der spielerisch von einem Arbeitsgebiet zum andern springt.

Zeitgenössisches Design, Kunst und Projektarbeit finden sich bei „NEOOS Neues Design" unter einem Dach wieder. Das Hauptaugenmerk liegt auf der innenarchitektonischen Formgebung. Hinter „NEOOS Neues Design" verbirgt sich kein bloßer Laden, nicht allein ein Showroom, nicht nur ein Planungsbüro, wohl aber von allem etwas. Das Gostenhofer Unternehmen wurde Anfang 2009 eröffnet, mit dem Ziel, zeitgenössische Positionen des Produktdesigns zu präsentieren, eine „persönliche Auswahl zum Ansehen, Ausprobieren, Habenwollen, Kaufen", wie Udo Kloos es selbst formuliert. Bei Ausstellungen mit Bildenden Künstlern, so etwa während der zweijährlich stattfindenden GOHO, den Gostenhofer Ateliertagen, verwandelt sich der Showroom in ein Atelier. Ab Herbst 2011 wird NEOOS mit seinem Platz vor dem Schaufenster zum Gastgeber.

Angedacht sind temporäre Nutzungen als Blumenladen, Eiscafé oder Tapasbar. Design und Architektur sind im Hauptgeschäft von NEOOS, der Formgebung für private und gewerbliche Räume, verschränkt. Kloos geht es darum, „Lebensräume mit hoher Aufenthaltsqualität" zu schaffen, sei es im repräsentativen Eingangsbereich, im Büro, in einer Schule, in der Gastronomie, in der Kantine oder im Einzelhandel – nicht mehr, aber auch nicht weniger. Symbolhaft hat er auch die Litfaßsäule vor dem Eingang zu NEOOS von einer toten Fläche in ein Gestaltungsobjekt umgewandelt. Was hier im Kleinen gelingt, funktioniert auch im Großen, bei komplexen Projekten. „Eine gute Idee zeichnet sich dadurch aus, dass sie nicht sofort sichtbar, aber für einen Ort einfach plausibel ist", lautet Kloos' Maxime. Wenn ein Betrachter das Gefühl hat, dass eine Raumsituation so und nicht anders realisiert werden sollte, ist sie auch stimmig. Und genauso können sich ihm auch die Wege zu NEOOS unmittelbar erschließen. Die Litfaßsäule vor dem Eingang hat Kloos initiativ von einem vergessenen Relikt in ein Gestaltungsobjekt umgewandelt. Seitdem haben andere diese Fläche mit Freude wechselnd neu bespielt.

„Eine gute Idee zeichnet sich dadurch aus, dass sie nicht sofort sichtbar, aber für einen Ort einfach plausibel ist."
– Udo Kloos

Raum für Projekte: NEOOS in Gostenhof

Heimat für Weltbürger

Was richtungsweisendes Bauen ausmacht, lässt sich erst mit historischem Abstand erkennen. Im 20. Jahrhundert wurden Stilelemente geprägt, die als Ausdruck klassisch-moderner Architektur gelten: offene, lichtdurchflutete Räume mit großer Raumhöhe, fließende Grundrisse. Der Architekt und Bauträger Artur Asam transportiert das „befreiende Lebensgefühl" dieser Räume in den aktuellen Wohnungsbau.

raumfrei
Projektentwicklung

Bauerngasse 12
90443 Nürnberg
Tel.: 0911 / 2744790
www.raumfrei.org
info@raumfrei.org

Wenn es um Repräsentationsbauten wie das Neue Museum oder das Nürnberger Schauspielhaus geht, sind Aspekte wie Stadtkultur und Lebensqualität stets ein Thema. Und bei den Wohn- und Geschäftshäusern, den vielen kleinen Einheiten, die das Stadtbild prägen? Den Auftraggebern, die hier das Wort haben, geht es oft mehr um Kostensparen als um Gestaltungsfragen.

Kosteneffizienz hält auch Artur Asam für ein reizvolles und wichtiges Thema. Dabei sei jedoch der kommunale Wohnungsbau der 1920er und 30er Jahre schon viel weiter gewesen als die „belanglos beliebige Discount-Architektur", die unter dem Spardiktat entsteht. In den 20er Jahren habe es in Nürnberg sogar einmal eine große Zeit für modernes Bauen gegeben. Artur Asam meint namentlich den einstigen Oberbau-

rat Otto Ernst Schweizer und dessen „wegweisende", vom Bauhaus-Stil inspirierte Architektur. Schweizers Stadionbau von 1928 wurde inzwischen grundlegend verändert. Die 1930 vollendete Anlage des Milchhofs nahe dem Wörther See blieb zumindest partiell erhalten. Zu Schweizers Erbe zählt auch eine ehemalige Lungenheilstätte, 1929 am Rand von St. Johannis entstanden. Von dem brach liegenden Gebäude ausgehend entwickelte Asams Büro ein beispielhaftes Wohnungsbauprojekt, bei dem er wie schon des Öfteren als Planer und Bauträger zugleich fungierte. Die Wohnanlage an den Pegnitzauen veranschaulicht sehr gut die Werte, für die modernes Bauen nach der Auffassung des verantwortlichen Architekten steht. Außen wie innen sollte der Bewohner ein „urbanes, weltoffenes Lebensumfeld" vorfinden, keine minimalistische „Gucci-Ästhetik", sondern einen

Beispielhaftes modernes Bauen in Nürnberg: 1929 errichtete der Architekt Otto Ernst Schweizer in den Pegnitzauen eine Lungenheilanstalt. Durch sensible Eingriffe und sinnvolle Ergänzungen wurden die beiden Flügel zu zeitgemäßen Loftwohnhäusern umgebaut. Gut 80 Jahre später wirkt das Baudenkmal zeitlos wie am ersten Tag.

Der denkmalgeschützte Hallenbau der Reithalle war Bestandteil der ehemaligen Chevauxlegers-Kaserne zu Zeiten des bayerischen Königs Maximilian des Zweiten (1811 - 1864). Da die militärische Nutzung als Reithalle historisch obsolet ist, wurde das neogotische Sandsteinegebäude in der Nürnberger Bärenschanzstraße nach Jahren des Leerstands in eine zeitgemäße Nutzung als Wohngebäude überführt.

Wohnen im stadtnahen Park – Die fünf Stadtvillen der Wohnanlage in den Pegnitzauen reihen sich ohne Zäune in lockerer Gruppierung am Zufahrtsweg. Sie betonen die Großzügigkeit des Ensembles und geben den Bewohnern die Möglichkeit zum privaten Rückzug.

„Wohnen ist ein wachsender Prozess, die Wohnung mit ‚Ausstellungscharakter' existiert eigentlich nur im Katalog."
– Artur Asam

„super-unprätentiösen und behaglichen Wohnraum".
Bauen ist eine Generationen übergreifende Aufgabe. Die viel zitierte Nachhaltigkeit schließt Wärmeschutz und sparsamen Energieverbrauch ein, lässt sich aber nicht darauf reduzieren. Der Begriff wäre auszuweiten auf den Umgang mit Materialien und Möbeln. Dieser Umgang kann nach Asams Meinung spielerisch sein. Denn Wohnen sei ein wachsender Prozess, die Wohnung mit „Ausstellungscharakter" existiere eigentlich nur im Katalog. Oder als Show-Objekt. Einen solchen Ausstellungsraum, in dem neue Architektur, Kunsthandwerk und klassisch-modernes

Design aufeinandertreffen, hat das Projektentwicklungsbüro in Zirndorf realisiert. Nebenbei können die dortigen Ausstattungsobjekte käuflich erworben werden. Die Zusammenarbeit mit ausgewählten Händlern setzt das Büro „raumfrei" mit einem 2012 fertig gestellten Projekt fort, bei dem eine ehemalige Spielwarenfabrik in der Fichtestraße (Stadtteil Schoppershof) in eine Wohnanlage umgewandelt wird. Gewiss, Bauten der klassischen Moderne sind in Nürnberg eine Ausnahme. Doch der Bedarf an nachhaltiger und zeitlos junger Architektur wurde erkannt. Die genannten Wohnquartiere können in diesem Zusammenhang als vorbildlich gelten.

Licht und Design
mit Wohlfühl-Faktor

Bei der Lichtgestaltung geht es am Wenigsten darum, den Raum irgendwie hell zu machen. Norbert F. Rauh weiß schon seit langem um die weitreichende Bedeutung des Lichts für den Menschen. 1974 gründete er den Leuchtenfachhandel LAMPADA, der von Anfang an mehr bot als den bloßen Verkauf von Beleuchtungskörpern.

Lampada Design
Erlenstegenstr. 90
90491 Nürnberg
Tel.: 0911 / 598770
www.lampada.de
info@lampada.de

**Lampada
Classic & Style**
Äußere
Sulzbacher Str. 118
90491 Nürnberg
Tel.: 0911 / 591418
classic@lampada.de

Öffnungszeiten:
Montag bis Freitag
9 – 18 Uhr
Samstag
10 – 14 Uhr

Design leuchtet: mal frisch und dynamisch, mal gerade und sachlich, mal zeitlos und klassisch.

Inzwischen ist das Unternehmen als das traditionsreichste und größte Lichthaus Nürnbergs auch über dessen Grenzen hinaus bekannt.
Eine Raumatmosphäre zu schaffen, in der Menschen sich wohlfühlen, ist erklärtes Ziel der Lichtgestalter. Die Auswirkungen einer förderlichen oder ungünstigen Beleuchtungssituation sind zwar für viele spürbar, jedoch meist ohne dass sie die Ursachen dafür benennen können. Für eine sinnvolle Lichtgestaltung muss sich ein professioneller Planer und Berater umfangreiche Grundlagen erarbeiten. Die Erkenntnisse zu Konstanten der menschlichen Wahrnehmung sind auch nach 120 Jahren Kunstlicht noch gültig. So sind Menschen daran gewöhnt, dass Licht von oben kommt. Eine weitere Konstante: Das Farbspektrum der Sonne verändert sich im Lauf des Tages. Morgens weist das Licht, für das bloße Auge unsichtbar, einen hohen Blauanteil auf, der stimulierend wirkt, abends einen hohen Rotanteil, der die Sti-

mulation dämpft. Inwiefern diese Erkenntnisse berücksichtigt werden, hängt zusätzlich von den räumlichen Gegebenheiten und den persönlichen Bedürfnissen ab. Wer mit dem Wunsch nach gutem Licht zu LAMPADA kommt, wird nicht nur

die gründliche Beratung schätzen. Sehen lassen kann sich auch das breite Angebot an Leuchten namhafter Hersteller. Zwei Läden, mehrere Schwerpunkte: Im Stammhaus LAMPADA Design in der Erlenstegenstraße finden Liebhaber ausgesuchter Designerleuchten Lichtobjekte ihres Begehrens, bei LAMPADA Classic & Style in der Sulzbacher Straße entfalten klassischer Landhausstil und junges Design ihre Leuchtkraft. Sonderanfertigungen und Reparaturen werden im Haus ausgeführt. Ergänzt wird das Sortiment an Beleuchtungselementen durch Kamine und Möbel in erfrischendem Design.

Erfordern es Projekte im privaten, gewerblichen oder öffentlichen Bereich, kommt die Planungskompetenz der Lichtgestalter zum Tragen. Die Konzeption der Beleuchtung bereits in die architektonische Planung einzubeziehen, ist laut Geschäftsführer Norbert F. Rauh unabdingbar für optimale Lichtlösungen. LAMPADA verfügt über die notwendigen Qualifikationen und langjährige Erfahrung in diesem Bereich. „Licht kann sinnvoll vor allem der planen, der den Markt kennt, der alle wichtigen Messen besucht und viele Kontakte zu interessanten Leuchtenherstellern hat", fügt Rauh hinzu. Natürlich wird hier auch mit anderen Planungsbeteiligten wie Architekten oder Ingenieuren zusammengearbeitet.

Als jüngste Neuerung hat der Fachhändler sein Ladengeschäft LAMPADA Classic & Style umgebaut. Die beiden Läden im Nürnberger Osten haben mit gutem Licht und Design eine Tatsache gemeinsam: dass sie unbedingt sehenswert sind.

Die Gründung des Lichthauses LAMPADA offenbarte Mut und Pioniergeist, so auch die Niederlassung im Stadtteil Erlenstegen anno 1999.

„Licht kann sinnvoll vor allem der planen, der viele Kontakte zu interessanten Leuchtenherstellern hat."
– Norbert F. Rauh

Schöner Leben im Bad

Aus dem Bad nimmt jeder die ersten und letzten Eindrücke für den Tag mit. Das Traditionsunternehmen Dreyer gibt diesen Räumen eine Gestalt. Mit Bädern als Wohn- und Lebensraum, die dazu einladen, sich mit Eindrücken anzufüllen.

Dreyer
Weißgerbergasse 27-29
90403 Nürnberg
Tel.: 0911 / 2375480
www.dreyer-gmbh.de
info@dreyer-gmbh.de

Öffnungszeiten:
Dienstag bis Freitag
11 – 18 Uhr
Samstag
10 – 14 Uhr
und Termine nach
Vereinbarung

Ruhe, Rückzug, Meditation – das Bad hat für jeden eine etwas andere Bedeutung, im Kern geht es allen um das Wohlbefinden. „Wer seine Vorstellungen vom Bad verwirklichen will, muss sich vor allem mit seinen Gewohnheiten, seinen Wünschen und Ritualen befassen, also mit sich selbst", weiß Thilo Dreyer, Geschäftsführer bei Dreyer. Wohlfühlen kann für jeden Menschen etwas anderes bedeuten: ein Whirlpool, eine Sauna oder eine Ablage an der Wanne, auf der Gläser und Kerzen platziert werden können, Musik, Düfte … Das alles ist an die unterschiedlichsten Bedingungen, Farben und Materialien geknüpft.

Eine Herausforderung für die Einrichter besteht darin, die individuellen Wünsche mit den funktionalen Gegebenheiten zu verbinden. Aus dem persönlichen Raumkonzept entsteht ein Grundrisskonzept, das mit Leben gefüllt wird. Erst dann kommt das Design ins Spiel, die Frage, ob der Waschtisch rund oder eckig sein soll, die Möbel farbig oder dezent weiß, die Materialien aus Naturstein, Holz oder Keramik. „Wir sehen es als unsere Aufgabe

an, Gestaltungsmöglichkeiten aufzuzeigen und Kunden auch ein wenig zu führen", so Regine Dreyer, die für Beratung und Planung zuständig ist.

Seit 1995 hat Dreyer wie kein anderer Badspezialist der Region alle Kompetenzen rund um das Bad bei sich gebündelt. Ein eigener Steinmetzmeister, Fliesenleger, Maler und Elektriker sowie Sanitär- und Heizungshandwerker arbeiten mit den Planern und Innenarchitektinnen Hand in Hand. „Das führt bei Badprojekten mit einem hohen Planungsaufwand zu sehr guten Ergebnissen", sagt Regine Dreyer. Die Erfahrung in Sachen Bädern reicht indes weiter zurück als bis ins Jahr 1995. Das Unternehmen wurde 1923 von Dreyers Urgroßvater als Spenglerei mit Installationsbetrieb gegründet. In den 70er Jahren gewann die Installation für Bad und Heizung so stark an Bedeutung, dass sich das Unternehmen ganz darauf spezialisierte. Die Weißgerbergasse ist als erste Anlaufstelle von Dreyer in Nürnberg konzipiert. Die Werkstatt besticht mit zwei konträren Stilrichtungen: zum einen der klassi-

Für alle Wünsche, die das Bad betreffen, eine Anlaufstelle: Dreyer in der Weißgerbergasse.

sche, englische Stil und zum anderen das moderne, puristische Bad mit Produkten von agape und Antonio Lupi. In Erlangen, Dresdener Straße 11, werden die Einrichtungsmöglichkeiten anhand von Einzelstücken und kompletten Bädern gezeigt.

Es ist fast unnötig zu erwähnen, dass jedes Bad natürlich auch klare nützliche Aspekte aufweist. Im Zusammenhang mit den hochwertigen Produkten legt Dreyer besonderen Wert auf Nachhaltigkeit. Das klassisch-elegante Design trägt wesentlich zum Eindruck der Zeitlosigkeit bei. Die schlicht und geradlinig strukturierten Bäder vermitteln Ruhe. Lichtakzente unterstreichen die Architektur. Frei stehende Badewannen und begehbare Duschen ermöglichen eine großzügige Gestaltung. Mit den richtigen Materialien wie Holz und Glas entsteht eine entspannende Wohnlichkeit. Überhaupt rückt das Bad architektonisch näher an die Wohnräume heran und wird zu einem neuen Lebensraum, teils mit direktem Zugang zum Schlafzimmer. Entspannung pur.

„Wer seine Vorstellungen vom Bad verwirklichen will, muss sich vor allem mit seinen Gewohnheiten, seinen Wünschen und Ritualen befassen, also mit sich selbst."
– Regine und Thilo Dreyer

Mut zu aktueller Architektur
Junges Bauen in einer „alten" Stadt

Nürnberg ist keine Stadt, die für ihre moderne Architektur bekannt ist. Sie gibt sich eher bieder, unaufgeregt, manchmal auch langweilig. Wer mit offenen Augen durch die Stadt geht, wird aber auch in Nürnberg gute Architektur entdecken. Gerne hätten wir mehr davon.

von Werner Geim

Zum Thema wird moderne Architektur vor allem, wenn anspruchsvolle Bauten in der Altstadt realisiert werden sollen. Die Debatte über den Augustinerhof in den 1990er Jahren hat sehr weitgehende politische Turbulenzen ausgelöst. Die Schärfe der Debatte verwundert manchmal, wenn man bedenkt, dass die Nürnberger Altstadt doch baulich eine eher junge Stadt ist. Die Altstadt wurde im Zweiten Weltkrieg zu 90 Prozent zerstört. Steppe heißt im Volksmund noch heute ein Teil der Sebalder Altstadt, in Erinnerung an die Zeit, als hier kein einziges Haus mehr stand.
Die Nürnberger entschieden sich für einen pragmatischen Wiederaufbau. Als Ergebnis eines städtebaulichen Wettbewerbes wurde der Entwurf der Nürnberger Architekten Heinz Schmeißner und Wilhelm Schlegtendal, der sich an den historischen Grundrissen orientierte, dem Wiederaufbau zugrunde gelegt. Es entstand eine baulich neue Stadt. Der alte Grundriss und die Topographie geben der Stadt ihren Rhythmus. Wo sinnvoll, wurden die alten

Aula der Akademie
der Bildenden Künste
(Sep Ruf, 1952-1954)

Neues Rathaus am Hauptmarkt, ein Beispiel für die Nürnberger
Wiederaufbaumoderne (Kurt Schneckendorf, 1956)

Grundrisse verändert. Die Straßen wurden in Maßen dem Verkehr
angepasst. Die Pegnitz wurde zugänglich gemacht, der Blick auf die
Burg, den wir heute von der Lorenzkirche aus genießen können,
wurde erst mit dem Wiederaufbau geschaffen. Der Eindruck einer
alten Stadt ist im Grunde mit wenigen alten Bauten inszeniert, die
man auf der Achse vom Bahnhof über die Lorenzkirche und den
Hauptmarkt hin zur Burg erlebt.
Im Wiederaufbau sind auch eine Reihe „echter neuer", moderner Gebäude entstanden. Am bekanntesten sind hier die Bauten
von Sep Ruf, wohl auch deswegen, weil diese heute noch wenig
verändert vorhanden sind. Ruf war von 1947 bis 53 Professor für
Architektur und Städtebau an der Akademie für Bildende Künste
in Nürnberg.
Gleich hinter der Lorenzkirche steht das heutige Bankgebäude
der Raiffeisenbank, ehemals bayerische Staatsbank, erbaut 1949
bis 1951. Ein ruhiger, klar und wohlwollend gegliederter Bau aus
Sandstein, Glas und Stahl in der Farbigkeit der Stadt, ein fla-
ches Walmdach, ein im Innenraum helles Gebäude mit einem
Lichthof, handwerklich gut durchgearbeitet mit schönen Details.
Diese Qualitäten sind alle heute noch sichtbar und erlebbar. Gute
Architektur, die in der Phase des Wiederaufbaus wegweisend für
die Einfügung moderner Architektur in den historischen Kontext
wurde. Die Ruhe und Selbstverständlichkeit, die dieses Gebäude ausstrahlt, kann man auch an anderen Gebäuden dieser Zeit
erkennen. Ein weiterer Ruf-Bau steht zwischen der Äußeren Laufer
Gasse und der Hirschelgasse.

Der Kinokomplex
Cinecitta nahe der
Pegnitz
(Detlev Schneider, 1995)

Ein Wohngebäude mit einer Zweigstelle der Stadtsparkasse, ein unaufdringlicher, fast unauffälliger Bau. Sein wichtigster Bau ist aber wohl das Germanische Nationalmuseum, gleichzeitig das umfangreichste Projekt in seinem Schaffen. Die Bauphase mit 14 Bauabschnitten erstreckte sich über einen Zeitraum von einem Vierteljahrhundert. Nach außen ist das Gebäude ein Solitär, der sich zum Kornmarkt öffnet und ansonsten nach außen verschließt, um als Museums- und Ausstellungsgebäude funktionieren zu können. Die Verbindung von Neuem in Stahl, Glas und Beton mit den Jahrhunderte alten Gemäuern des ehemaligen Katharinenklosters und den Museumsbauten des frühen 20. Jahrhunderts ist das Besondere des Baus. Beim jederzeit lohnenden Besuch des Museums führt dies zu manchmal verwirrenden und überraschenden Raumerlebnissen. Rufs Bauten stehen für die gelungene Verbindung von Moderne

Das Neue Museum
am Klarissenplatz
(Arch. Volker Staab,
1996-1999)

und Tradition. Er hat aber auch außerhalb der Altstadt gebaut, am Stadtrand in der Nähe des Tiergartens steht die Akademie der Bildenden Künste. Mit ihrer Abfolge von Pavillons, offenen Höfen und Plätzen inmitten eines Kiefernwaldes gilt sie als eines der bedeutendsten Bauten der frühen Nachkriegsarchitektur.

Neben Ruf sollen die Nürnberger Architekten und ihre Bauten der Zeit nicht unerwähnt bleiben. Stellvertretend genannt seien hier Fritz und Walter Mayer mit der Stadtbibliothek am Egidienberg, das Neue Rathaus, das Schauspielhaus von Kurt Schneckendorf, das Plärrer-Hochhaus von Wilhelm Schlegtendal oder das CVJM-Haus von Martin Bock. Der Kaufhof neben der Mauthalle in der Königsstraße ist ein Beispiel für die gelungene Einfügung neuer Kaufhausbauten.

Der Wiederaufbau war Mitte der 60er Jahre weitgehend abgeschlossen. In den

Folgejahren sind es immer wieder Einzelgebäude, die Aufmerksamkeit erregen und verdienen. Einige bemerkenswerte Beispiele,
mit denen neue Stadträume geschaffen wurden, die Altstadt gewissermaßen weitergebaut wurde, entstanden in den 90er Jahren.
Es sind dies das Kreuzgassenviertel als neues Wohnviertel mit
Sozial- und Eigentumswohnungen am Kettensteg, der Kinokomplex des Cinecittá an der Pegnitz und das Neue Museum in Nähe
des Bahnhofs.

Beim Neuen Museum, vielleicht dem herausragenden Bauwerk der
90er Jahre in Nürnberg, ist es den Architekten um Volker Staab
gelungen, ein in jeglicher Hinsicht modernes Gebäude in die Stadt
einzufügen und zusammen mit dem vorgelagerten Klarissenplatz
einen neuen Stadtraum zu schaffen. Das Neue Museum gehört inzwischen zu den beliebtesten touristischen Zielen des Landes.

Die Stadt ist in stetem Wandel und gute Architektur ist Ausdruck
ihres Selbstverständnisses. Hier könnten die Nürnberger deutlich
mutiger sein, denn wir bauen für die Zukunft und nicht für den
Augenblick oder die Vergangenheit.

Wohnbebauung im
Kreuzgassenviertel
(Arch. Baufrösche, 1992)

„Ich bin ein absoluter Befürworter von Rekonstruktionen"

Interview mit dem Vorsitzenden des Vereins der Altstadtfreunde, Karl-Heinz Enderle

Einzigartig in Deutschland: Mit 5500 Mitgliedern sind die Altstadtfreunde Nürnberg eine einflussreiche Lobby. Der Verein kümmert sich nicht nur um den Erhalt des historischen Stadtbilds, Vereinsvorsitzender Karl-Heinz Enderle mischt sich auch bei kontroversen Diskussionen um die Altstadt-Architektur ein.

Das Chörlein war einst ein typisches Merkmal von Nürnberger Bürgerhäusern.

▸ Ein Blick zurück: Anfang der 70er Jahre waren die Altstadtfreunde ein Honoratioren-Treff mit 130 Mitgliedern ohne große Außenwirkung. Wie kam es zum beispiellosen Aufstieg des Vereins?

Karl-Heinz Enderle: Es war die charismatische Person unseres im Jahr 2005 verstorbenen Ehrenvorsitzenden Erich Mulzer, der die Altstadtfreunde über 30 Jahre geleitet hat. Er hatte die Zerstörung Nürnbergs im Krieg als Jugendlicher miterlebt. Der Untergang seiner geliebten Heimatstadt ist für ihn zu einem lebenslangen Trauma geworden. Aber er hat Schmerz und Enttäuschung positiv verarbeitet: Mulzer hat die beliebten, kostenlosen Altstadt-Spaziergänge initiiert und mit seinem breiten geschichtlichen Wissen viele Interessierte gewonnen. Er traf damals einfach den Nerv der Zeit.

▸ Heute haben die Altstadtfreunde ein Nachwuchs-Problem: Der Verein spricht hauptsächlich Senioren an.

Enderle: Es ist richtig, unsere Klientel besteht überwiegend aus der älteren Generation. Viele Menschen entdecken erst in diesem Alter ihr Interesse für die Heimatstadt, die eigenen Wurzeln. Natürlich versuchen wir auch seit längerem, Jüngere zu gewinnen. Wir bieten spezielle Kinderführungen an, veranstalten Radführungen und sind mit dem Segway unterwegs. Aber es ist wahr: Die Altstadtfreunde müssen sich weiter verjüngen.

▸ Ihr Verein profilierte sich immer wieder als Nothelfer für mittelalterliche Ruinen. Wie viele Fachwerkhäuser haben die Altstadtfreunde gerettet?

Enderle: Nach dem Fliegerangriff am 2. Januar 1945 war das mittelalterliche Nürnberg zu über 90 Prozent zerstört. Nur ein Bruchteil der Häuser blieb stehen. Heute gibt es noch rund 240 historische Gebäude, wir haben etwa zwei Dutzend – also zehn Prozent dieser Bausubstanz – gerettet. Für die umfassenden Sanierungen hat der Verein rund 30 Millionen Euro aufgewendet.

▸ Eine üppige Summe. Haben Sie so viele großzügige Spender?

Enderle: Schön wäre es. Der mittlerweile verstorbene Industrielle Karl Diehl hat sich uns gegenüber oft sehr generös gezeigt. Auch seine Söhne sind uns noch verbunden. Ansonsten geben die Zuwendungen unserer Mitglieder uns eine feste Basis, pro Jahr können wir in etwa mit einer halben Million Euro rechnen. Uns schmerzt allerdings sehr, dass wir von Firmen kaum Unterstützung erhalten.

Direkt gegenüber von dem Wohnhaus Albrecht Dürers haben die Altstadtfreunde das rechte, kleinere Fachwerkhaus in der Albrecht-Dürer-Straße 30, von Grund auf restauriert. Die Kosten in Höhe von einer Million Euro trug der Nürnberger Industrielle Karl Diehl.

Heiliger Egidius am Haus
Weißgerbergasse 26.
Die Altstadtfreunde
haben die Figur dort
anbringen lassen.

› Das Geld hat der Verein in Vorzeige-
objekte wie die Weißgerbergasse 10, die
Handwerkerhäuser in der Kühnertsgasse
oder auch in die einst unbewohnbaren Be-
hausungen in der Pfeifergasse gesteckt …

Enderle: Gerade die letztgenannten Häuser
im Jakobsviertel sind ein gutes Beispiel dafür, dass die Altstadtfreunde hier Stadtrepa-
ratur betrieben haben. Das Rotlicht-Viertel,
eine wirklich verkommene Gegend, wurde
durch unsere Initiative wieder aufgewertet.
Doch wir haben auch mit vielen kleineren
Maßnahmen das Erscheinungsbild der
Nürnberger Altstadt geprägt: Zerstörte
Chörlein wurden nachgebaut, Fachwerk
freigelegt, Kopien von Hausheiligen und
Madonnen aufgestellt sowie Hauszeichen
rekonstruiert.

› Aktuelles Großprojekt ist der Wiederaufbau des im Krieg zerstörten Pellerhofs, der
europaweit als Prunkstück der Renaissance
bekannt war. Doch für 3,5 Millionen Euro
richten Sie nur den Innenhof und die Fassade des Hinterhauses her. Ist die Rekonstruktion nicht ein Potemkinsches Dorf?

Enderle: Nein, es ist kein Potemkinsches
Dorf und keine Disneyland-Architektur.
Ich bin sicher, dass es in den nächsten
Jahren weitere Rekonstruktionen geben
wird. Ich bin ein absoluter Befürworter
von Rekonstruktionen. Denn Menschen,
die durch die Stadt laufen, sehen meist nur
die Hausfassaden, nicht das Innere. Und
Nürnberg muss sich weiterentwickeln.
Der Römer in Frankfurt, der Domplatz in
Mainz oder der Neumarkt in Dresden – das
sind alles Rekonstruktionen, und es gab bei
jedem Vorhaben Bedenken oder ablehnen-
de Äußerungen. Doch letztlich sind die
Bürger begeistert, nur die Architekten stehen schmollend in der Ecke.

Der Innenhof des im Zweiten Weltkrieg zerstörten, weltbekannten Pellerhauses wird derzeit originalgetreu Stein für Stein wieder aufgebaut.
Die Altstadtfreunde sammeln dafür Spenden.

› Man braucht sich aber nicht sklavisch an die Vergangenheit klammern, Nürnbergs Altstadt muss sich doch auch mit moderner Architektur weiterentwickeln.

Enderle: Das sehe ich ähnlich, nur: Das Neue muss auf das Alte eingehen, den vorhandenen historischen Bestand respektieren. Wo hat uns denn die moderne Architektur innerhalb der alten Stadtmauern weitergebracht? Beim Johannes-Scharrer-Gymnasium, den Universitätsbauten der WiSo, der Dresdener Bank und dem Wirtschaftsrathaus sicher nicht.

› Aber das Neue Museum hat doch einen einzigartigen Akzent gesetzt.

Enderle: Das Neue Museum ist sicher sehr gut gelungen. Das gilt mit Einschränkungen auch für den östlichen Abschluss der Sebalder Höfe. Aber die Ansicht, dass man mit neuer Architektur interessante Kontraste zum Alten setzen kann, halte ich für überholt. Es kann nicht sein, dass die Moderne den historischen Bauten in die Fresse haut, um es einmal drastisch zu sagen.

› Die Altstadtfreunde werden oft als Verhinderer, als Bremsklotz der Moderne wahrgenommen – Stichwort: Volksentscheid Augustinerhof, Kritik am Neubau der Stadtbibliothek.

Enderle: Es stimmt, die Altstadtfreunde sind damals ganz entschieden gegen den Augustinerhof-Entwurf aufgetreten. Das trägt man uns teilweise heute noch nach. Doch viele unserer einstigen Kritiker sind heute froh, dass der überdimensionierte Entwurf nicht realisiert wurde. Der Maßstab stimmte einfach nicht. Auch bei der einzigartigen Nürnberger Dachlandschaft, die man am besten von der Burgfreiung aus bewundern kann, bleiben wir hart. Sie ist die Klammer für die historische Altstadt. Und übrigens: Es ist ja auch keineswegs so, dass die Kritik der Altstadtfreunde an modernen Entwürfen immer gehört wurde. Wir haben uns oft eine blutige Nase geholt.

Die einst abbruchreifen, mittelalterlichen Handwerkerhäuser Kühnertsgasse 18-22 wurden aufwendig hergerichtet. Hier entsteht ein Museum, das über das Leben der kleinen Leute informiert.

Karl-Heinz Enderle

geboren 1951 in Arzberg (Oberfranken), lebt seit 1965 in Nürnberg, seit 2010 Vorsitzender des Vereins der Altstadtfreunde, Mitglied seit 25 Jahren. Außerdem Mitglied im Verein für Geschichte der Stadt Nürnberg. Er arbeitet hauptberuflich als Lehrer für Englisch und Geschichte am Labenwolf-Gymnasium Nürnberg.

› Ein Blick in die Zukunft: Wo sehen Sie die Altstadt in 20 Jahren?

Enderle: Die Gewichte werden sich in Richtung Rekonstruktion verschoben haben. Und ich glaube, dass auch am Hauptmarkt etwas passiert. Die nichtssagende Südseite mit dem toten Schmuckhof, in den sich niemand hinein verirrt, und die Westseite des Platzes müssen sich ändern.

Interview: Hartmut Voigt

Gutes Design darf nicht langweilen

Moderne Antiquitäten – Zunächst erscheint der Name paradox.
Dennoch ahnt jeder sofort, was gemeint ist. Die Brüder Fabian und
Tobias Markus haben sich auf seltene und exklusive Einrichtungs-
gegenstände des 20. Jahrhunderts spezialisiert. Als wahrscheinlich
erster und einziger Einzelhändler in Deutschland konnten sie
hierfür einen Laden in bester Innenstadtlage etablieren.

Markus
Moderne Antiquitäten
Plobenhofstr. 1-9
90403 Nürnberg
Tel.: 0911 / 237730
www.modern-antiques.eu
info@modern-antiques.eu

Öffnungszeiten
Dienstag bis Freitag
10 – 19 Uhr
Samstag
10 – 18 Uhr
Januar und Februar
schließt das Geschäft
täglich eine Stunde früher

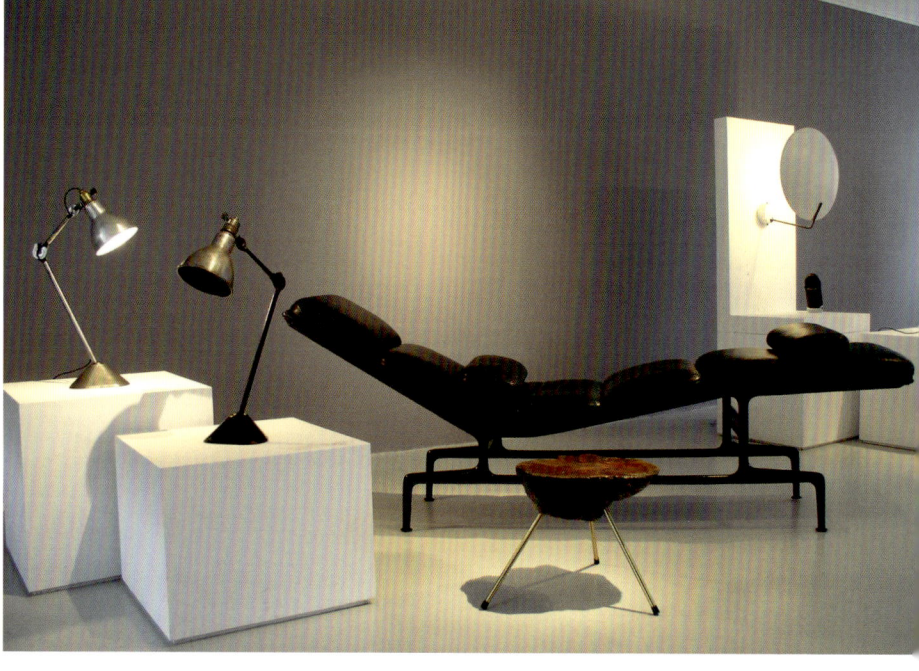

„Eames Chaise" 1968
für Billy Wilder, links zwei
GRAS-Leuchten aus
Frankreich.

Dass die beiden Inhaber Neuland betreten, passt vortrefflich zu den Objekten, die
sie präsentieren. Statt sich überwiegend
auf die bekannten Klassiker Le Corbusier,
Mies van der Rohe und Charles Eames,
zu konzentrieren, wagten sie sich stärker
an Neues heran, an Menschen, die sich
elegantes, avantgardistisches oder auch
witziges Design zutrauten, aber lange im
Schatten der Legenden standen. „In den
vergangenen Jahren erfahren diese gran-
diosen Entwürfe, allen voran italienisches
und französisches Design der 1950er und
60er Jahre, mehr und mehr die Wertschätzung, die sie verdienen", weiß Tobias
Markus. Auf diesen Zug ist er mit seinem
Bruder frühzeitig aufgesprungen. An Antiquitäten ist ihnen schon aus familiären
Gründen gelegen, ihr Vater war im klassischen Antiquitätenhandel tätig.
Nicht nur dass die Brüder Markus ein
spezielles Faible für moderne Antiquitäten
haben, auch das äußere Erscheinungsbild
des Ladens, die moderne Architektur mit
vollflächigen Schaufenstern und offenen
Ebenen, vermitteln hohe Qualität und
Authentizität. Die Lage bringt es mit sich,
dass Passanten immer wieder Exponate
erblicken, die sie so oder so ähnlich

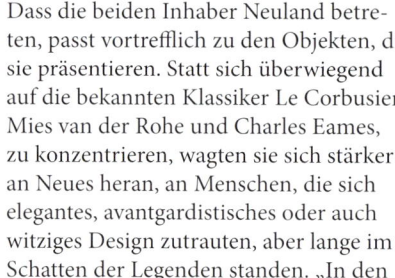

*„Je mehr Stile kombiniert werden kön-
nen, desto besser unterstreichen sie
sich gegenseitig."*

– Fabian Markus

im Haus ihrer Großmutter entdeckt zu haben glauben. In der Regel bezieht das Geschäft seine Stücke jedoch selten aus solchen Begegnungen. Um permanent ein attraktives Angebot vorrätig haben zu können, greifen die Inhaber auf ein großes Netzwerk im In- und Ausland zurück. Ihr Ziel ist es, die Objekte in möglichst gutem Originalzustand zu präsentieren. Dafür müssen sie sorgfältig ausgewählt, gereinigt, geprüft und bei Bedarf restauriert werden. Ihre Qualität bemisst sich vor allem auch daran, dass die Stücke nach Jahrzehnten noch schön erscheinen und schön bleiben. Die Funde werden meistens direkt aus den Ursprungsländern importiert. So auch der skandinavische und mexikanische Silber-schmuck der 1940er bis 1970er Jahre, der das Angebot an Vintage-Design erweitert.

Zusätzlich wurde eine kleine Auswahl an gebrauchtem Diamant- und Goldschmuck aufgenommen. Denn die Inhaber haben festgestellt, dass sich die Kunden hier, auch wegen der Wohlfühl-Atmosphäre des Ladens, insgesamt sehr für hochwertige Design-Produkte interessieren.

Kunst und Mode, Lifestyle und Einrichtung – das eine wie das andere liegt nah bei-einander. „Je mehr Stile kombiniert werden können, desto besser unterstreichen sie sich gegenseitig", sagt Fabian Markus. Das gilt auch für neue und alte Antiquitäten. Die Wechselbeziehung kann anregen, berüh-ren, die Sinne schärfen, provozieren und verführen. Nur langweilen sollte sie nicht.

Design mit optischer Frische. Vorne: kleiner Schreibtisch, 50er Jahre, diverse Leuchten STILNOVO aus Italien, 50er Jahre. Im Hinter-grund: „Womb Chair" von Eero Saarinen.

Tobias Markus

159

Glänzendes Kunsthandwerk

Kerstin Scharowsky ist nicht nur sprichwörtlich eine Expertin klarer Gestaltung. Glas steht bei all ihren Arbeiten im Mittelpunkt. In feiner und geschickter Handarbeit stellt sie Unikate her, die durch schöne Farben und klare Strukturen auffallen.

**fenestra
Glasgestaltung**
Weinmarkt 7
90403 Nürnberg
Tel.: 0911 / 2418511
www.
fenestra-nuernberg.de
info@
fenestra-nuernberg.de

Adresse ab März 2012
Trödelmarkt 47
Am Henkersteg
90403 Nürnberg

Öffnungszeiten:
Dienstag bis Freitag
10 – 18.30 Uhr
Samstag 10 – 16 Uhr

Glas beschäftigt Kerstin Scharowsky schon seit Jahrzehnten. Sie absolvierte eine traditionelle Glaserausbildung, studierte an der Berliner Hochschule der Künste und kam 1985 nach Nürnberg, wo sie damals noch als junge Mutter sogleich eine Werkstatt für Glas eröffnete. In diese Zeit zurück reicht die Zusammenarbeit mit Heidi Engel, die bei fenestra bis heute in der Werkstatt mitarbeitet.

Das Hauptaugenmerk liegt auf Schalen, Bildern, Leuchten und Schmuck aus Glas. Ein wichtiges Standbein bildet zudem das Weihnachtsgeschäft, die Produktion der adventlichen Motive beginnt bereits im Januar. Die Öfen, die Kerstin Scharowsky in ihrer Werkstatt und bei sich zu Hause nutzt, sind für die individuelle Gestaltung unverzichtbar. So kann die Handwerkerin, unabhängig von einer Glashütte, sowohl ihre eigenen Vorstellungen als auch Ideen und Auftragsarbeiten von Kunden in sich stimmig umsetzen. Je nach Objekt sind die Arbeitsschritte unterschiedlich aufwendig. Die Flachglaselemente werden stets aus hochwertigen (Bunt-)Glasscheiben zugeschnitten, geschichtet und verschmolzen. Auf das Schleifen der Kanten folgt bei gebogenen Gegenständen wie Schalen ein zweiter Arbeitsgang. Die Platte wird erneut erhitzt und zu Ende geformt. Vor allem

„Kreativität als innerer Reichtum" – Kerstin Scharowsky und Heidi Engel (li.)

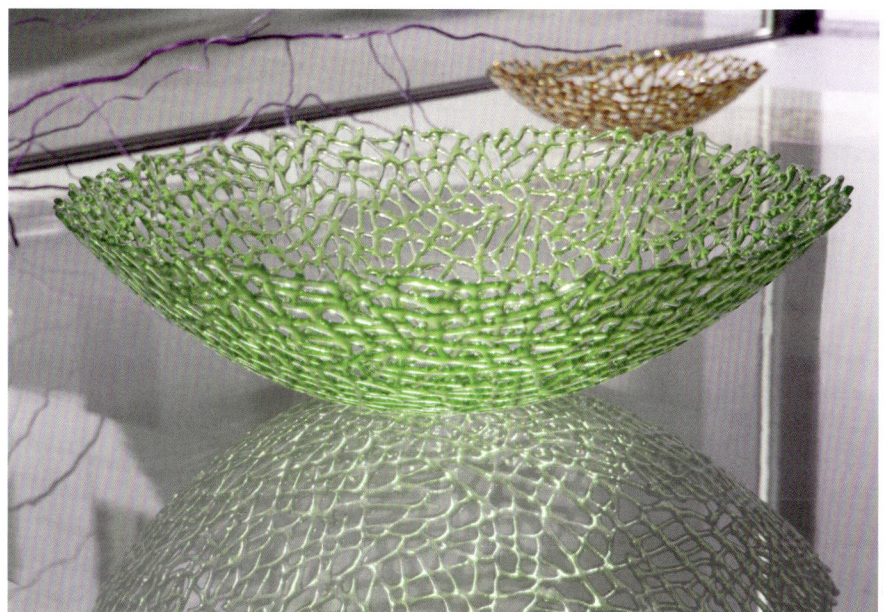

Die Netzschale (diese Seite li.) wird aus schmalen, von Hand geschnittenen Glasstreifen gefertigt. Auch handgearbeiteter Glasschmuck ist sehr gefragt.

die Struktur- und Reliefverschmelzungen erfordern ein hohes Maß an Sorgfalt und Erfahrung. „Die Grundlage ist, dass wir das Handwerk beherrschen", sagt Kerstin Scharowsky. Der Preis berechnet sich denn auch weniger nach der Kreativität, die eine Art „inneren Reichtum" darstellt, sondern nach der Arbeitszeit.

Der Stil von fenestra weist über die Jahre und über verschiedene Gestaltungselemente hinweg eine erkennbare Handschrift auf. Die beiden Frauen mögen die Produkte nicht dekorativ und verspielt, sondern schlicht und ausdrucksstark. Alltagstauglich sind sie alle. Geblasenes Glas, Liebhaberstücke und einzelne Schmuckgegenstände werden zugekauft. Der helle, freundliche Laden mit der Werkstatt spiegelt jedoch längst nicht das gesamte Repertoire wider. Dazu zählen auch architekturbezogene Aufträge, Highlights wie die Verglasung im Treppenhaus einer Nürnberger Schule und die Restaurierung in einer unterfränkischen Wallfahrtskirche. Die Gestaltung von Eingangstüren und repräsentativen Glastafeln sind weitere nichtalltägliche Aufgaben. Die Anregungen zu Entwürfen können dabei von vielen Seiten kommen, nicht nur aus dem eigenen Kopf. Sie stammen manchmal auch von Kunden, die mit ihren Wünschen auf ungeahnte Weise eine neue Entwicklung anstoßen.

Wertbeständig
gegen die Vergänglichkeit

**Antiquitäten
Hanusek**

Weinmarkt 10
90403 Nürnberg
Tel.: 0911 / 224500
www.hanusek.de
hanusek@t-online.de

Öffnungszeiten:
Mittwoch und Freitag
15 – 18 Uhr
Samstag
11 – 15 Uhr

Das wie ein kleines Museum wirkende Geschäft von Antiquitäten Hanusek ist schon von außen eine kostbare Angelegenheit. Wie passt dies zu den unzähligen Gegenständen aus Wohnungs- und Konkursauflösungen, mit denen das Unternehmen sonst noch handelt? Ganz einfach: Wer sucht, der findet.

Eine Lebensaufgabe kann ganz beiläufig eingeleitet werden. So wie im Fall des Firmengründers Heinz Hanusek. 1964 fragte ein Rechtsbeistand den damals 24-jährigen, ob er ihm bei einer Wohnungsauflösung helfen könne. Es blieb nicht bei einer einmaligen Aktion. Aus der Nebentätigkeit erwuchs ein eigenes Unternehmen, das Nachlässe und komplette Sammlungen aufkaufte und wieder verkaufte. Nebenbei

Das liebevoll gestaltete Symphonion, Baujahr um 1900, übersteht auch die nächste Generation der MP3-Player.

erwarb der Firmengründer einzelne Antiquitäten. Der Handel mit ihnen wurde zur professionellen Angewohnheit, die Objekte beflügelten die Sammelleidenschaft des Inhabers, der Grundstein für den ersten Antiquitätenladen, der 1991 in Mögeldorf eröffnete, war gelegt. Nach zwei Umzügen befindet sich das Geschäft heute an expo-

nierter Stelle am Weinmarkt 10. Harald und Horst Hanusek führen den von seinen Eltern Heinz und Renate aufgebauten Betrieb fort. Wohnungs- und Konkursauflösungen in der Größenordnung von ein bis zwei Haushalten pro Tag bilden die Basis des Handels.

„Es gibt keinen Problemfall", sagt der Inhaber. Von der fachmännischen Bewertung über den Ankauf und die Sortierung bis zum Verkauf liegt alles in einer Hand, die leer geräumte Wohnung wird bei Bedarf gleich renoviert. Als Marktplatz für die Gebrauchtwaren dienen zwei umgebaute Scheunen in Fürth, Poppenreuther Straße 154 (Öffnungszeiten: Montag bis Samstag von 15.30 bis 19 Uhr). Hier teilen sich Trödel, Kunst und Krempel einen Platz mit dem Spezielleren, darunter viel Art Deco, Weichholzmöbel, Jugendstil, was Sammler suchen.

Es gibt genügend Gelegenheiten, bei denen die Brüder Hanusek ihrer „Kür", dem Han-

Warmer Glanz aus Barock und Biedermeier. Antiquitäten Hanusek hat sich auf Möbel aus dem fränkischen Raum spezialisiert. Unten: ein fränkischer Nussbaumschrank anno 1680.

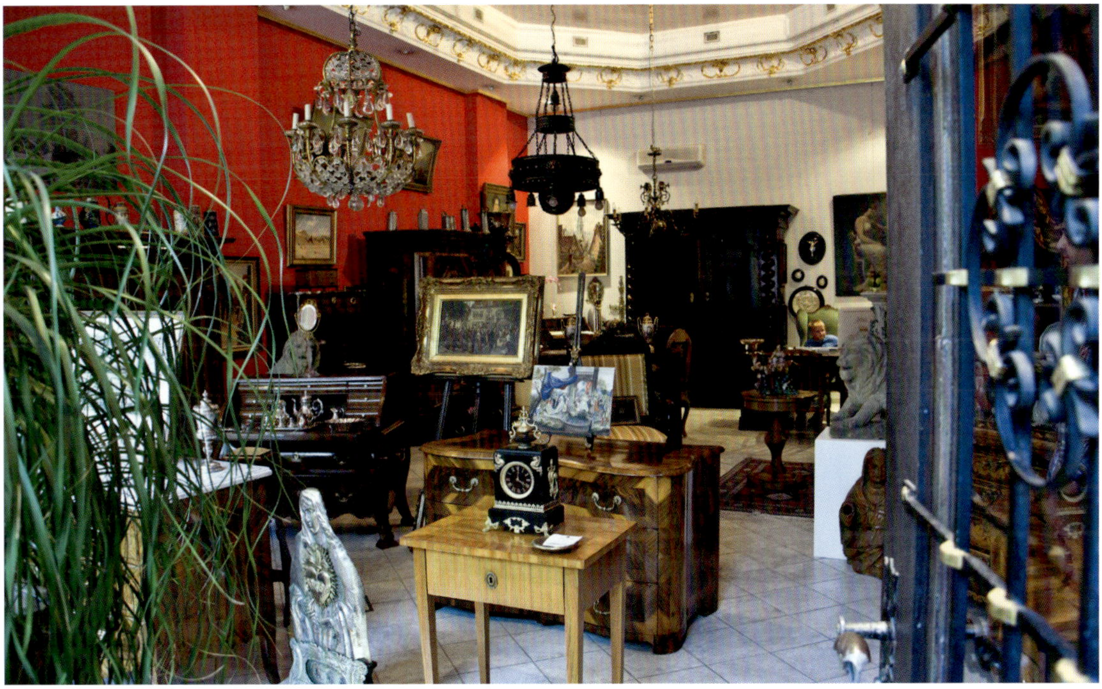

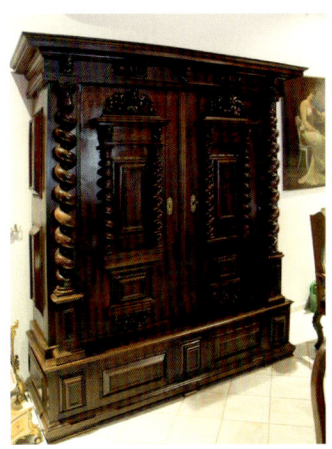

del mit Antiquitäten, nachgehen können. Das Geschäft am Weinmarkt ist wie der Eintritt zu einer verfeinerten Welt, in der der Besucher für Augenblicke die Vergänglichkeit durchbrechen kann. Ausschließlich Wertbeständiges und Edles, vornehmlich aus Barock und Biedermeier, schaffen eine zeitentrückte Atmosphäre. Passen solche Möbel überhaupt in eine moderne, normale Wohnung? Eine Frage, die Harald Hanusek schon häufig mit ja beantworten konnte. „Ein exquisites Einzelstück an einer repräsentativen Stelle – das sieht immer gut aus."

Wichtig ist dem Inhaber der Bezug zum fränkischen oder süddeutschen Raum. „Wir versuchen, regionale Antiquitäten zurückzuholen. Mit Gegenständen, die aus der räumlichen Nähe stammen, können sich die Menschen leichter identifizieren." Möbel, Gemälde, Grafiken, Skulpturen, Schmuck und Edelkeramik von bedeutenden Künstlern oder namhaften Werkstätten sind dabei, erworben durch Nachlässe, Versteigerungen und internationale Einkäufe. Für die eigenen Möbel führt Antiquitäten Hanusek auch Restaurationsarbeiten durch. Achtsam und liebevoll wird der einstige Zustand dabei wiederhergestellt – wie geschaffen, um Glanz in die Wohnung zu bringen.

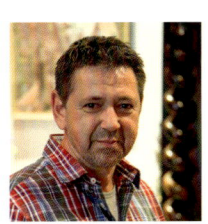

„Wir versuchen, regionale Antiquitäten zurückzuholen."
– Harald Hanusek

Groß im Kleinen

Die Spielzeugstadt im Wandel der Zeit

von Helmut Schwarz

Nürnberg und Spielzeug sind seit über sechs Jahrhunderten untrennbar miteinander verbunden. Am Anfang der lokalen Spielzeugherstellung stehen kleine Figuren aus weißem Ton, die auf die Mode des späten 14. Jahrhunderts hinweisen. Im Jahre 1400 wurden in den städtischen Steuerlisten bereits zwei „Tockenmacher" (= „Puppenmacher") aufgeführt.

Zu den Holz- und Tonpuppen gesellten sich im Laufe der Zeit gekleidete Puppen und andere Figuren aus verschiedensten Materialien. Vor allem Puppen aus Papiermaché wurden in großen Mengen für den Export hergestellt. Hinzu kam reichhaltiges Puppenstubenzubehör aus Zinn, Messing, Weiß- und Kupferblech, ein Nebenzweig des differenzierten Nürnberger Metallgewerbes.

Unter dem Qualitätsbegriff „Nürnberger Ware" verkauften Nürnberger Kaufleute nicht nur heimisches Spielzeug, sondern auch Produkte aus den Zentren der hausindustriellen Holzspielzeugherstellung wie Berchtesgaden und Oberammergau, Thüringen oder dem Erzgebirge. Bereits im 18. Jahrhundert gab es in vielen in- und ausländischen Städten „Nürnberger Läden", wo Eltern Geschenke für ihre Kleinen erstehen konnten. Wer keinen dieser Läden in seiner Nähe hatte, konnte ab 1793 Spielzeug auch aus dem bebilderten Katalog des Nürnberger Versandhandelpioniers G. H. Bestelmeier bestellen. Sein umfangreiches Sortiment reichte von Steckenpferden, Bauspielen und Holzfiguren über Puppenstuben, Kaufläden und Musikinstrumente bis hin zu Gesellschaftsspielen, Zinnfiguren und mechanischen Spielereien.

Aufschwung mit der Industrialisierung

Im Laufe der Industrialisierung wuchs das Nürnberger Spielzeuggewerbe enorm: 1914 gab es in der Stadt nicht weniger als 243 Spielwarenbetriebe! Hinter diesen Zahlen verbirgt sich der Wandel vom Handwerks- zum Fabrikbetrieb und – parallel hierzu – der Übergang von den „alten" Werkstoffen Holz und Papier zum „neuen" Werkstoff Metall. Zahlreiche Blechspielwarenfabriken entstanden, deren Produkte (Eisenbahnen, Dampfmaschinen, mechanische Figuren, Zauberlaternen etc.) eine zunehmend technikbestimmte Zivilisation widerspiegelten. Die bekanntesten dieser Firmen sind: Ißmayer (gegr. 1818), Heß (1826), Bub (1851), Plank (1866), Schoenner (1875), Bing (1879, Handel seit 1863), Carette und Fleischmann (beide 1886).

„Es ist fast kein Kind in der kultivierten Welt, das nicht mit einem Nürnberger Spielwerk tändelte und sich darüber freute; wieviel fehlt einer Stadt, worin kein Nürnberger Laden ist!"
– Johann Heinrich Wilhelm Tischbein, deutscher Maler (1779)

Puppenküche aus dem Besitz des Hauses Wittelsbach, Gebr. Bing, Nürnberg, 1882

Allein die Gebrüder Bing AG beschäftigte um 1910 etwa 2700 Personen, die allerdings nicht nur Spielwaren herstellten. Bing war damals das größte Spielzeugunternehmen der Welt und Nürnberg das absolute Zentrum der Metallspielwarenindustrie. Daneben besaß die Stadt aber auch auf dem Gebiet der Zinnfiguren (Heinrichsen, Haffner), des Holzspielzeugs (Baudenbacher, Hacker, Stief) und der Spiele (Spear, Abel-Klinger) Unternehmen von Weltruf.

Trotz gewisser Einbrüche durch den Ersten Weltkrieg behielt die Spielwarenindustrie auch in den 1920er Jahren große Bedeutung

Lese- und Rechen-Spiel, J. W. Spear & Söhne, Nürnberg, um 1910

◄◄ Linke Seite: Donald Duck, mechanische Spielfigur, Schreyer & Co. (Schuco), Nürnberg, 1937

Tondocken aus Nürnberg, 2. Hälfte 14. Jh. bis Mitte 15. Jh.

Playmobil-figuren aus der Ritterserie, Geobra Brandstätter, Zirndorf, 1974

für die Stadt. Vergleichsweise junge Firmen wie Arnold (gegr. 1906; Schwerpunkt: mechanische Figuren), Schuco (gegr. 1912; bewegliche Filz- und Plüschspielwaren, Autos) oder Trix (gegr. 1925; Metallbaukästen, elektrische Eisenbahnen) konnten sich aufgrund origineller Spielideen erfolgreich auf dem Markt etablieren. Die Weltwirtschaftskrise traf die Spielwarenbranche hart, selbst die Bing-Werke mussten 1932 Konkurs anmelden. Zugleich änderten sich mit der Machtübernahme der Nationalsozialisten die politischen Rahmenbedingungen. Viele jüdische Spielzeugindustrielle und Großhändler wurden ins Exil getrieben. Dieser große Verlust an unternehmerischer Schaffenskraft führte in Verbindung mit dem Auslandsboykott deutscher Spielwaren zu einer starken Schwächung der Branche. Jüdische Unternehmer, die Deutschland nicht verlassen wollten, wurden ihres Vermögens beraubt und ihre Betriebe in „arische" Hände überführt. Mit ihren Familien wurden sie während des Krieges deportiert und ermordet.

Einmal pro Jahr Zentrum der Spielzeugwelt

Nach Kriegsende stand die Spielwarenindustrie vor einem schwierigen Neubeginn. „Spielzeug gegen Konserven" hieß zunächst die Devise, bis nach der Währungsreform 1948 ein rascher Aufschwung einsetzte. Schuco avancierte zum größten Spielzeugproduzenten Europas. Trix, Arnold, Fleischmann, Bub und Lehmann (LGB) machten Nürnberg zum Zentrum der Modelleisenbahnproduktion. Vor allem aber gelang es Nürnberg, Leipzig als führenden Messeplatz der Spielwarenbranche abzulösen. Im März 1950 fand hier die erste Spielwaren-Fachmesse statt. Unterstützt von der Stadt Nürnberg und dem Freistaat Bayern, entwickelte sie sich in relativ kurzer Zeit zur unumstrittenen Leitmesse der gesamten Spielzeugwelt.

Der Strukturwandel und die Globalisierung der Spielzeugindustrie haben in den letzten vier Jahrzehnten auch in der
Nürnberger Region tiefe Spuren hinterlassen. Unter dem
Druck der amerikanischen und asiatischen Konkurrenz
mussten die alteingesessenen Blechspielzeugfabriken aufgeben. Auch Modellbahnhersteller sucht man in Nürnberg
mittlerweile vergebens. Überleben konnten Unternehmen, die
mit innovativen Spielideen, neuer Technik und zeitgemäßen
Materialien auf den Markt kamen: Die Playmobil-Männchen
aus Zirndorf, die Spielfahrzeuge der Fürther Firma Bruder
oder das unverwüstliche BIG-Bobby-Car sprechen hier eine
deutliche Sprache. Alle diese Produkte werden noch in Franken gefertigt, doch andere erfolgreiche Firmen aus der Region
wie etwa die Fürther Simba-Dickie-Group lassen mittlerweile
überwiegend in China und Osteuropa produzieren. Trotz
alledem: Während der Spielwarenmesse darf sich Nürnberg
alle Jahre wieder als Nabel der Spielzeugwelt fühlen!

Schlepp-
tenderlok mit
Uhrwerkantrieb,
Gebr. Bing,
Nürnberg, um
1910

Das ganz normale Abenteuer

Die Frage, wo der Ernst endet und das Spiel beginnt, müssten ein professioneller Spiele-Erfinder und eine Autorin eigentlich leicht beantworten können – meint man. Johann Rüttinger und Kathi Kappler haben die flüchtige Unterscheidung von Spiel und Ernst jedoch längst überwunden.

Drei Hasen in der Abendsonne GmbH
Mühlenstr. 10
91486 Uehlfeld
Tel.: 09163 / 99990
www.hasehasehase.de
verlag@
hasehasehase.de

Sie passen in keine Schublade.
Die Verleger oder ihre Produkte? Beide ...

Kommode gebaut von Wolfgang Vogl aus Bau- und Brennholz, ausgestellt auf der EIGENART in Dachsbach 2011, Entwurf: Johann Rüttinger.

Das Wichtigste an ihrem Beruf sei, ein Spiel ernst zu nehmen und es möglichst gut umzusetzen, sagen sie. Nur so können die Spieler und am Ende auch die Verleger Spaß daran haben. Als selbständiger Werbegrafiker mit Fotostudio entdeckte Johann Rüttinger seine besondere Fähigkeit auf einem Umweg. Er entwarf in den 70er Jahren für fast alle Spielwarenfirmen im Nürnberger Raum nicht nur Prospekte und Kataloge, sondern auch Verpackungen, und als ein Produktentwickler bei noris Spiele in Fürth fehlte, übernahm Rüttinger kurzerhand dessen Rolle. Aus der viel beachteten Premiere wurde ein dauerhaftes Engagement und aus einer Nebenbei-Beschäftigung eine Leidenschaft.

1985 erscheint das preisgekrönte Spiel „Die Drei Magier", es bedeutet den Durchbruch, national wie international. Preise und Auszeichnungen folgen auf dem Fuß mit dem eigenen, 1994 gegründeten Verlag DREI MAGIER SPIELE. Eine stimmige Geschichte als Ausgangsbasis, schöne Grafik und hochwertiges Material kennzeichnen auch die Produkte des Verlages DREI HASEN IN DER ABENDSONNE. Diesen gründete Johann Rüttinger 2008 zusammen mit seiner Frau Kathi Kappler, nachdem sie den Vorgängerverlag aus gesundheitlichen Gründen an Schmidt Spiele in Berlin verkauft hatten. Bei den DREI HASEN erscheinen nicht nur hochwertige Kinderbücher – in Vorbereitung sind zur

Ein lustiges Abenteuer in Reimform für Kinder ab 3 Jahren.

1981 mit dem Pferd unterwegs durch Süddeutschland.

Der Hasenstall in der Abendsonne – die Uehlfelder Mühle.

Zeit u. a. eine Serie von Kartenspielen und ein originelles Geschicklichkeitsspiel. Kathi Kappler kommt vom Schreiben und entwickelte ihrerseits schon überaus erfolgreiche, millionenfach verbreitete Quizspiele. Ihr erstes Taschenbuch im eigenen Verlag erzählt von einem Ritt, den sie als 21-jährige auf einem geliehenen Pferd zu ihrem 250 km entfernten Freund unternahm. Dieser bewirtschaftete zusammen mit zwei weiteren Aussteigern einen Bauernhof auf der Schwäbischen Alb, am Ende der Welt. Die auf einem Tagebuch basierende Erzählung „Mein Ritt zu dir" dokumentiert eine erlebnisreiche, tiefgründige Geschichte und eine Epoche, die mit dem leider oft zerstobenen Traum vieler 68er vom „Leben auf dem Land" bezeichnet werden kann. „Ganz normale Abenteuer" sind es, die für Rüttinger und Kappler den Reiz von Büchern und Spielen ausmachen „Ereignisse, die nur dann passieren, wenn man etwas wagt." Das gilt natürlich auch für die kreative Arbeit. Wer sich nur an dem orientiert, was schon Erfolg hat, produziert irgendwann Langweiliges. Es ist wie im Leben selbst, das sich in Büchern und Spielen spiegelt. Ein gutes Spiel ist daher immer mehr als nur ein Spiel. In jede Richtung anschließbar.

Schnabelgrün-Rätsel

Der tollpatschige Zauberrabe hat aus Versehen seinen Zauberreim verhext.
Es ist aber auch nicht einfach mit der Tastatur eines neuen Computers ...

Wer den Rabenreim enträtselt hat, kann die Lösung an die Hasen schicken (verlag@hasehasehase.de). Und mit etwas Losglück eines unserer Bücher gewinnen.
Stichtage sind der 30. November 2011 (15 Bücher, freie Wahl) und der 31. März 2012 (15 Bücher, freie Wahl).

Viel Spaß beim Rätseln!
Der Rechtsweg ist ausgeschlossen.

Herz
der Spielzeugwelt

Das im Herzen der Altstadt gelegene Spielzeugmuseum beherbergt eine der bedeutendsten Spielzeugsammlungen der Welt.

Spielzeugmuseum Nürnberg
Karlstraße 13-15
90403 Nürnberg
Tel.: 0911 / 2313164
www.museen.
nuernberg.de
spielzeugmuseum@
stadt.nuernberg.de

Öffnungszeiten:
Dienstag bis Freitag
10 – 17 Uhr
Samstag und Sonntag
10 – 18 Uhr
Während des Christkindlesmarktes auch:
Montag 10 – 17 Uhr
Während der
Spielwarenmesse:
täglich 10 – 20 Uhr

Abwechslungsreich präsentiert findet sich auf vier Stockwerken ein breites Spielzeugspektrum von der Antike bis zur Gegenwart. Holzspielzeug aus den klassischen deutschen Spielzeugregionen empfängt den Besucher im Erdgeschoss. Puppen, exquisite Puppenstuben, Kaufläden und Zinnfiguren lassen im ersten Stock frühere Lebenswelten lebendig werden. Die weltweit größte Sammlung von mechanischem Lehmann-Blechspielzeug bietet ebenso viel Vergnügen wie eine schöne Präsentation optischer Spielsachen. Im zweiten Stock belegen Fahrzeuge, Eisenbahnen, bewegliche Figuren und Dampfmaschinen die herausragende Rolle der Nürnberger Spielzeugindustrie auf technischem Gebiet. Höhepunkt ist eine 30 Quadratmeter große Modellbahnanlage im Maßstab 1:64 (Spurweite S). Im Dachgeschoss spannt sich der Bogen vom Bastelwerk der Nachkriegsjahre zum Hightech-Spielzeug der Gegenwart. Bei Kindern besonders beliebt ist ein großer betreuter Spielraum. In den Sommermonaten können kleine Besucher in einem

Staunen drinnen, spielen draußen: Das Spielzeugmuseum mit seiner markanten Renaissance-Fassade ist ein Phantasie anregender Ort für Menschen jeden Alters.

attraktiven Außenspielbereich zudem erleben, wie frühere Generationen gespielt haben. Regelmäßige Führungen durch historische Kellergewölbe geben ungewöhnliche Einblicke in die Welt der optischen Spielereien, und im lauschigen Innenhof lädt ein Café zum Entspannen ein.
Mit seiner umfangreichen Dauerausstellung, weithin beachteten Sonderausstellungen und vielen Mitmachaktionen spricht das Museum Besucher aus allen Alters- und Bevölkerungsgruppen an. Für ältere Menschen ist es ein Archiv fast vergessener Gefühle aus fernen Kindertagen. Kinder lieben das Haus, da es zu aktivem Spiel einlädt. Und Touristen aus aller Welt eröffnet das Museum einen anschaulichen Zugang zur überaus reichen Geschichte der Spielzeugstadt Nürnberg.

„Europäische Hauptstadt des Blattgoldes" – Angesichts dieses Titel, mit dem sich Schwabach heute schmücken darf, vergisst man leicht, dass das Goldschlagen seinen Anfang in Nürnberg nahm. Inzwischen wird allerdings nur noch in der Nachbarstadt in größerem Maß Blattgold hergestellt.

Der goldene Weg nach Schwabach

Goldschlägertradition in der Metropolregion

von Christian Scheuring

Museum im Park – Stadtmuseum
Museumstraße 1 (ehem. Kaserne)
91126 Schwabach
Tel.: 09122 / 833933

Öffnungszeiten:
Mittwoch bis Sonntag
10 – 18 Uhr
Feiertage
(außer 24./25./31.12.)
10 – 18 Uhr

Führungen Goldschlägerstadt und Museum
Termine nach Vereinbarung :
Tel. 09122 / 8 60 241
(Tourismus-Büro)
tourismus@schwabach.de

Goldschläger bei der Arbeit im Jahr 1942.

Das Goldschlägerhandwerk in Nürnberg reicht in das Jahr 1373 zurück. Es vergingen noch einige Jahre, bis 1504 nachweislich hauchdünnes Blattgold am Hochaltar in der Schwabacher Stadtkirche verarbeitet wurde. Dort strahlt der Altar mit seinen beeindruckenden Schnitzereien auch heute noch in seiner originalen Blattgoldfassung. Den Weg zu einer Goldschlägerstadt mit über 500-jährigen Tradition verdankt Schwabach auch den teils schwierigen Arbeitsbedingungen, denen dieses Handwerk in der umliegenden Region ausgesetzt war.

1554 wurde die Goldschlägerei in Nürnberg zum geschworenen Handwerk erklärt. Das Nürnberger Goldschlägerhandwerk erhielt eine Zunftordnung, die die Betriebe innerhalb der Stadt auf 12 begrenzte. Eine Karriere als Goldschlägermeister war daraufhin nur noch durch Geburt bzw. Heirat einer Witwe

eines Goldschlägermeisters möglich. Wie aus Urkunden hervorgeht, wanderte der Blattgoldschläger Jacob Ratzert 1572 vermutlich aus Nürnberg ab und erhielt das Bürgerrecht in Schwabach. Der Versuch, seine Waren nach Nürnberg zu verkaufen, wurde ihm damals gerichtlich untersagt. Ihm sollten indes noch etliche Blattgoldschläger folgen, da die Mieten in dem kleinen Ort Schwabach günstiger waren und die Gesetze weniger streng.

Erst viele Jahre später, im Jahr 1705, siedelte der erste Goldschläger Hans Mayr in Fürth an. Er musste Nürnberg verlassen, da sein liederlicher Lebenswandel in der Stadt Anstoß erregt hatte. Weitere Goldschläger aus Nürnberg, Nördlingen und Augsburg taten es ihm gleich. In Fürth begannen sie damit, Metall zu schlagen (eine Legierung aus Kupfer und Zink).

weiter Seite 173 →

Rehrücken auf Portweinjus mit Steinpilzrisotto

von Dieter Trutschel

Zutaten für 4 Personen:

1,5 kg Rehrücken mit Knochen

400 g Risottoreis (Rundkornreis)

50 g Zwiebelwürfel

4 cl Olivenöl, 500 ml Gemüsebrühe

300 g Steinpilze

40 g frischer Parmesan

Salz, Pfeffer

100 g Zwiebeln grob gewürfelt, je 50 g Karotten, Sellerie, Lauch

20 g Tomatenmark, 0,2 l Rotwein, ca. 0,5 l Gemüsebrühe, Wacholder, Lorbeerblatt, Thymian, 1 EL Preiselbeeren

Für mich kam der erste Kontakt mit Blattgold für Speisen 1978 zustande. Damals ging ich im ersten Gesellenjahr nach Düsseldorf, ins Hotel Hilton. Der Küchenchef kreierte dort eine klare Suppe mit Blattgold. Das war für mich der Auslöser, auch in meiner Küche mit dem Produkt meiner Heimat zu arbeiten. 1986 eröffnete ich in Schwabach die Goldene Sonne. Wir erkochten uns zwei Schlemmerköchlöffel im Aral Schlemmeratlas und waren überregional bekannt. Seit 1992 betreiben wir den fränkischen Traditionsgasthof Goldener Stern direkt am Schwabacher Marktplatz und bieten auch hier ein spezielles Schwabacher Goldmenü an.

Zubereitung:

Den Rehrücken von der Silberhaut befreien und vom Knochen lösen. Die Knochen werden kleingehackt und bei starker Hitze in einem großflächigen Topf angeröstet. Die groben Zwiebelwürfel und das grob geschnittene Gemüse zugeben und mitrösten. Wenn alles schön braun ist, das Tomatenmark zugeben und mit Wasser ablöschen, bis die Flüssigkeit verdampft ist. Diesen Vorgang drei bis vier Mal wiederholen, um eine dunkle Sauce zu erreichen. Beim letzten Ablöschen den Rotwein verwenden, etwas einkochen lassen und dann die Gemüsebrühe zugeben. Salz, Pfeffer und die Gewürze zugeben und alles ca. 1 Std. köcheln lassen. Preiselbeeren zugeben. Dann wird die Sauce abgesiebt und bis auf 0,2 l reduziert.

Für den Risotto die Zwiebelwürfel und Steinpilze in Olivenöl glasig dünsten. Reis zugeben, kurz anschwitzen, die Gemüsebrühe, Salz und Pfeffermühle zugeben. Einen Deckel auf den Topf geben, aufkochen lassen und im vorgeheizten Ofen bei 200 Grad für 17 Minuten garen. Wenn der Risotto fertig ist, den frisch geriebenen Parmesan unterrühren.

Nun den Rehrücken mit Salz und Pfeffermühle würzen, in einer Pfanne ringsherum anbraten, dann in der Röhre bei 60 Grad ca. 50 Minuten langsam garen. Zur Dekoration Blattgold mit einem Pinsel aufnehmen, langsam auf den Rehrücken auflegen. Es sollte nicht flach aufliegen, sondern wie eine Fahne leicht wehen.

Anklang an die Tradition: eine moderne Madonna mit Goldaura (Entwurf: Susanne Rudolph) und eine Bronzeplastik, die an den Schwabach geborenen Komponisten Adolph von Henselt (Entwurf: Clemes Heil) erinnert, an der Stadtkirche in Schwabach.

Diese Entwicklung machte die Stadt im 19. Jahrhundert zum Zentrum der Metallschlägerei. In Nürnberg war den Goldschlägern das Schlagen von Metall seit 1689 verboten, da man eine Konkurrenz zum echten Blattgold fürchtete.

Gewerbefreiheit und Konkurrenzkampf

Die Anbindung an die Bahnlinie Nürnberg-München im Jahr 1849 führte zu einer weiteren Stärkung der Schwabacher Goldschläger. Im Zuge der 1862 eingeführten Gewerbefreiheit löste sich die bestehende Gewerbeorganisation der Blattgoldschläger auf und lieferte die Betriebe einem unkontrollierten, freien Konkurrenzkampf aus. Das machte Schwabach zur Heimat kleiner Familienbetriebe, die in Lohnarbeit unter schwierigsten wirtschaftlichen Bedingungen für Nürnberger und Fürther Händler arbeiteten.

Auf dieser Basis wurde Schwabach zur bedeutendsten Goldschlägerstadt im Deutschen Reich. 1926 erreichte die Goldschlägerei hier ihren Höhepunkt. Man zählte damals 125 Betriebe und ca. 1500 Beschäftigte – bei einer Gesamteinwohnerzahl von 11 800 Einwohnern eine sehr beachtliche Zahl.

Alle notwendigen Lieferanten waren zu dieser Zeit in Schwabach beheimatet. Angefangen bei dem Lieferanten für Gold (Goldscheideanstalt) über die Maschinenfabrik Walter & Mederer, die Hersteller von Goldschlägerformen und die Produzenten der Papierbüchlein, die zum Einlegen von Blattgold benötigt wurden.

Die Gründung des „Kartells für das Goldschlägergewerbe e.V." läutete 1934 den Niedergang des Goldschlägerhandwerks ein. Von da an konnte Feingold nur noch über das Kartell für die Herstellung von Blattgold bezogen werden. Diese Organisation trug auch dazu bei, dass Juden der Handel mit Blattgold untersagt wurde. Damit wurden wichtige Geschäftskontakte jüdischer Kaufleuten und Exportwege für das in Deutschland hergestellte Blattgold zerstört.

1942/43 existierten in ganz Deutschland noch 19 Betriebe, davon allein in Schwabach immerhin 15. Der Zweite Weltkrieg brachte die Produktionen komplett zum Erliegen. Das für die Herstellung benötigte Feingold wurde nicht mehr zugeteilt und die Goldschläger wurden zum Wehrdienst eingezogen.

Nach der Währungsreform konnte eine Kommission erfolgreich über die Freigabe von Feingold für die Blattgoldschlägereien verhandeln. Der Aufbau brachte der Branche einen lange anhaltenden Aufschwung. 1959 arbeiteten wieder 18 Goldschlägerbetriebe mit insgesamt 250 Beschäftigten in Schwabach. Der Übergang von der rein handwerklichen Herstellung zur industriellen Fertigung setzt erst in den 1980er Jahren ein. Unter dem Druck der von Gewerkschaften geforderten 35-Stunden-Woche wurden vollautomatische Blattgoldhämmer und Maschinen für einige Bereiche der Blattgoldherstellung entwickelt. Die Globalisierung hat die Entwicklung der Goldschlägerei in Schwabach in den 90er Jahren stark geprägt. Aktuell gibt es in Schwabach fünf Betriebe, die sich mit der Herstellung von Blattgold beschäftigen. Neue Anwendungen sowie intensive Forschung und Entwicklung sind die Brücken für eine erfolgreiche Weiterführung dieses Handwerks in der Region.

Die Goldschlägerstadt Schwabach bietet Gästen die Möglichkeit, im Stadtmuseum („Museum im Park") eine faszinierende Ausstellung mit fachlicher Führung zum Goldschlägerhandwerk und den vielfältigen Anwendungen zu erleben. Im historischen Schwabacher Rathaus mit seinen vergoldeten Turmdächern wird eine Vielzahl von Produkten mit echtem Schwabacher Blattgold zum Kauf angeboten.

Echtes Blattgold: Faszination mit Tradition

Als der Käsefabrikant Johann Gottlieb Eytzinger 1867 seine Leidenschaft für Blattgold entdeckte, ahnte er nicht, dass sein Unternehmen einmal die älteste und modernste Blattgoldschlägerei Deutschlands sein würde.

J.G. Eytzinger GmbH
Hansastraße 15
91126 Schwabach
Tel.: 09122 / 97650
www.eytzinger.com
www.
gold-cosmetica.com
www.
gold-promotionals.com
www.gold-gourmet.de
gold@eytzinger.com

Termine nach
Vereinbarung

Seit 144 Jahren produziert das Traditionsunternehmen feinstes Blattgold in den unterschiedlichsten Farbnuancen und Formaten. Das Prinzip der Herstellung ist seit alters her ziemlich gleich geblieben. Das Goldschlagen ist weiterhin tief im Handwerk verwurzelt, auch wenn wesentliche Arbeitsschritte heute maschinell ausgeführt werden. Gold, Silber, Kupfer, Platin und Palladium werden je nach gewünschter Goldfarbe legiert. Bei 1200 Grad Celsius wird dann das flüssige Gold zu einem Barren gegossen und heute wie damals erst dünn gewalzt und danach mit unterschied-

lichen Hämmern geschlagen. Selbst die Stärke des Blattgoldes beträgt unverändert 0,000125 mm. Es ist damit etwa 350 Mal dünner als ein normales Haar, hauchdünn also, doch es leuchtet auch dann noch fast genauso intensiv wie das Gold eines Barrens.

Das fertig ausgeschlagene Blattgold wird bei Eytzinger mit speziellen Messern in quadratische und rechteckige Formate von 50 mm bis zu 130 mm Kantenlänge geschnitten und in Büchlein aus Seidenpapier eingelegt. Diese Aufgabe übernehmen vornehmlich die flinken und talentierten Goldbeschneiderinnen. Mit den fertigen Produkten beliefert Eytzinger weltweit Vergolder, Kirchenmaler, Restauratoren, Maler und Steinmetze. Die notwendigen Vergoldermaterialien und Werkzeuge sind ein weiterer wesentlicher Teil des Sortiments.

Die Auswahl an Blattgold umfasst 27 Farbtöne für unterschiedliche Anwendungen. Traditionell dient es der Veredlung von Oberflächen im Innen- und Außenbereich,

„Kein anderer Goldschläger deckt so viele Bereiche ab und belegt diese zugleich mit so vielen Zertifikaten, wie wir es tun."
– Christian Scheuring

Seit 5000 Jahren schmückt Blattgold Denkmäler, Architektur, Kunstwerke und Menschen. Mit Gold-blättchen für Essen und Getränke sowie Blattgold für kosmetische Anwendungen geht J.G. Eytzinger neue Wege.

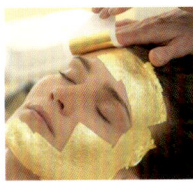

bei Kirchen, Moscheen, Tempeln, Altären, Palästen, Wetterhähnen, Kirchturmuhren, Wirtshausschildern, Bilderrahmen, Stuck-decken, Figuren, Grabinschriften, Kunstob-jekten und vielem mehr.

Gefragt ist Eytzinger vor allem auch für seine Innovationen rund um das edle Material. Das Unternehmen hat als erste Goldschlägerei Europas die Produktion von Blattgold für die Verwendung im Le-bensmittel- und Kosmetikbereich angemel-det. Blattgold kann zum Beispiel Pralinen, Schokoladen und Desserts zieren, in Form von Flocken in ein Glas Sekt gestreut werden und überall bedenkenlos mitver-zehrt werden. Beim kosmetischen Einsatz unterstützt es nachweislich die Hautstraf-fung und trägt zu einem besseren Hautbild

bei. Aktuelle Entwicklungen aus Blattgold veredeln Produkte aus dem Markt der Werbemittel.

Ein freundliches Krokodil ziert alle Pro-dukte der Goldschlägerei. Das eingetragene Markenzeichen verdankt das Unterneh-men einem Sohn des Firmengründers, der sich vor über 100 Jahren dem ausgefal-lenen Hobby der Krokodiljagd widmete. Eytzinger orientiert sich bei der Herstel-lung nach den Worten des Geschäftsführers Christian Scheuring stets am „Nutzen für den Kunden". Dabei unterscheidet sich das Unternehmen im Hinblick auf die Breite und die Spezialisierung der Anwendun-gen deutlich von anderen Goldschlägern: „Kein anderer Goldschläger deckt so viele Bereiche ab und belegt diese zugleich mit so vielen Zertifikaten, wie wir es tun."

Für den Tag und darüber hinaus

Schmuck für jeden Tag – diese Aufgabe meistert
die Gold- und Silberschmiedin Barbara Weinberger
seit 25 Jahren mit klarer Form und selbstbewusstem
Esprit in handwerklicher Perfektion.

Atelier für Schmuck
Barbara Weinberger
Tucherstr. 22
90403 Nürnberg
Tel.: 0911 / 224057
www.
barbaraweinberger.de
webmaster@
barbaraweinberger.de

Öffnungszeiten:
Mittwoch bis Freitag
13 – 18 Uhr
Samstag
11 – 16 Uhr

Um ihr Faible für Farbe auszuleben, verarbeitet sie in „mittelalterlicher Technik" bunte Steine zu zeitgemäßem Schmuck. Ihre Ringe, Ohrringe und „Halsschmücker" sind Unikate in unverkennbarer Handschrift: rund oder quadratisch, selbstverständlich, unabhängig von modischen Strömungen und bezahlbar.

Zu finden sind die Stücke in ihrem Atelier für Schmuck. Das Atelier ist Laden und Werkstatt zugleich und schärft ihr Gefühl, für wen sie arbeitet. Hier kann Barbara Weinberger an Umsetzungen tüfteln, schmieden, löten, Steine schleifen, formen – und Kundinnen treue Begleiter fürs Leben ans Herz legen.

In ihrer offenen Werkstatt setzt Barbara Weinberger Schmuck ganz reduziert, aber sehr wirksam in Szene.

Barbara Weinberger geht es um das Gestalten von Dingen. Dazu arbeitet sie gerne an einem Thema und erprobt dessen Variationsbreite. Mal sind es Ringe, mal Ohrringe, dann Anhänger oder Halsschmuck. Stolz ist sie auf einfache, aber effektvolle Mechanismen, wie beim Ohrring „Duo". Hier drehen sich zwei Steine um die Achse des im Ohrläppchen steckenden Bügels und bannen den Blick des Betrachters.

Sie verwendet klassische, über Jahrhunderte bewährte Materialien: meist Gelbgold im hohen Feingehalt von 750/000 und Silber 925/000. Nach alter Goldschmiedetradition verarbeitet sie auch unbehandelte gemugelte Edelsteine und gestaltet passend zum Stein und dem übergeordneten Thema Fassung und Halterung. „Als erstes kommt der Stein auf mich zu, dann baue ich rundherum ein perfektes Zuhause." Und wozu all diese Geräte? Barbara Weinberger schmiedet mit kleinem Amboss und Hämmerchen. Sie lötet mit Borax. Zum Bohren von Metall dient eine große Industriebohrmaschine. Besondere plastische Steinformen entstehen in der eigenen Steinschleife im Keller. Fertigteile oder Halbzeuge verwendet sie grundsätzlich nicht.

Klar, solch handwerkliches Können und gestalterische Sensibilität brauchen ein grundlegendes Fachwissen. Von 1975 bis 1978 bildete sich Barbara Weinberger an der Fachschule für Glas und Schmuck Kaufbeuren-Gablonz bei Meister Nikolaus Epp zur Silberschmiedin aus. Darauf studierte sie an der Akademie der Bildenden Künste in Nürnberg Gold- und Silberschmiedekunst bei Professor Erhard Hößle. Seit 1984 ist sie selbständig in Nürnberg tätig. Als Ausstellerin internationaler Fachmessen und renommierter Galerien, aber auch als Trägerin wichtiger Ehrungen hat sie sich einen Namen gemacht. Sie erhielt u.a. den Herbert-Hofmann-Preis, den Hessischen und den Bayerischen Staatspreis. Als Dauerleihgabe der Danner-Stiftung befinden sich einige ihrer Arbeiten in der Pinakothek der Moderne, München, in der Abteilung der Neuen Sammlung. Seit Anbeginn ist Barbara Weinberger Teilnehmerin der Ateliertage. Seit 1996 führt sie das Atelier für Schmuck. Neben eigenen Kreationen zeigt sie dort regelmäßig auch Schmuck aus anderen kleinen Manufakturen. Denn, so formuliert sie ihr Ziel: „Ich mache die Dinge, damit sie wandern und an anderen Menschen glänzen."

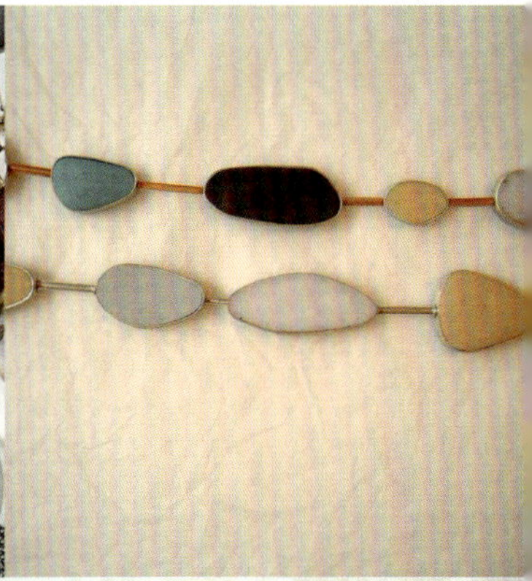

„Ich mache die Dinge, damit sie wandern und an anderen Menschen glänzen."
– Barbara Weinberger

Einfach schön

**Silberschmiedin
Gabriele Knebel**
Unschlittplatz 5
90403 Nürnberg
Tel.: 0911 / 1308250
www.gabrieleknebel.de
mail@gabrieleknebel.de

Öffnungszeiten:
Dienstag bis Freitag
11 – 14 Uhr
und 15 – 18 Uhr
Samstag
11 – 16 Uhr

Kein Firmenschild weist auf die puristischen Schönheiten hin, die an traditionsreicher Adresse am Nürnberger Unschlittplatz zu finden sind. Und das ist auch nicht nötig: Denn kaum jemand, der an dem mittlerweile aufwendig restaurierten Gebäude vorbeikommt, kann sich dem Bedürfnis entziehen, einen Blick hinter die Fensterscheiben zu werfen.

Dort gibt es, neben zahlreichen Werkzeugen und einer eleganten Blumenamphore, eine Auswahl an Silberobjekten zu sehen, deren schlichte Schönheit augenblicklich eine starke Präsenz entfaltet.

2003 hat sich Silberschmiedin Gabriele Knebel, die nach ihren Gesellenjahren noch an der Akademie der Bildenden Künste in der Klasse für Gold- und Silberschmiede studierte, mit ihrer Werkstatt in der ehemaligen Kunst- und Bauschlosserei August Hering niedergelassen. Letzteres steht noch heute in pittoresker Schrift auf der Fassade zu lesen, um die Historie des Gebäudes aus dem 16. Jahrhundert ranken sich einige, mitunter obskure Geschichten.

In der Gegenwart bestehen Werkstatt und Laden Gabriele Knebels als funktionale und ästhetische Einheit, was von Anfang an auch ihre Absicht war. So betritt der Kunde keinen separaten Showroom, sondern den Ort, an dem die Meisterschülerin arbeitet und ihre Arbeiten präsentiert.
Die selbstverständliche Eleganz, mit der sich die silbernen Objekte – vom dezenten Schmuckstück bis zur massiven Silberschale – inmitten schwerer Werkzeuge zeigen, spiegelt den Umgang der Silberschmiedin mit ihrem Material. 40 Hämmer sind es, die ihr zur Verfügung stehen, um das

Silberne Eleganz: mal hochglanzpoliert, mal mit dem Hammer geschlagen.

edle Metall zu bearbeiten und aus diesem Objekte zu schaffen, deren Erscheinung sie zielsicher auf das Wesentliche reduziert.

Eine große Klarheit in der Definition der Linien und das klassische Design machen die Werke Knebels aus. Die handwerkliche Perfektion ist deutlich sichtbar und die Frage, warum es oft nur eine Version

beispielsweise eines Schlüsselrings oder Manschettenknopfes gibt, stellt sich dem Betrachter gar nicht, denn die Stücke sind von zeitloser Schönheit, die keine Variationen braucht. Zu den Accessoires gehören weiter eine markante Gürtelschließe oder witzige Kleinobjekte, wie etwa eine Bierspitze als Pendant zur Zigarettenspitze. Schmuckstücke – Hals- und Armschmuck oder Ringe – entstehen bewusst in kleiner Serie, ebenso Schalen und Vasen.

Da Gabriele Knebel gerne immer wieder den Rahmen sprengt, fertigt sie auch außergewöhnlich große, handgeschmiedete Schalen oder Bodenvasen als Unikate. Die Herstellung sakralen Geräts, vor Jahrhunderten noch Hauptaufgabe der Silberschmiede, ist heute auf Bestellung möglich. Dass sogenanntes profanes Gerät nicht aussehen muss, wie es heißt, zeigt Knebels Pfeffermühle, die 2002 in die Neue Sammlung München aufgenommen wurde.

Wichtig ist Gabriele Knebel der ganz persönliche Umgang mit ihren Kunden: So bekommen diese regelmäßig handgeschriebene Postkarten, auf denen neben neuen Schmuckstücken auch mal das aktuelle Urlaubsdomizil zu sehen ist.

Silberschmiedin
Gabriele Knebel

Eigene Formensprache und handwerkliche Perfektion

Schmuck-Design und Kunst ergänzen sich: Bei GalerieVoigt fließt beides vortrefflich ineinander.

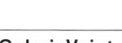

GalerieVoigt
Zeitgenössische Kunst

Obere Wörthstraße 8
90403 Nürnberg
Tel.: 0911 / 2429995

Schmuckgalerie
Obere Wörthstraße 1-3
90403 Nürnberg
Tel.: 0911 / 2429990

www.galerievoigt.de
info@galerievoigt.de

Öffnungszeiten:
Montag bis Freitag
10 – 18.30 Uhr
Samstag
10 – 18 Uhr

Die GalerieVoigt, 1972 von Beate Voigt gegründet und 1983 von Eva Grossmann übernommen, ist mit drei Geschäften in Nürnberg präsent: mit Kunst und Schmuck in der Oberen Wörthstraße und mit einer eigenen Rahmenwerkstatt in der Äußeren Sulzbacher Straße 24. Junge Künstler, aber auch namhafte Repräsentanten der Gegenwartskunst wie Georg Baselitz, Markus Lüpertz und A.R. Penck sind mit Werken in der Galerie vertreten. Direkt gegenüber präsentiert die GalerieVoigt in einem eigens dafür gestalteten Raumkonzept über 50 namhafte Schmuckdesigner und Manufakturen. Der große Raum bietet zugleich einen niveauvollen Ort für Vernissagen und andere Veranstaltungen.

Eine jeweils ganz eigene Formensprache und die handwerklich perfekte Verarbeitung sind allen Schmuckgegenständen gemeinsam. Das Angebot spricht unterschiedliche, teils sogar gegensätzliche Geschmäcker an. Da gibt es spielerisch geformte Ringe von Monika Seitter neben formal stark reduziertem Goldschmuck von Ulla und Martin Kaufmann, präzise gearbeiteten Schmuck des Brasilianers

Antonio Bernardo, Arbeiten von André Ribeiro, der konträre Materialien wie Kautschuk und Diamanten kombiniert, Ringe wie Skulpturen von Angela Hübel, Georg Sprengs Eistütenringe aus 18-karätigem Gold und tragbare „Kartoffel-Chips" aus Platin. Ebenfalls exklusiv vertreten sind Designer, die als Wegbereiter ihres Metiers gelten: Carl Dau, Niessing, Jochen Pohl. Etliche Stücke haben höchste Designpreise erhalten, einige Objekte finden sich in Museen oder Sammlungen. Exklusive Schmuckmarken wie Tamara Comolli, Pomellato und Marco Bicego ergänzen das in seiner Vielfalt einzigartige Konzept. Die Präsentation ehrt nicht nur die Designer, sondern auch die Galerie. Die renommierte Zeitschrift „Schmuck Magazin" zeichnete die GalerieVoigt 2011 daher in der Kategorie „Design" als bestes Schmuckgeschäft im gesamten deutschsprachigen Raum aus. Dass die GalerieVoigt sich stilistisch nicht in eine Schublade pressen lässt, findet die Inhaberin gut. „Wir wollen ein bisschen an festgefahrenen Vorstellungen rütteln", sagt Eva Grossmann. Vielleicht gehört das auch zu ihrem Erfolgsgeheimnis.

„Wir wollen ein bisschen an festgefahrenen Vorstellungen rütteln."
– Eva Grossmann

In ihren Vitrinen und Schubläden zeigt die GalerieVoigt Großes, auch wenn der Schmuck noch so klein ist.

Maschen
mit Mission

Grüne Mode ist auf dem Vormarsch.
Sie ist politisch korrekt und sieht top
aus. Nicht nur kleine Labels experimen-
tieren mit „cleanen" Stoffen. Auch die
Großen der Branche bieten grüne
Kleidungsstücke an.

von Annette Sabersky

Die Mode kommt und geht. Mal sind die
Rocklängen kurz, mal lang. Mal sind die
Shirts pastellfarben oder knallig bunt. Und
dann wieder sind die Hosen am Bein eng,
nachdem sie gerade ein, zwei Saisons etwas
weiter waren. Eins aber bleibt nun in einer
Branche, die für ihre schnellen Wechsel
bekannt ist: die grüne Mode. Sie hat sich
in den vergangenen drei, vier Jahren wohl
deshalb durchgesetzt, weil die Zeit einfach
reif dafür war. So wie die Menschen gesund
essen, schlafen und wohnen möchten,
so soll auch die zweite Haut nachhaltig
erzeugt sein und Mensch und Umwelt
nützen.

Anfang der 90er Jahre gab es schon einmal
einen Versuch der Modemacher, Naturmode in den Läden zu etablieren. Esprit,
Otto und der größte europäische Modemacher Steilmann sowie zahlreiche kleinere
Designer zeigten, unter anderem in einer
Sonderpublikation von „Öko-Test", dass
Ecomode nicht „Sack und Asche" bedeutet.
Sondern, im Gegenteil, von der Jeans über
das Sommerkleid und Streetwear bis zum
Businesskostüm alles möglich ist. Doch die
höheren Preise hielten wohl manchen Kunden vom Kauf ab. Und die Zeit war einfach
noch nicht reif für Bioshirts und Ecojeans.

Jetzt gibt es rund 30 Ecostores und jede
Menge Online-Versender mit grünem Mo-
deprogramm. Von Strümpfen und Dessous

Grüne Mode kommt gleich in zweierlei Hinsicht blütenrein daher. Die Designs sind perfekt und die Fasern sauber und fair produziert. Eco-Designer setzten derzeit Maßstäbe für die gesamte Modebranche.

über Hosen, Shirts und Jacken bis zu Schuhen und Accessoires ist alles zu haben. Auch die Großen der Branche haben inzwischen wieder verschiedene grüne Modelle an die Kleiderstangen gehängt. Ob H&M und C&A oder Levi Strauss, Closed und Marco Polo, alle bieten grüne Kollektionen an.

Von der grünen Vielfalt konnten sich Modefans gerade wieder im Juli 2011 überzeugen. Die etablierte Fashion Week in Berlin zeigte, welches Potenzial in Naturmode steckt. Auf dem bekannten Lavera Showfloor konnten sich Modelustige an drei Abenden in 13 Schauen ein Bild davon machen, dass das Jutejäckchen passé ist. Stattdessen gab es legere Prêt-a-porter-Mode, Avantgarde und sogar Haute Couture.

Immer mehr Biobaumwolle

Gemein ist den grünen Teilen, dass dafür Baumwolle, Leinen oder Hanf aus kontrolliertem Bioanbau verwendet wird. Auf dem Acker verzichtet man also auf giftige Pflanzenschutzmittel und synthetische Düngemittel. Auch Gentechnik ist auf dem Feld tabu. Mehr als 220.000 landwirtschaftliche Betriebe und hier vor allem in Indien und Afrika bauen heute – oft unter der Regie von Frauen – Biobaumwolle an. „Wir denken, dass der Markt für Bio-Baumwolle in den nächsten Jahren um 20 bis 40 Prozent steigen wird", schreibt Larhea Pepper von der Organisation Organic Exchange in einem Bericht zum globalen Biobaumwollmarkt. Bislang beläuft sich der Anteil der Biofasern am gesamten Baumwollmarkt allerdings erst auf knapp unter einem Prozent.

Die Erzeugung biologischer Fasern ist die eine Seite. Doch da wäre auch noch die Textilproduktion, und die ist oft noch gar nicht „clean". Ein Kleidungsstück durchläuft vom Spinnen und Weben über das Bleichen, Färben und Ausrüsten eine Vielzahl Schritten, in denen es mit Chemie in Berührung kommen kann – oder eben nicht. Zwar haben manche Textilfirmen in den vergangenen Jahren ihre Chemieregale entrümpelt, und einige verzichten auch schon ganz auf Formaldehyd und Bleichmittel. Doch noch lange ist hier nicht alles im grünen Bereich. So bietet die Modekette H&M zwar eine Vielzahl von Textilien aus Biobaumwolle an. Doch die Verarbeitung von der Faser zum Shirt verläuft wie bei den übrigen Kollektionen der schwedischen Kette. Hingegen versucht das Modelabel „Hess Natur" vom Acker bis zum Anzug 100 Prozent ökologisch zu sein.

Schmutzige Wäsche

Textilherstellung ist üblicherweise ein schmutziges Geschäft. Rund 7000 Textilhilfsmittel listet der einschlägige Katalog auf. Hinzu kommen rund 800 Färbemittel. Gerade veröffentlichte Greenpeace die Studie „Schmutzige Wäsche". Die Umweltschützer hatten das Wasser rund um zwei bedeutsame Textilfabriken im chinesischen Jangtse- und Pearlfluss-Delta beprobt und jede Menge Dreck gefunden. Die Analysen belegten „eine große Anzahl hormonell wirksamer und giftiger Chemikalien". Ein Desaster nicht nur für die Umwelt, sondern auch für die Menschen, die dort leben. „Millionen beziehen ihr Trinkwasser aus den Flüssen, fischen und nutzen das Flusswasser für die Landwirtschaft." Obwohl die betroffenen Textilfabriken verschiedene Umweltschutzmaßnah-men etabliert haben, entweichen Chemikalien in die umliegenden Gewässer. „Selbst moderne Kläranlagen können nicht vollständig filtern", sagt Greenpeace-Chemieexperte Manfred Santen. Da hilft also nur, komplett auf den Dreck zu verzichten. In einem Kilo Kleidung kommen im Zuge der Verarbeitung bis zu sechs Kilo Chemikalien zum Zuge, ergab eine schwedische Studie. Und die Fertigung einer einzigen Jeans verschlingt rund 8000 Liter Wasser.

Zahlreiche Dokumentationen belegen, dass es auch um den Arbeitsschutz schlecht bestellt ist. Arbeiter ohne Schutzausrüstung schleifen Jeans ab, damit sie „used" aussehen. In riesigen Fabrik-hallen nähen Frauen im Akkord – oft 12 bis 14 Stunden am Tag. Auch Kinderarbeit ist nicht unüblich. Die internationale Arbeitsor-ganisation ILO schätzt, dass 132 Millionen Kinder in der Land-wirtschaft arbeiten. Mehr als eine Million davon sind unter beson-ders schlechten Bedingungen in der Baumwollproduktion tätig.

Gut also, dass grüne Kleidung im Kommen ist. Sie ist nicht nur weitgehend „clean", immer öfter wird hier auch Baumwolle mit Fairtrade-Label verarbeitet. Das bedeutet: beim Anbau und auch entlang der textilen Kette werden die Kernarbeitsnormen der ILO eingehalten, die Kinder- und Zwangsarbeit sowie Diskriminierung verbieten und den Arbeitern ein Recht auf Organisationsfreiheit einräumen. Für die erzeugte Baumwolle erhalten die Bauern einen fairen Preis, der stets ein paar Cent über dem am Markt üblichen Preis liegt. Für Biobaumwolle werden nochmals einige Cents darauf gelegt. Zudem gibt es eine Fairtradeprämie, die Kollektive oder Bauern nutzen können, um ihre Kinder die Schule zu schi-cken oder die medizinische Versorgung zu sichern.

Style mit Haltung

Bislang gibt es gut 140 zertifizierte Fairtrade-Kleidungsstücke. Einen Teil bietet das junge Modeunternehmen Armedangels an. Junge Designer aus der ganzen Welt entwerfen und nähen für Armedangels faire Mode, die konsequent ohne Kinderarbeit und Chemie hergestellt wird. Das Besondere an ihrer Mode sei, so die Geschäftsführer Martin Höfeler und Anton Jurina im Interview, „die Verbindung von Style und Haltung".

Grün sind alle Kleider

Fair produzierte Mode aus ökologischen Materialen.
Wer jetzt an Gesundheitsschuhe denkt oder an Kleider,
die aussehen wie ein Jutesack, liegt falsch. Ein kurzer
Blick in den Concept Store glore reicht, um dieses
Vorurteil schnell über Bord zu werfen.

glore
Karl-Grillenberger-Str. 24
90402 Nürnberg
Tel.: 0911 / 8915955
www.glore.de
sayhello@glore.de

Öffnungszeiten:
Montag bis Samstag
11 – 19.30 Uhr

Grüne Mode ist kein Nischenprodukt für eine seltene Spezies. glore vereint Fair Trade und Naturmode mit einem lässigen modischen Anspruch.

Das „e" am Ende spricht man wie ein „i" aus. Denn glore steht für globally responsible fashion, für Mode mit Verantwortung gegenüber Mensch und Natur. Den moralischen Zeigefinger gibt es allerdings nicht zu sehen. Nicht missionarischer Eifer, sondern Gelassenheit ist angesagt. Frau und Mann finden hier trendorientierte, hochwertige Mode mit stilsicherem Design. Öko ist schick geworden. „Mein Ziel mit glore war und ist es, eine schöne und zugleich ökologische Alternative zu konventionell hergestellter Kleidung zu bieten", erklärt Bernd Hausmann, der sein Konzept seit 2007 erfolgreich umsetzt. Er war der erste deutsche Einzelhändler, der sich auf zeitgemäße Mode aus fairer Produktion spezialisierte. Damit gab er der Öko-Kleidung ein neues Gesicht. „Es gibt eine junge Generation von Modemachern, die viel Wert auf Design legen und trotzdem darauf achten, dass weder Menschen noch die Natur ausgebeutet werden", erzählt der glore-Gründer. „Genau das

entspricht unserer Philosophie. Wir wollen vor allem auch jungen, aufstrebenden Designern, die im Sinne der Nachhaltigkeit produzieren und unseren ethischen und ökologischen Ansprüchen entsprechen, eine Plattform bieten. Die Menschen sollen sich wohl fühlen und gut aussehen."
Deshalb war bei glore die grüne Auswahl von Anfang an ziemlich bunt. Das Angebot ist vielseitig und umfasst große, internationale Marken wie Kuyichi, Veja, Nudie Jeans und Terra Plana sowie junge, kleinere Labels wie fairliebt, slowmo und vilde svaner. Von bedruckten T-Shirts, lässigen Jeans und modischen Sneakern bis zum schlichten Kleid und klassischem Hemd mit passender Hose ist alles zu haben. Wer sich nicht so recht entscheiden kann, wird gerne ausführlich beraten und über die Produkte informiert. „Dabei kommen auch oft die Kunden untereinander ins Gespräch und bleiben ein bisschen länger." Auch das unterscheidet glore von konventionellen Läden und dem schnellen Treiben um die Ecke.

„Die Menschen sollen sich wohl fühlen und gut aussehen."
– Bernd Hausmann

Feine Taschen und Accessoires

Unweit der Nürnberger Weißgerbergasse, wo im Mittelalter besonders geschmeidiges Leder hergestellt wurde, befindet sich das im 15. Jahrhundert erbaute „Prinkmännische Eckhaus".

Ab dem 17. Jahrhundert nächtigten im darin beherbergten Hotel diverse Kaiser, Könige und auch Johann Wolfgang von Goethe. Heute wiederum fertigt Karin Suchanka dort feine Taschen und Accessoires, die im Laden gleichen Namens zu sehen und zu haben sind. Die Kollektionen sind von der Idee über das Design bis zur Ausführung komplette Eigenproduktionen der Feintäschnermeisterin. In ihrer Werkstatt hinter dem Geschäftsraum verarbeitet sie bevorzugt Leder, dessen ganz eigene Materialität noch spürbar ist. Ihre Taschen aus Anilinleder, deren Oberfläche nicht mit Farbe zugedeckt, sondern mit dieser durchfärbt wurde, belassen der Materie ihre natürliche Beschaffenheit und zeigen sie in ungeschminkter Schönheit. Da die Struktur des Leders sichtbar bleibt, finden bei Karin Suchanka nur ausnehmend hochwertige Häute Verwendung. Der hohe Anspruch bezüglich der Materialwahl reflektiert ihre Haltung bezüglich des eigenen Arbeitsethos: In jeder der handgefertigten Taschen steckt – neben zahlreichen Arbeitsstunden – auch „die Energie und damit ein Stück Poesie der Handwerkerin", wie sie es selbst formuliert. Individuelle Anfertigungen sind daher durchaus erwünscht.

Florale Muster in Kombination mit Leder waren lange Charakteristikum der schönen Stücke aus der Werkstatt der Designerin. Diese fertigt sie zwar noch immer, hat aber ihre Kollektionen in den letzten Jahren vor allem in Richtung eleganter Ledertaschen weiterentwickelt. Hinsichtlich der Muster gibt es ebenso neue Tendenzen: Waxprints, komplex gemusterte Stoffe aus Westafrika, werden in Kombination mit Leder verarbeitet. Auch hier ist es Karin Suchanka wichtig, nicht möglichst günstig, sondern bewusst zu beziehen. Ihre Stoffe kommen von einer Händlerin aus Togo. Die Taschen der jeweiligen Kollektion sind zumeist in kleiner Serie zu haben. Zu den Accessoires, die es im Laden zu entdecken gibt, gehören skandinavischer Schmuck, Tücher, Gürtel und weitere feine Kostbarkeiten.

Karin Suchanka
Weinmarkt 12a
90403 Nürnberg
Tel.: 0911 / 9374330
www.karinsuchanka.de
info@karinsuchanka.de

Öffnungszeiten:
Montag bis Freitag
11 – 18 Uhr
Samstag
11 – 16 Uhr

„Energie und ein Stück Poesie der Handwerkerin"
– Karin Suchanka

Schuhe und Schönes

In Nürnbergs eleganter Königspassage in der Königstraße 1 ist ein Concept Store zu finden, dessen Angebot so hochwertig wie außergewöhnlich ist: CASTROS BAGS & LIFESTYLE sowie CASTROS Schuhe. Die über 30-jährige Geschichte des Unternehmens ist in vielerlei Hinsicht bemerkenswert.

**CASTROS
LIFESTYLE**
Königstr. 1
90402 Nürnberg
Tel.: 0911 / 204735
www.castros-lifestyle.de
info@castros-lifestyle.de

CASTROS SCHUHE
Tel.: 0911 / 227867

Öffnungszeiten:
Montag bis Freitag
10 – 19 Uhr
Samstag
10 – 18 Uhr

Nur ein paar Schritte vom Schuhladen entfernt: CASTROS Lifestyle.

*„Die Individualität steht im Vordergrund."
– Helga Frei*

Begonnen hat diese Geschichte Anfang der 80er Jahre mit exklusiven Schuhen, die es sich damals wie heute leisten, auf jeglichen Manierismus zu verzichten. Aus der Karl-Grillenberger-Straße zog CASTROS Schuhe zunächst zum Trödelmarkt, um sich schließlich in der Königspassage niederzulassen. Zwischen geschwungenen Scheiben und Wänden ist eine saisonale Kollektion an ausgesuchten Schuhen zu finden, die sich souverän und stilsicher durch modische Strömungen bewegt.

2005 nutzten die beiden Geschäftsführer, Helga Frei und Christoph Schuster, die Gunst der Stunde und eröffneten in der Passage ein zweites Geschäft namens CASTROS BAGS & LIFESTYLE, welches

von Beginn an nicht an innovativen Ideen sparte, um den Kunden ein Ambiente zu bieten, das keineswegs von der Stange kommt: Ein samtenes Tatlin-Sofa, dessen prägnante Spirale den Blick nach oben auf einen Swarovski-Lüster lenkt, steht gemeinsam mit massiven Tischen von E15 auf schlichtem Beton und lädt ein, mehr als das Angebot an Erwerbbarem zu genießen. So individuell wie das Interieur ist das Sortiment im CASTROS BAGS & LIFESTYLE: Mode trifft auf Wohnkultur, Taschen und Accessoires treffen auf Geschenkideen – und ein einzigartiges Parfum verströmt einen extravaganten Duft. Flexibilität und Innovation sind für Helga Frei die wesentlichen Faktoren bei der Auswahl ihrer Waren. Um progressive Modebewegun-

CASTROS

gen aufzuspüren, ist sie oft und gerne auf Messen in Berlin, Düsseldorf, Mailand und Paris unterwegs, was man den jeweiligen Kollektionen auch ansieht. Die Auswahl umfasst unter anderem die Labels Dondup, Nymphenburg, Fiorentini + Baker, See By Chloe und UGG.

Verbringt man etwas Zeit im Laden und unterhält sich mit Helga Frei, kann man die persönliche Atmosphäre, von der sie berichtet, gleich miterleben. Immer wieder betreten Kundinnen das Geschäft, die sie mit Namen begrüsst. Die besondere Kundennähe ist ihr immens wichtig, aufmerksame Bedienung und Beratung haben hohen Stellenwert, weshalb bei CASTROS ausnehmend fachkundiges Personal anzutreffen ist. „Über mein gutes Team freue

ich mich sehr", erzählt sie. „Wir sind ein familiär geführtes Unternehmen, in dem das Miteinander im Vordergrund steht. Dass sich unsere Kunden in angenehmer Umgebung wohlfühlen, ist uns allen gemeinsam ein Anliegen. Unser Foxterrier Paul ist ein besonders charmanter Botschafter der entspannten Stimmung." 2010 zeigten Helga Frei und Christoph Schuster einmal mehr, dass sie Innovation wirklich schätzen. CASTROS Schuhe strahlt seither in klarem Weiß, denn die Ladengestaltung wurde, wie sollte es auch anders sein, individuell maßgeschneidert an die des Concept Store angepasst.

Der charmante Botschafter Paul.

Seit über 30 Jahren eine Adresse für Schönes im Wandel der Zeit: CASTROS Schuhe.

Alles, was schmückt

In den beiden großen Schaufenstern des Eckladens im Herzen der Altstadt haben sie ihren Auftritt: „Schönheiten" aus edlen, außergewöhnlichen Stoffen gefertigt, sind dort mit viel Kunstsinn inszeniert.

Jedes Stück ist ein Unikat.

Schönheiten
Einfälle in Stoff
Weinmarkt 12
90403 Nürnberg
Tel.: 0911 / 2774263
www.
schoenheiten-in-stoff.de

Öffnungszeiten:
Dienstag bis Freitag
11 – 18 Uhr
Samstag
11 – 16 Uhr

Auf einem Podest stapeln und türmen sich Kissen und Poufs, die an 1001 Nacht erinnern. Schals und Stolen in prachtvollen Farben und Mustern sind sorgfältig an einer Stange aufgereiht. Von einer Garderobe baumeln fröhlich bunte Taschen und feine Täschchen für jede Gelegenheit. All die Mode- und Wohnaccessoires, die in dem kleinen Paradies zu entdecken sind, werden als exklusive Unikate in eigener Werkstatt gefertigt.

Im Nebenraum rattert vielleicht gerade Michaela Mathibes Nähmaschine und zaubert aus wunderschönen Raritäten neue Kissen oder Schals. „Die Liebe zum Stoff"

verbindet die gelernte Dekorateurin mit ihrer Freundin Réka Csoboth. Seit acht Jahren sind sie gemeinsam auf der Jagd nach besonderen Stoffen, aus denen sie ihre „Schönheiten" nähen. Mit dem Laden am Weinmarkt haben sie sich einen Traum erfüllt.

Markenzeichen der „Schönheiten" ist ihr einzigartiger Materialmix: „Alles darf – ohne Grenzen im Kopf – was zusammenpasst." Ihre Inspiration schöpfen die kreativen Frauen aus den edlen Naturfasern selbst, die sie mit viel Farb- und Formgespür feinsinnig und spannend komponieren. Aufwendig bestickte Seide, zarte Spitze oder kuscheliger Samt treffen da auf Filz, Wolle oder grobes Leinen. Ihre zeitlosen, alltagstauglichen „Schönheiten" entwickeln sie nach dem Motto: „Wir nähen alles, was wir selbst gerade brauchen." So entstanden Unterröcke, die frech unter kurzen Röcken hervorspitzen oder kunstvolle Brillenetuis für die Lesebrille. Auch „Schönheiten" auf Wunsch sind im Programm, eine reiche Auswahl an Stoffvorräten eingeschlossen. Für die Gestaltung von Räumen beraten die beiden Frauen auch zu Hause und kreieren mit Kissen, Vorhängen, Tischdecken oder Hussen ein neues Wohnerlebnis.

Es gibt immer Neues zu entdecken: Künstlerinnen aus der Region stellen ihre Kollektionen vor und stets neue Kreationen wecken die Sinneslust. Die „Einfälle in Stoff" gehen den beiden Künstlerinnen mit Nadel und Faden ganz bestimmt nicht aus.

„Alles darf, was zusammenpasst."
– Michaela Mathibe (li.) und Réka Csoboth

Die Perfektion des Unfertigen

Ein Schwanenrelief markiert ein Gebäude in der Füll, das in früherer Zeit als „Haus zum Schwan" bekannt war, denn Hausnummern gab es nicht. Nun trägt es die Nummer 12 und ist Entstehungsort und Bühne für André Schreibers Mode.

Mode mit Lebensphilosophie: ANDOR ÍRÓ.

hen zur Formfindung der Einzelteile seiner Kollektion. Bevorzugt geht er nicht nach Schnittmustern vor, sondern gibt den Unikaten durch Drapieren und Modellieren von verschiedensten Stoffen ihre Gestalt. Zerschneiden, neu formieren, alte und neue Materialien zusammenfügen, sind wesentliche Komponenten seiner Arbeitsweise, die man als eine Art konstruktiven Dekonstruktivismus bezeichnen könnte. „Der unperfekte Zustand eines Objekts oder Kleidungsstücks interessiert mich", erzählt André Schreiber. „Das Unvollendete, Momente des Entstehens und Vergehens bergen aus meiner Sicht echte Schönheit in sich." Wiedergefunden hat er seine Sicht im japanischen ästhetischen Konzept Wabi Sabi, das nicht offenkundige, sondern die gebrochene Schönheit schätzt. Wabi bezieht sich auf die Herbheit des Einfachen, Sabi auf den Reiz der Patina. Letztere führt zur Vorliebe Schreibers für „alte" Textilien, die – auch in Kombination mit zeitgemäßen Materialien – Basis seiner Kleidungsstücke sind. Das Alter oder die Lagerzeit eines Stoffes bedeuten für ihn Veredelung, einen „Gewinn an Seele", nicht einen Makel. So ist die Verwendung antiker Stoffe nach wie vor ein wichtiger Aspekt seines Schaffens.

Eine edle Einfachheit mit unvorhergesehen Brüchen ist auch in Schreibers Einrichtungsgegenständen wie Leuchtobjekten, Kissen oder textiler Kunst zu finden, die – so selbstverständlich wie seine Kleidungsstücke – als Unikate zu haben sind.

Unter dem Label ANDOR ÍRÓ entwirft und fertigt er Unikate, die mit ihren Trägerinnen und Trägern interagieren. Nicht von ungefähr stellt sich die Autorin bereits beim ersten Blick darauf die Frage „Wie verhält sich dieses Kleid wohl im Zusammenspiel mit mir?"

André Schreiber stellt Kleidungsstücke zur Disposition, was heißen kann, er arbeitet während des Entstehungsprozesses mit seinen Kunden zusammen oder modifiziert Gefertigtes später am individuellen Körper. Eigenwillig wie diese besondere Form des Customizing ist auch das Vorge-

ANDOR ÍRÓ
Füll 12
90403 Nürnberg
Tel.: 0911 / 4784350
www.andoriro.de
info@andoriro.de

Öffnungszeiten:
Dienstag bis Freitag
11 – 18 Uhr
Samstag
11 – 16 Uhr

„Momente des Entstehens und Vergehens bergen echte Schönheit in sich."
– André Schreiber

189

Die schöne Unbekannte

Ein Fall für den Gentleman Frank Beaufort

von Dirk Kruse

How deep is the ocean, how high is the sky? Frank Beaufort ließ die letzten Töne des Irving-Berlin-Songs der ungelösten Fragen verklingen und schloss sanft den Deckel seines Steinways. Genug gespielt für heute. Er streckte sich, erhob sich vom Klavierhocker und trat an das Panoramafenster seines Penthauses. Kaiserburg und Sebalduskirche leuchteten im grellen Nachmittagslicht.

Viel zu schade, um diesen milden Spätsommertag in seiner Bibliothek zu verbringen. Außerdem verspürte er Appetit. Wenn er durch die Altstadt spazierte, könnte er vielleicht irgendwo in einem Straßencafé einen Sonnenplatz ergattern, und vorher noch beim Schneider am Hauptmarkt seine beiden Hemden abholen. Beaufort schlüpfte in Jackett und ein Paar Loafer, zog die Schublade mit den Süßigkeiten auf und schob sich eine Praline in den Mund. Auch sein schwindender Vorrat an Schokolade musste dringend wieder aufgefüllt werden.

Unten im Erdgeschoss klingelte er bei seiner Haushälterin. Rita Seidl öffnete mit einer Bluse in der Hand, an die sie gerade Strasssteinchen nähte. Aus ihrer Wohnung drang laute Musik – eine schwer bekömmliche Mischung aus Richard Clayderman und Rondo Veneziano.

„Ich gehe in die Innenstadt. Brauchen Sie etwas?", fragte Beaufort galant.

„Könnten Sie mir meine Augensalbe aus der Apotheke mitbringen?", sagte Frau Seidl erfreut. „Ich komme nicht dazu, sie abzuholen. Ich muss mir noch die Haare aufdrehen."

„Haben Sie heute noch etwas vor? Ein kleines Rendezvous vielleicht?", neckte er sie.

„Ich gehe heute Abend ins Konzert zu Madame Chauchat."

„Madame Chauchat?"

„Na, diese wunderbare Klavierspielerin, die Sie da gerade hören. Sie sieht aus wie ein blonder Engel und stürmt alle Hitparaden. Wenn Sie mögen, können Sie mitkommen in die Meistersingerhalle. Ich habe noch eine Karte übrig. Meine Freundin Traudl ist krank geworden", sagte sie treuherzig.

„Oh, danke fürs Angebot", hüstelte Beaufort, „aber ich habe schon etwas mit Ekki ausgemacht. Leider." Er nahm das Rezept und verabschiedete sich eilig. Das war gerade noch mal gut gegangen.

Mit federnden Schritten flanierte Beaufort über den frisch renovierten Kettensteg, deckte sich in der Konditorei bei der IHK mit viel zu viel Konfekt ein, erwarb zu den Hemden auch noch die dazu passenden Krawatten, stärkte sich am Bratwurstrestaurant beim Alten Rathaus mit Drei im Weckla, weil er dem Duft nicht widerstehen konnte, und betrat schließlich seine Stammapotheke in der Königstraße. Während eine Mitarbeiterin Frau Seidls Salbe anmischte, wurde er Zeuge einer sonderbaren Szene. Eine aufgewühlte Frau verlangte dringend nach einem Beruhigungsmittel. Dass ihr der Apotheker ohne Rezept kein Valium geben wollte, schien sie in eine mittlere Verzweiflung zu stoßen und sie lamentierte herum. Wie eine Drogensüchtige vom Hauptbahnhof sah die Frau nicht gerade aus. Im Gegenteil. Sie wirkte äußerst gepflegt und trug ein schickes Kostüm, das ihre schlanke Figur bestens zur Geltung brachte. Mit ihrer dunklen Mähne und den vollen Lippen war sie genau der Typ Frau, auf den Beaufort flog. Leider hatte sie ihre Augen hinter einer dunklen Sonnenbrille versteckt. Er bewunderte ihre schönen Hände, mit denen sie ausdrucksvoll herumgestikulierte, während sie mit dem Apotheker diskutierte. Der Auftritt endete damit, dass die Fremde Baldrian kaufte, eine größere Dosis Tropfen in einem Glas Wasser hinunterstürzte und nur wenig beruhigter die Apotheke verließ. Der Arzneihändler verdrehte entschuldigend die Augen und reichte Beaufort die Salbe. Der zahlte und ging seltsam berührt hinaus. Ganz automatisch, als bestünde zwischen ihnen ein unsichtbares Band, folgte er der schönen Unbekannten. Er beobachtete, wie sie immer wieder ungeduldig

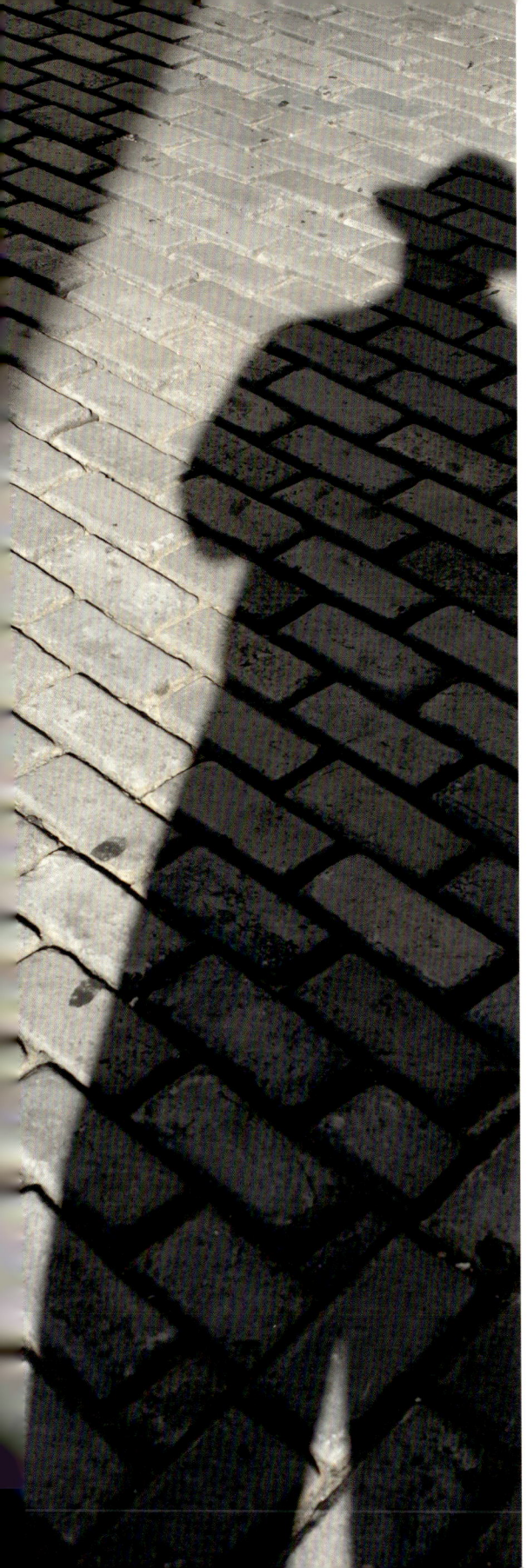

auf die Uhr schaute, und ziellos durch die Straßen irrte. Vor einem Schaufenster mit Korbwaren brach sie sogar in heftige Tränen aus und murmelte immer wieder einen Namen, den Beaufort aus der Entfernung aber nicht verstand. Beinahe wäre er zu ihr gegangen und hätte ihr ritterlich sein Taschentuch gereicht, doch dann setzte sie sich wieder in Bewegung und Beaufort spürte, dass er durch stille Beobachtung eher herausbringen würde, was die Frau bedrückte, als wenn er sie ansprächе. Hatte er doch erst kürzlich bei Walter Benjamin gelesen, dass der Flaneur einem Detektiv gleicht, der hinter der Maske des gelassenen Spaziergängers seine angespannte Aufmerksamkeit verbirgt.

Als sie bereits zum dritten Mal an der Lorenzkirche vorbeigekommen waren, steuerte die Frau plötzlich auf das Haushaltswarengeschäft am Lorenzer Platz zu. In dem verschachtelten Gebäude verlor er sie kurz aus den Augen, doch dann fand er sie in der Messerabteilung wieder. Während Beaufort vorgab, sich brennend für Fondue-Sets und Raclettegrills zu interessieren, sah er zu, wie die Unbekannte nacheinander mehrere große Küchenmesser mit langen scharfen Schneiden in die Hand nahm. Es befremdete ihn, dass sie damit einige Stiche und Stöße in die Luft tat. Schließlich entschied sie sich für ein etwa 30 Zentimeter langes Tranchiermesser mit einer spitz zulaufenden Klinge. Draußen vor dem Geschäft wickelte sie das Messer aus der Verpackung, warf das Papier in einen Mülleimer und steckte es hastig in ihre Handtasche. Es passte gerade eben hinein. Wieder blickte sie auf ihre Armbanduhr. So langsam wurde Beaufort die ganze Angelegenheit doch etwas mulmig. Was, wenn die Verzweifelte sich oder jemand anderem damit etwas antun würde? Und während er noch überlegte, ob er die Polizei verständigen solle – doch was hätte er denen schon groß zu sagen, außer dass eine heulende Frau mit einem Dolch in der Handtasche durch die Stadt zog – marschierte sie zielstrebig gegenüber in die Sparkasse. Eine Welle von Adrenalin durchflutete die Adern des Hobbydetektivs. Sie wollte doch nicht etwa die Bank ausrauben? Eilig überquerte er den Platz und betrat durch automatische Türen hindurch die Schalterhalle. Die Fremde hatte sich in die kleine Schlange vor dem Kassenschalter eingereiht, der durch dickes Glas geschützt war. Beaufort entschloss sich abzuwarten und schnappte sich einige Überweisungsformulare, die er an einem der Tische ausfüllte. Er hatte sich so postiert, dass er das Geschehen gut im Blick hatte, aber der Frau gegebenenfalls in den Weg treten konnte, wenn sie mit ihrer

Beute flüchtete. Jetzt war sie an der Reihe. Sie sagte etwas, und schon zählte ihr der Kassierer eine stattliche Anzahl gelber und lila Scheine vor. Beaufort schluckte vor Aufregung. Er war auf der richtigen Fährte! Oder war das doch kein Überfall? Der Bankangestellte war ausgesprochen freundlich zu der Frau. Jetzt reichte sie ihm sogar ihren Personalausweis. Und sie quittierte etwas auf einem Formular, ehe er ihr das dicke Bündel Geldscheine hinüberschob. Sie verstaute es vorsichtig in der Handtasche, nickte dem Kassierer zu und strebte dem Ausgang entgegen. Hatte die schöne Unbekannte, die immer noch ihre Sonnenbrille auf der Nase trug, doch einfach nur Geld abgehoben? Aber warum so viel? Das mussten etliche tausend Euro sein, die sie jetzt bei sich trug. Was wollte sie damit? Hatte sie sich das Messer doch nicht gekauft, um jemanden anzugreifen, sondern um sich gegen eventuelle Diebe zu verteidigen?

Natürlich folgte Beaufort der rätselhaften Frau erneut, doch kamen sie nicht weit. Draußen ließ sie sich auf der erstbesten Bank nieder, schaute sich suchend um und blickte wieder und wieder auf ihre Armbanduhr. Sie saß dort angespannt etwa zehn Minuten lang, bis die Glocken von St. Lorenz zur Kurzandacht läuteten. Da erhob sie sich mit einem Ruck, der gleichzeitig etwas Banges und Entschlossenes hatte, und ging in die Kirche hinein.

Innen in dem Sandsteindom war das Licht schummrig, und Beaufort musste sich erst zwischen den Gläubigen und Touristen auf die Suche nach der Frau machen. Für die Kunstschätze, den Englischen Gruß von Veit Stoß etwa, hatte er heute keinen Blick übrig. Er ging ausschauhaltend den linken Seitengang des Hauptschiffes entlang, als er sie rechts im gegenüberliegenden Seitengang entdeckte. Die Dunkelhaarige stand mit dem Rücken zu ihm vor einer großen Stellwand, die dort in Höhe der Sakristei aufgebaut war. Die war mit zahlreichen Zetteln übersät, auf die Kirchenbesucher ihre Bitten, Dankesworte und Gebete geschrieben hatten. Klagemauer, nannte Beaufort diese Einwegkommunikationswand mit Gott im Stillen. Doch anstatt selbst ein Papier zu beschreiben und es an die Wand zu pinnen, stellte sie sich auf die Zehenspitzen, streckte ihren Arm aus, bis sie den Zettel in der oberen rechten Ecke erreichte und nahm ihn ab. Leicht zitternd faltete sie das Blatt auseinander und las es. Beaufort bemerkte aus der Entfernung, wie die Schultern der Frau zu zucken begannen. Es sah aus, als bräche sie erneut in Tränen aus. Erschöpft ließ sie schließlich die Arme sinken. Der Zettel entglitt ihrer Hand und segelte zu Boden.

Da setzte mit gewaltigem Brausen die Orgel ein und weckte sie aus ihrer traurigen Trance. Jäh machte sie auf dem Absatz kehrt und stöckelte mit schnellen Schritten zum Ausgang. Beaufort stand ziemlich weit weg. Wenn er ihr nicht sofort nachsetzte, lief er Gefahr sie aus den Augen zu verlieren. Aber er wollte unbedingt wissen, welche Nachricht sie dort drüben gelesen hatte. Er zog sich den Unmut einiger Kirchgänger zu, als er sich eilig durch ihre Sitzreihe drängte. Ein Stuhl, an dem er hängen blieb, fiel krachend zu Boden. Auf der anderen Seite fand er nach einigem Suchen endlich das Papier am Boden, stopfte es in seine Jackettasche und schob sich ungeduldig durch den Gegenverkehr einer Reisegruppe zum Portal.

Draußen blendete ihn die schrägstehende Sonne. Fieberhaft lief er kreuz und quer über den belebten Platz, doch von der schönen Unbekannten war nichts mehr zu sehen. Sie war im Gewimmel der Einkaufsstraßen verschwunden. Missmutig und erschöpft ließ Beaufort sich auf den Stufen des Tugendbrunnens nieder. Noch hatte er ja den Zettel. Vielleicht half der ihm weiter. Er strich das Papier auf seinem Oberschenkel glatt. In Druckbuchstaben stand dort geschrieben: „Wenn Sie den Kleinen lebend wiedersehen wollen, deponieren sie das Geld heute Abend in der Garderobe."

Beaufort war schockiert. Eine Welle des Mitleids überflutete ihn. Die arme Frau war Opfer eines Verbrechens geworden. Jemand hatte ihr Kind entführt! Und das Geld, das sie abgehoben hatte, war Lösegeld. Kein Wunder, dass sie so verzweifelt war. Baldrian war da sicher nicht das geeignete Mittel, um ihre Sorgen zu lindern. Bestimmt hatten die Entführer sie Punkt fünf Uhr in die Kirche bestellt, um ihr dort weitere Instruktionen zukommen zu lassen. Ausgerechnet jetzt hatte er sie aus den Augen verloren, haderte Beaufort mit sich. Er musste die Polizei verständigen. Oder besser noch seinen besten Freund Ekki, den Justizpressesprecher. Aber er wusste nichts über diese Frau, weder ihren Namen noch ihren Aufenthaltsort. Niedergeschlagen erhob sich Beaufort und ging langsam die Karolinenstraße entlang. Im Gehen konnte er besser nachdenken. In was für einer Garderobe sollte die Bemitleidenswerte das Lösegeld nur hinterlegen? Vielleicht einer in einem Restaurant oder in einem Theater? Welch schreckliche Angst diese Mutter um ihr Kind haben musste. Aber wie wollte er sie nur wieder aufspüren? Während er grübelte, fiel sein Blick auf ein Plakat an einer Litfaßsäule. Eine schöne Frau mit schulterlangem blondgelocktem Haar war dort an einem weißen Flügel abgebildet. „Melodien zum

Träumen" verhieß eine verschnörkelte rosafarbene Schrift. Es war eine Ankündigung für das Konzert von Madame Chauchat heute Abend in der Meistersingerhalle. Und obwohl Beaufort das erste Mal ein Bild der Pianistin sah, erkannte er den vollen Mund und die ausdrucksstarken Hände sofort wieder.

„Ich kann Ihnen gar nicht sagen, wie sehr es mich freut, dass Sie mitgekommen sind." Rita Seidl strahlte. In ihrer fliederfarbenen Bluse mit den Glitzersteinen, dem langen schwarzen Rock und der Pelzstola wirkte sie etwas overdressed unter all den Konzertbesuchern in Freizeitfummeln.

„Wer hätte gedacht, dass Ekki ausgerechnet heute Abend arbeiten muss. Aber er ist mit irgendeiner Kindesentführung beschäftigt." Beaufort reichte seiner Haushälterin, die mindestens zwei Köpfe kleiner war als er, den Arm und führte sie aus dem Saal hinaus ins Foyer.

„Allmächd! Dass so etwas ausgerechnet in unserer Stadt passiert."

„Davon sollten wir uns die Laune aber nicht verderben lassen. Die Sache wird bestimmt gut ausgehen. Darf ich Sie zu einem Gläschen Sekt einladen?"

Während Frau Seidl an einem Bistrotisch das Programm studierte, stellte Beaufort sich an einer der Bars an. Das Pausenfoyer wimmelte nur so vor Besuchern, das Konzert war ausverkauft. Aber Beaufort interessierte sich nicht für das Getümmel um ihn herum, sondern spähte aufmerksam durch die Glasfront nach draußen. Dort parkten im Licht des Bühneneingangs drei Polizeiwagen. Er beobachtete, wie mehrere schwerbewaffnete Uniformierte in ihren Mannschaftsbus zurückkehrten. Wenig später führten zwei Zivilbeamte einen in Handschellen gefesselten Mann ab. Ziemlich munter kehrte Beaufort mit zwei vollen Sektgläsern zu Frau Seidl zurück.

„Hoffentlich gefällt Ihnen das Konzert auch?", fragte die Haushälterin leicht besorgt, nachdem sie miteinander angestoßen hatten.

„Doch, doch, es ist sehr interessant", versicherte Beaufort.

„Es sind ja auch so wunderschöne Melodien, gell. Beim Taigawalzer und dem Sehnsuchtspotpourri, da ist's mir richtig den Rücken runtergelaufen", schwärmte sie.

„Aber Sie als Klavierspieler können das doch besser beurteilen. Kann es sein, dass Madame Chauchat sich ein paar Mal verspielt hat? Ich hatte das Gefühl, dass sie vielleicht Sorgen hat."

„Ja, so ganz bei der Sache war sie tatsächlich nicht, obwohl sie wirklich eine recht achtbare Pianistin ist. Aber ich bin mir sicher, dass Madame Chauchat nach dieser Pause, wie verwandelt spielen wird", prophezeite er.

Als Frau Seidl sich auf den Weg zum Nasepudern machte, nutzte Beaufort die Gelegenheit, um hinaus zum Bühneneingang zu gehen. Dort stand Justizsprecher Eckehard Ertl im Gespräch mit zwei Polizeibeamten. Alle drei lachten laut und schallend. Als sein Freund ihn bemerkte, kam der breit grinsend auf ihn zu.

„Na, ihr seid ja in Hochstimmung. Habt ihr den Kerl geschnappt?", fragte Beaufort.

„Wir haben ihn in flagranti erwischt. Die Männer vom Sondereinsatzkommando haben während des Konzerts zugegriffen, als er sich das Lösegeld aus der Garderobe holte", antwortete Ekki. „Er ist ein alter Bekannter, hat mehrere Vorstrafen wegen ähnlicher Delikte."

„Und das Kind? Wie geht es dem?"

„Das Entführungsopfer befindet sich wohlbehalten in den Armen von Madame Chauchat", schmunzelte Ekki. „Da hast du jemanden echt glücklich gemacht. Sie war es tatsächlich heute Nachmittag in der Stadt. Weil sie so prominent ist, zeigt sie sich in der Öffentlichkeit meist nur mit Perücke und Sonnenbrille, um nicht erkannt zu werden."

„Dann war es also alles so, wie ich es mir gedacht habe", sagte Beaufort stolz.

„Mit Ausnahme einer Kleinigkeit", gluckste Ekki.

„Und die wäre?" Beaufort schaute skeptisch in das verschmitzte Gesicht seines Freundes. „Könntest du bitte mal mit diesem dämlichen Gegrinse aufhören."

„Das Kind ist ein Hund", prustete der Justizsprecher los. „Ein süßer kleiner Yorkshire Terrier mit Zöpfchen und rosa Schleife." Ekki konnte sich gar nicht mehr einkriegen vor Lachen.

Beaufort stand perplex da. „Oh je, da war der SEK-Einsatz wohl etwas überdimensioniert", sagte er kleinlaut.

„Verzeih mir das Wortspiel, aber du siehst gerade ganz schön auf den Hund gekommen aus." Ekki amüsierte sich prächtig.

„Aber trotzdem waren meine Recherchen nicht für die Katz", konterte Beaufort, „ich hab mich nicht zum Affen gemacht."

„Na, da hast du ja noch mal Schwein gehabt."

Und dann gackerten sie beide wie die Hühner.

Kunst
Kultur
Natur

Und immer wieder grüßt das Reich

Mythos Nürnberg

von Thomas Brehm

Kultur in Zeiten der Unkultur: Szenenbild aus „Die Meistersinger von Nürnberg" im Opernhaus 1935.

Mythen haben etwas Nebelhaftes – eigentümlich spürbar, die Realitäten verschleiernd und ihre Proportionen verfremdend. Ein leichter Schauer gehört zum Mythos allemal, eine unstillbare Sehnsucht auch.

Nürnbergs Mythos wurde in einer Zeit geboren, die das Nebulöse liebte, in der Romantik. Enge, verwinkelte Gassen, die eindrucksvolle Brückenlandschaft, prächtige Kirchen mit wunderbaren Kunstwerken ließen das bewunderte Mittelalter lebendig erscheinen. Über allem thronend die Burg als Sinnbild von Kaiser und Reich.

In einer Zeit, in der sich auf dem Weg in die Moderne alles zu verändern begann, versprach der Blick in die ruhmreiche Vergangenheit Orientierung. Und hierbei schien Nürnberg, lange bevor der Begriff Mode wurde, ein besonderer Erinnerungsort zu sein als einer Art heimlicher Hauptstadt des mittelalterlichen Heiligen Römischen Reichs.

Da war Nürnbergs herausragendes wirtschaftliches Gewicht im 15. und 16. Jahrhundert. Auch spielte seine politische Bedeutung als Freie Reichsstadt, deren Geschicke von einem starken Bürgertum gelenkt wurden, eine Rolle. Mit den Reichstagen und als Aufbewahrungsort der Reichskleinodien „zu ewiger Verwahrung", wie Kaiser Sigismund 1423 verfügte, konnte Nürnberg auch einen hohen symbolischen Stellenwert im Reich beanspruchen. Und nicht zuletzt die kulturelle Strahlkraft als ein Zentrum des Humanismus, der Kunst und des Verlagswesens. Verkörpert sah man all dies im bis heute berühmtesten Sohn der Stadt, Albrecht Dürer. Zu Lebzeiten bereits verehrt und bewundert, wurde er im 19. Jahrhundert zum Inbegriff der deutschen Kunst schlechthin. 1840 wurde ihm zu Ehren in seiner Heimstadt das erste Künstlerdenkmal in Deutschland überhaupt enthüllt. Auch die Verbindung von Kunst und Handwerk, wie sie der Schuhmacher und Poet Hans Sachs verkörperte, stand in hohem Ansehen. Ihm und den Meistersingern von Nürnberg setzte Richard Wagner mit seiner Oper 1868 ein bleibendes künstlerisches Denkmal.

Als „quasi centrum europae" bezeichnete der Astronom Regiomontanus 1471 die Stadt. Mit patrizischem Selbstbewusstsein wird man dies in Nürnberg aufgenommen haben, so wie sich heute ein New Yorker

Mit Volldampf in die neue Zeit: Farbdruck aus dem Jahr 1900 zur ersten deutschen Eisenbahn.

der internationalen Stellung seiner Heimat- und Weltstadt bewusst ist.

Hunderte Jahre später verschieben sich die Proportionen und vernebelt sich der Blick, wird die einst große Vergangenheit überhöht und soll einen Weg weisen aus der nationalen Misere. Vier Jahre nach der gescheiterten Revolution von 1848 fand das Germanische Nationalmuseum in Nürnberg seinen Bestimmungsort. War schon auf absehbare Zeit ein Nationalstaat nicht zu erreichen, sollte die Nation zu sich in ihrer gemeinsamen Kultur finden, die es zu erforschen galt. Bis heute ist die Stadt Nürnberg größter Leihgeber dieses Museums.

Was in der Romantik begann und sich das ganze 19. Jahrhundert fortsetzte, die Verklärung von Nürnbergs Vergangenheit und Größe, traf in der Stadt selbst nicht auf ungeteilte Zustimmung oder gar Begeisterung. Die beginnende Industrialisierung bot nach langen Zeiten des Niedergangs die reale Chance eines wirtschaftlichen Aufschwungs. Die Eröffnung der ersten deutschen Eisenbahn zwischen Nürnberg und Fürth 1835 bildete den Auftakt und Nürnberg wurde binnen weniger Jahrzehnte zum wichtigsten Industriestandort

Süddeutschlands. Jenseits der mittelalterlichen Stadtmauern entstanden große Industriebetriebe und Wohnquartiere für die Arbeiter. Im „deutschen Reiches Schatzkästlein" rauchten die Schornsteine und die Arbeiterbewegung formierte sich zur einflussreichen politischen Kraft. Wer die Grabanlage des MAN-Gründers Freiherr von Cramer-Klett auf dem Johannisfriedhof sieht, erkennt die neuen Gewichtungen. In Nachbarschaft zu all den Berühmtheiten aus Nürnbergs glanzvoller Zeit – Albrecht Dürer, Veit Stoß, Anton Koberger, Hans Sachs – nimmt sie das Ausmaß von mehreren einfachen Grabstellen ein. Man verkörperte nun selbst eine neue große Zeit. Der Blick zurück diente nicht mehr der suchenden

Abglanz in Glas: Kopie der Kaiserkrone im Rathaus, Ehrenhalle.

liche Herz" beeinflusst bis heute die Bilderwelt zum „Nürnberger Ei" und seinem Schöpfer. Bei aller Beschaulichkeit hat dies alles wenig mit der unschuldig anmutenden Geschichtsbegeisterung des 19. Jahrhunderts zu tun. Es entsprang kaltem Kalkül zur Gewinnung und Erhaltung von Macht und war Teil der Faszination, die neben der Gewalt zur Triebfeder des Erfolgs wurde. Gewalt, wie in den 1935 in Nürnberg anlässlich eines Reichsparteitags verabschiedeten Rassegesetzen, die Ausgrenzung und Verfolgung den Weg bahnten, der im industriell betriebenen Völkermord endete.

Zu Gericht gesessen über die Verbrechen wurde ebenfalls in Nürnberg, vor allem aus pragmatischen Gründen, aber doch mit hoher symbolischer Bedeutung.

Selbstvergewisserung, sondern vielmehr der dekorativen Repräsentation. Ansichtskarten pflegten das Bild vom alten Nürnberg – touristische Souvenirs im Kontrast zur industriellen Welt.

Wurde Nürnbergs Mythos in einer neugierigen Suche nach den eigenen Wurzeln geboren, so entwickelte er seine bis heute nachklingende Wirkung durch die völkischen Geschichtsbesatzer. Wohl an keinem anderen Ort in Deutschland konnten die Nationalsozialisten sich der deutschen Geschichte besser und bilderreicher bemächtigen – sich als deren Vollender stilisieren. Das „Dritte Reich" nutzte die Stadt als Kulisse wirkungsmächtiger Propaganda, in der all die Werte und Tugenden beschworen wurden, die man doch alltäglich mit Füßen trat. Im Süden Nürnbergs entstand für die jährlichen Reichsparteitage der NSDAP ein riesiges Veranstaltungsgelände, deren Bauten ein besonderer Weihecharakter gegeben wurde. Auch Wagners Meistersinger durften mit einer Festaufführung im Opernhaus anlässlich der Reichsparteitage nicht fehlen. Die Reichskleinodien kehrten mit dem Anschluss Österreichs 1938 nach Nürnberg zurück und der Christkindlesmarkt fand wieder auf dem in Adolf-Hitler-Platz umbenannten Hauptmarkt statt.

Nebelwerfer auch in der Filmindustrie: Leni Riefenstahl, die in „Triumph des Willens" den Führer gottgleich über der mittelalterlich anmutenden Stadt einschweben ließ. Auch Veit Harlans „Das unsterb-

„Deutscheste" Stadt?

Einst ein Zentrum des Humanismus, der Suche nach dem Wahren und Schönen, dann wirkungsmächtige Kulisse des Inhumanen, der Verfolgung der Wahrheit und der Zerstörung des Schönen. Macht das den Mythos Nürnbergs aus? Ist Nürnberg damit wieder die „deutscheste Stadt", in der sich Geschichte zu verdichten scheint?

Wer sommers die fröhlichen Menschen auf dem ehemaligen Reichsparteitagsgelände beim Grillen erlebt, die Touristen, die von der Kaiserburg auf die Dachlandschaft der aufgebauten Altstadt blicken, die Jugendlichen, wenn sie feiernd durch die Straßen ziehen, sieht eine moderne, internationale, von vielen kulturellen Einflüssen geprägte Stadt. In der Außenwahrnehmung oftmals unterschätzt, in ihrer Lebensqualität immer wieder hoch bewertet bietet sie mythischen Überhöhungen wenig Raum. Doch spürbar bleibt er, der Mythos Nürnberg, als Teil der Geschichte und des Umgangs mit ihr.

Einblick in das Leben der „Pfeffersäcke"

Stadtmuseum Fembohaus
Burgstr. 15
90403 Nürnberg
Tel.: 0911 / 2312595
www.
museen.nuernberg.de
museumsdirektion@
stadt.nuernberg.de

Öffnungszeiten:
Dienstag bis Freitag
10 – 17 Uhr
Samstag und Sonntag
10 – 18 Uhr
In der Zeit des Christ-
kindlesmarktes auch:
Montag 10 – 17 Uhr

Geht man in Nürnberg vom Hauptmarkt am ansehnlichen Renaissancerathaus vorbei Richtung Norden hoch zur Burg, fällt der Blick auf ein prächtiges Gebäude, das als einziges in der Straße seine mächtige Giebelseite gen Süden richtet und sich ungewöhnlich stolz und selbstbewusst präsentiert.

Dieses großartige Gebäude beherbergt seit Jahrzehnten das Stadtmuseum Fembohaus. Hier wird den Besuchern auf fünf Etagen, beginnend mit einer beeindruckenden Lichtpräsentation über einem historischen Altstadtmodell, die ungewöhnliche Geschichte der ehemals freien Reichsstadt Nürnberg bis in die Gegenwart abwechslungsreich und spannend erzählt.

Erbaut wurde dieses Haus aber zu einem anderen Zweck. Um 1590 erwarb der niederländische Glaubensflüchtling Philipp von Oyrl über einen Strohmann das Grundstück, legte die Vorgängerbauten nieder und errichtete ein für damalige Verhältnisse modernes Geschäftshaus mit repräsentativem Wohntrakt. Sein nicht unbedeutendes Vermögen hatte sich von Oyrl im lukrativen Tuchhandel erworben. Das Haus selbst sah über die Jahrhunderte hinweg zahlreiche Besitzer, die es aufmerksam in Stand hielten. Aus der Erbauungszeit blieb daher noch der herrliche Familiensaal, aus dem 17. Jahrhundert die opulent gemalten Decken im sogenannten Tanzsaal sowie die mächtige Barockdecke und aus dem 18. Jahrhundert die zierliche Rokokodecke erhalten.

Im 18. Jahrhundert erlebte das Haus eine erneute Blüte, als die berühmte Hommännische Kartenmanufaktur hier einzog und es somit zum Zentrum der europäischen Kartenproduktion avancierte.

Kein geringerer als Goethe besuchte das Fembohaus allein zum Zweck, denjenigen Ort kennenzulernen, wo all die Karten entstanden, die ihm seit seiner Kindheit so wichtig waren. Durch glückliche Umstände wurde das Vorderhaus im Zweiten Weltkrieg nur wenig zerstört, so dass es heute als einzig erhaltenes Kaufmannshaus aus der Spätrenaissance Nürnbergs gilt. Will man also bei einem Besuch Nürnbergs einen Eindruck von der Lebensweise der wohlhabenden Nürnberger „Pfeffersäcke" in vergangenen Zeiten gewinnen, so ist ein Besuch des Museums sehr zu empfehlen.

⌃ Blick auf das Stadtmuseum Fembohaus

‹ Das „Schöne Zimmer" aus dem Pellerhaus am Egidienberg

Schatzkammer der Kulturgeschichte

Einer von drei erhaltenen Goldkegeln aus dem 12. Jh. v. Chr., die älteste datierbare Handfeuerwaffe (um 1399), der älteste erhaltene Globus (1492/94), die erste „Taschenuhr" (um 1510) – die Reihe der weltweit einzigartigen Objekte im Germanischen Nationalmuseum ließe sich fortsetzen. Seit seiner Gründung 1852 bis heute avancierte das Museum zum größten kulturgeschichtlichen Museum des deutschen Sprachraums.

Ein Besuch dieser Schatzkammer ist beinahe schon Pflicht für den Nürnberger und den Nürnberg-Touristen und bietet immer wieder neue Entdeckungen auch für jene, die häufiger kommen, um durch die Kulturgeschichte von der Vor- und Frühgeschichte bis in die Gegenwart zu streifen. Im Jahre 1857 schenkte der bayerische König dem Museumsgründer, Hans von und zu Aufseß, das ehemalige Kartäuserkloster am Südrand der Altstadt. Dieses einzigartige Architekturensemble aus dem 14. Jahrhundert bot Raum für die Sammlung des fränkischen Adligen, der sich zum Ziel gesetzt hatte, die kulturgeschichtlichen Zusammenhänge des deutschen Sprachraums zu dokumentieren und zu präsentieren. Das Museum verfolgt bis heute diesen Gründungsgedanken, und so wächst die Sammlung stetig und damit auch die bauliche Hülle, an der Architekten wie German Bestelmeyer, Sep Ruf und zuletzt die Architektengruppe „ME DIU M" mitgewirkt haben.

Die Ausstellung zieht die Besucher durch die Aura und Präsenz des Originals in ihren Bann und weckt durch die erzählten Geschichten rund um die Objekte die Neugier an Kunst und Kultur. Die berühmtesten Geschichten findet man im Germanischen Nationalmuseum auf dem „Erdapfel" von Martin Behaim. Diese älteste erhaltene Darstellung der Erde ist Globus und Manuskript zugleich und berichtet über Land, Leute und Handelswaren der alten Welt. Der Behaim-Globus wird in der Dauerausstellung „Renaissance, Barock, Aufklärung" präsentiert und bildet hier den Ausgangspunkt für einen Rundgang durch drei Jahrhunderte Kulturgeschichte: von der Entdeckung der neuen Welt um 1500 bis zur Entwicklung eines neuen Menschenbildes im 18. Jahrhundert. Auf diesem Weg durch die Epochen sind neben Gemälden und Skulpturen, auch Glasgemälde, Textilien, Kunsthandwerk, Schmuck, Medaillen, Möbel und Musikinstrumente sowie Meisterwerke von Albrecht Dürer, Rembrandt oder Franz Xaver Messerschmidt zu entdecken.

Diese unterschiedlichen Objektgattungen in der Dauerausstellung weisen auch auf die Spezialsammlungen im Museum hin – hier ist für jeden (Kunst-)Geschmack etwas dabei. Für den Musikinteressierten bietet die Sammlung historischer Musikinstrumente, die zu den bedeutendsten ihrer Art weltweit zählt, einen Überblick über die Instrumente vom 16. bis ins 20. Jahrhundert. Für ge-

Behaim-Globus,
Nürnberg, 1492/94

Goldkegel von Ezelsdorf-
Buch, 12. Jh. v. Chr.

Germanisches Nationalmuseum mit der Straße der Menschenrechte

Dauerausstellung „Renaissance, Barock, Aufklärung", Barocksaal

Figur einer Dame mit eingebautem Clavichord, um 1720

nussreiche Lebensart steht die Figur einer Dame mit eingebautem Clavichord (um 1720), die in einem ihrer Kästchen ein Lobgedicht auf eine gute Flasche Bordeaux aufbewahrt.

Wen die Lebensart des wohlhabenden, reichsstädtischen Bürgertums interessiert, der sollte sich die Spielzeugsammlung des Germanischen Nationalmuseums anschauen. Sie hütet mit den Nürnberger Puppenhäusern des 17. Jahrhunderts einen wahren Schatz bürgerlicher Repräsentationskunst. Daneben wird bis heute ein Augenmerk auf Gesellschaftsspiele für Erwachsene und Kinder gelegt.

Und so gibt es noch sehr viel mehr Gründe, ins Germanische Nationalmuseum zu gehen. Je nachdem, wieviel Zeit man hat, kann man von einer halben Stunde bis zu einem halben Tag (und länger) hier selbständig verbringen oder sich einer Führung anschließen. Man kann verweilen in den wunderschönen Klosterhöfen, sich im Café Arte kulinarisch verwöhnen lassen, im ansprechend gestalteten Museumsshop stöbern.

Über die Sonderausstellungen und das facettenreiche Veranstaltungsprogramm des Museums informiert die Webseite wie auch das gedruckte Vierteljahresprogramm.

Germanisches Nationalmuseum

Kartäusergasse 1 · 90402 Nürnberg
Tel.: 0911 / 13310 · www.gnm.de · info@gnm.de

Öffnungszeiten:

Ausstellungen und
Schausammlungen
Erdgeschoss
Dienstag, Donnerstag
bis Sonntag
10 – 18 Uhr
Mittwoch
10 – 21 Uhr

Schausammlungen
Obergeschosse,
Gartensaal
Dienstag, Donnerstag
10 – 17 Uhr
Mittwoch
10 – 21 Uhr

Spielzeugsammlung
Dienstag, Donnerstag
bis Sonntag
11 – 18 Uhr
Mittwoch
11 – 21 Uhr
Jeweils ab 18 Uhr
freier Eintritt

Graphische Sammlung,
Münzkabinett, Archiv
Dienstag bis Freitag
9 – 16 Uhr

Genussreiche Gelegenheiten für eine Pause

Café Arte
im Germanischen
Nationalmuseum
Kartäusergasse 1
90402 Nürnberg
Tel.: 0911 / 1331286
www.
museumscafe-arte.de
info@arte-vivere.de

Öffnungszeiten:
Dienstag bis Sonntag
10 – 18 Uhr
Mittwoch bis ca. 20 Uhr

Das Café Arte im Germanischen Nationalmuseum ist nicht nur für eine Kunstpause
gut. Die Küche, die sehr viel mehr bietet,
als der Name vermuten lässt, empfiehlt sich
auch ohne Museumsbesuch.

Als die Inhaber Andrea Deindörfer und
Jörg Paetzke das Café 2002 übernahmen,
war es noch nicht in dem Zustand, in dem
der Besucher den Ort heute vorfindet. Im
April 2011 erfuhr das gesamte Café eine
Neuausrichtung. Viel helles Holz, mehr
Wärme und Intimität durch ein neues
Lichtkonzept sorgten für eine optische
Verbesserung. Auch gastronomisch entwickelte sich das Café weiter. Mit flinkem
Service und angemessenen Preisen sollte es
„ein Ort für eines der besten Mittagessen
der Stadt" sein, hebt Andrea Deindörfer
hervor. Küchenchef Albert Fischer, vormals
Koch bei Fabian Feldmann im Heroldsber-
ger Sterne-Restaurant „Gastronomique",
bietet eine verfeinerte Regionalküche mit
alpenländischem Einschlag, Bodenständiges wie Wiener Schnitzel und Kaiser-
schmarrn, aber auch Ausgefallenes wie
gebackenes Freilandhuhn und Kalb mit
Safranrisotto, alles ganz frisch à la minute
zubereitet, mit hochwertigen Grundprodukten, möglichst in Bio-Qualität.

Zum Mittagessen und in der Vinothek
kann der Gast aus einem guten Angebot an
Weinen wählen, auch in halben Flaschen
(0,375 l) – Schwerpunkt: Deutschland,
Österreich, Südtirol. Die eigene Kaffee-
mischung aus der Rösterei Fortezza,
Cadolzburg, feine Tees und Kuchen von
Arnd Erbel und Bernhard Kollischan sind
einen Abstecher wert, mit Kunstgenuss
oder ohne. Um Kulinarik und Museumsbesuch zu verbinden, lädt das Café Arte
ein- bis zweimal pro Monat zum Brunch
ein (Termine auf der Webseite). Die Räume
des Cafés und des Museums sind für Feiern
und Veranstaltungen zu mieten, egal, ob
30 oder 300 Personen. Als Hauscaterer des
Museums bringt das Team Frische und
hohe Qualität auf den Tisch.

*„Ein Ort für eines
der besten Mittag-
essen der Stadt"
– Andrea Deindörfer*

Café, Wein, Vinothek und alpenländisch angehauchte Küche: das Cafe Arté unterhalb der Straße der Menschenrechte.

Avokadotartar mit Tempurascampi

von Albert Fischer

Zutaten für eine Person:

2 Avokados in kleine Würfel geschnitten

2 TL Paprika-Brunoise (= feinst gewürfelt) rot

2 TL Tomatenconcasse

2 TL geschälte Stangensellerie-Brunoise

Saft von einer Limette

Gehackte Minze und Koriander-Schnittlauch-
röllchen

Salz, Chili, alles vermengen

Tempurateig:

50 g Mehl

50 g Stärke

100 g Wasser

1 Messerspitze Backpulver

Wasabipulver nach Geschmack

Vorsichtig glatt rühren

Zubereitung: Scampi entdarmen und in
Butterfly schneiden, würzen, in den
Tempurateig tauchen und in heißem Fett
herausbacken. Anrichten: Avokadomasse in
einen Ring pressen, mit Eiskraut umgeben
und die Scampi auf das Avokadotartar legen.

Mehr als Butzenscheiben: das Dürer-Haus

Inmitten einer Trümmerwüste steht bei Kriegsende noch ein Gebäude in der Nürnberger Altstadt aufrecht: das Dürer-Haus. Seine Neueröffnung 1949 ist ein Symbol für den Wiederaufbau der Stadt.

Albrecht-Dürer-Haus
Albrecht-Dürer-Str. 39
90403 Nürnberg
Tel.: 0911 / 2312568
www.
museen.nuernberg.de/
duererhaus
museen@stadt.
nuernberg.de

Öffnungszeiten:
Dienstag bis Freitag
10 – 18 Uhr
Donnerstag
10 – 20 Uhr
Samstag und Sonntag
10 – 18 Uhr

Von Juli bis September
und in der Zeit des
Christkindlesmarktes
auch:
Montag
10 – 17 Uhr

Heute kommen etwa 80 000 Besucher im Jahr und besichtigen damit nicht nur die Wohn- und Arbeitsstätte von Deutschlands berühmtestem Künstler, sondern das einzige Bürgerhaus aus Nürnbergs Glanzzeit, das überhaupt öffentlich zugänglich ist.

Laut und bunt muss es zugegangen sein: Am Tiergärtnertor herrscht 1509, als Albrecht Dürer (1471–1528) das stattliche Anwesen erwirbt, lärmendes Leben und Treiben. Fuhrwerke, Reisende und Landvolk strömen durch das nordwestliche Stadttor unentwegt herein und hinaus, und was heute als geräumiger Platz zu Nürnbergs „guten Stuben" zählt, waren damals zwei enge Straßen. Hier wohnte fast 20 Jahre lang der Mann, der zu den bedeutendsten Erscheinungen der Weltkunstgeschichte zählt, der die graphischen Künste revolutioniert hat und der in diesem Haus auch gestorben ist.

Weil Dürer und seine Frau Agnes kinderlos geblieben waren, geht das Haus durch die verschiedensten Hände, bis es die Stadt Nürnberg 1826 kauft und eine Gedenkstätte einrichtet – weltweit eine der frühesten für einen bildenden Künstler überhaupt. Seither pilgern Dürer-Verehrer hierher,

und für zahllose Touristen wäre ein Nürnberg-Besuch ohne Dürer-Haus einfach unvollständig.

Mit dem 300. Todestag 1828 setzt dann die romantische Verklärung Dürers im 19. Jahrhundert ein, in dem das Haus im Sinne des Historismus durchgreifend zum Museum umgestaltet wurde. Davon zeugen bis heute die „Wandererzimmer" mit ihrer nachempfundenen, behaglichen Renaissance-Ausstattung. Und die Kaiserburg oder den pittoresken Tiergärtnertorplatz einmal durch die Butzenscheiben des Dürer-Hauses gesehen zu haben, war und ist eben immer ein Erlebnis. So findet – bis heute – jede Zeit ihre eigenen Interpretationsansätze zu Dürer, seinem Haus und seiner Zeit.

Wenn auch eine stattliche Zahl im Germanischen Nationalmuseum in der Lorenzer Altstadt hängt: Die meisten von Dürers Gemälden sind doch in alle Winde zerstreut. Geblieben sind z.T. hervorragende Kopien, angefangen mit den „Vier Aposteln" von 1627, die die Stadt als Ersatz für die von Kurfürst Maximilian nach München abtransportierten Originale hatte anfertigen lassen; geblieben ist aber vor allem die Druckgraphik Albrecht Dürers, die in

Das zweite der historistischen „Wanderer-Zimmer" aus dem 19. Jahrhundert.

Die historische Küche.

Das Albrecht-Dürer-
Haus am Tiergärtnertor-
platz von Nordosten.

Albrecht Dürer: Himmelfahrt Mariens,
aus dem Zyklus „Marienleben".
Buchholzschnitt, 29 x 20 cm.

Qualität und genialer Erfindungsgabe bis heute Maßstäbe setzt. Die Graphische Sammlung der museen der stadt nürnberg besitzt die Kupferstiche und Holzschnitte des Meisters vollständig und hat sich vor kurzem mit dem „Graphischen Kabinett" im dritten Obergeschoss eine moderne Ausstellungsarchitektur inmitten der historischen Bausubstanz geschaffen. Hier sind das Werk Dürers, aber auch andere Schätze aus der Sammlung in Wechselausstellungen zu sehen. Ebenso wird im Anbau von 1971 der städtische Gemäldebestand zu den Themenkreisen Dürer in Kopie, Dürer-Verklärung und Dürer-Nachleben bis in die Gegenwart im neuen „Dürersaal" ab 2012 dauerhaft präsentiert.

Für wen also lohnt sich ein Besuch im Dürer-Haus? Man kann ohne Übertreibung sagen: für jeden! Unterhaltsam und informativ sind die Kostümführungen mit „Agnes Dürer", ebenso die Demonstrationen historischer Drucktechniken. Audio-Führungen leiten durch die originalen historischen Räume, während die Wechselausstellungen und die jährlichen Dürer-Vorträge Neues aus der Dürer- und Renaissance-Forschung für anspruchsvolle Besucher bieten.
Doch für ausnahmslos jeden gibt es etwas, was sich eben nur hier finden lässt: die unverwechselbare Aura an einem Original-schauplatz der Weltkunstgeschichte.

Karolus
imparit

magnus
Anus 14.

Heinrich und Kunigunde,
die beiden kaiserlichen
Bistumspatrone, ruhen
im Bamberger Dom, und
die Forchheimer hatten eine
veritable Kaiserpfalz in ihrem
Mauern – doch Frankens Kaiserstadt
ist und bleibt Nürnberg. Und mit der berühmten
Silhouette seiner Kaiserburg besitzt es zudem das weltweit vielleicht bekannteste Sinnbild des Alten Reiches.

Die größte Stunde schlägt für die Stadt am 29. September 1423, als
Kaiser Sigismund Nürnberg zum immerwährenden Aufbewahrungsort für das Allerheiligste des deutschen Kaiser- und König-
tums bestimmt: die Reichskleinodien. Nur wer im Besitz von Krone, Schwert, Zepter, Krönungsmantel und vieler anderer Insignien
und Reliquien war, konnte in Aachen zum deutschen König oder
in Rom zum Kaiser gekrönt werden.
Doch es war nicht allein Ehre, die die Aufbewahrung mit sich
brachte, denn es gab noch bis zur Reformation Nürnbergs 1525
die alljährliche, öffentliche Zeigung der Reichskleinodien. Diese
„Heiltumsweisung" war eine Mischung aus Wallfahrt, Warenmesse
und Jahrmarkt, an der die Stadt ordentlich verdiente. Da musste
man sich auch die würdige Aufbewahrung etwas kosten lassen:
Wohl für eine verschließbare Nische im Schopperschen Haus,
wo die kostbaren Stücke alljährlich während der Weisung ruhen,
bestellte der Nürnberger Rat zwei mächtige Tafelbilder bei keinem
Geringeren als Albrecht Dürer (1471–1528), dem berühmtesten
Künstler Nürnbergs und ganz Deutschlands. Er war kurz zuvor
selbst in den Äußeren Stadtrat gewählt worden und fungierte fort-
an als eine Art städtischer Kunstsachverständiger.

Die Auswahl der Herrscher ist mehr als naheliegend: Nach mittel-
alterlichem Verständnis galt Karl der Große als derjenige Herrscher, der mit seiner Aachener Krönung zu Weihnachten 800 das
antike Imperium Romanum auf das deutsche Reich übertragen
hatte – also eine, aus heutiger Sicht fiktive, Kontinuität von Caesar
und Augustus bis zum damals regierenden Kaiser Maximilian ge-
stiftet hat. Wie eine Vaterfigur stellt Dürer ihn dar: imposant und
ehrfurchtgebietend, aber auch mild und weise. Ohne Frage stand
hier die lange Tradition mittelalterlicher Gottvater-Darstellungen
Pate – denn für Kaiser Karl gibt es schlichtweg kein authentisch
überliefertes Portrait. So konnte Dürer daraus das Idealbild eines
ebenso mächtigen wie väterlich gütigen Herrschers formen.
Anders war das bei dem erst 1437 verstorbenen Sigismund von

◄ Albrecht Dürer:
Idealbildnis Kaiser Karls
des Großen.
Öl auf Holz, 1510/13.
188 x 87,6 cm. Nürnberg,
Germanisches National-
museum (Leihgabe der
Stadt Nürnberg)

Der Schöne Brunnen am Hauptmarkt: ebenfalls eine Erinnerung an das Alte Reich.

Luxemburg, der 1433 zum römisch-deutschen Kaiser gekrönt worden war: Hier gab es Bildnisse, nach denen man sich richten konnte, und so fällt Dürers gebeugte, hagere Greisengestalt weniger sympathisch, aber weitaus lebensnäher aus. Die uneinheitliche Größe der Figuren, aber auch der so unterschiedliche Charakter der beiden Männer legt allerdings nahe, dass Dürer sich an zwei ältere Stücke halten musste.

Bei beiden Kaisern fällt die minutiöse Schilderung des Ornats und der Insignien auf. Und tatsächlich belegen einige Entwurfszeichnungen, dass Dürer seine Detailstudien an den geheiligten Stücken selbst vornehmen durfte. Heute müsste er dafür nach Wien reisen: Gegen 1800 waren die Kleinodien vor den französischen Truppen dorthin geflüchtet worden; doch als der große Krieg 1815 vorbei war, gab es kein Heiliges Römisches Reich mehr, und so liegen die Reichsheiligtümer bis heute in der Wiener Hofburg.

Ihre eigentliche Funktion hatten Dürers monumentale Bilder da aber ohnehin schon lange verloren: 1526 waren sie auf das Rathaus der Stadt gebracht worden, denn im soeben protestantisch gewordenen Nürnberg hatte man nun für Heiltumsweisungen und Reliquien keinen Sinn mehr – was unweigerlich auch eine Entfremdung vom katholischen Kaiserhaus der Habsburger mit sich brachte. Zwar kommen auch in den nachfolgenden Jahrhunderten immer wieder die Kaiser und auch so mancher Reichstag nach Nürnberg; doch eine so enge Bindung wie noch zu dem leutseligen Maximilian († 1519) wird es nie wieder geben. So sind die beiden Kaiserbilder heute die einzigen Werke ihres berühmtesten Sohnes, die unverändert im Besitz seiner Vaterstadt geblieben sind; im Germanischen Nationalmuseum sind sie als Dauerleihgaben ausgestellt.

Eine seiner berühmtesten Sehenswürdigkeiten hält die Erinnerung an Nürnbergs große Zeit im Spätmittelalter bis heute lebendig: der 1396 vollendete Schöne Brunnen auf dem Hauptmarkt. Die sieben Kurfürsten, die den Brunnenstock umringen, symbolisieren das Collegium, das den neuen Herrscher wählen durfte. Was einst die Treue zu Kaiser und Reich bildlich zum Ausdruck brachte, ist heute zur Erinnerung an die große, kaiserliche Epoche Nürnbergs geworden – gemeinsam mit der Burg und Dürers Kaiserbildern.

Albrecht Dürer: ▸
Bildnis Kaiser Sigismunds.
Öl auf Holz, 1510/13.
189 x 90 cm. Nürnberg,
Germanisches National-
museum (Leihgabe der
Stadt Nürnberg)

Auftrag Menschenrechte

Seit 1995 verleiht Nürnberg den internationalen Menschenrechtspreis. Als bundesweit einzige Kommune verfügt die Stadt zusätzlich über ein Menschenrechtsbüro.

von Oberbürgermeister Ulrich Maly

Den großen Sitzungssaal des Nürnberger Rathauses schmückt ein Wandteppich des Künstlers und ehemaligen Präsidenten der Akademie der Bildenden Künste, Hanns Herpich. Dort sind folgende Worte eingewebt: „Der internationale Nürnberger Menschenrechtspreis und die Straße der Menschenrechte sind Mahnung gegen das Vergessen, aber auch Zeichen der Hoffnung: Sie sind Symbole für den festen Willen der Bürgerinnen und Bürger Nürnbergs, dass von dieser Stadt nie mehr Hass, sondern nur noch Signale des Friedens, der Völkerversöhnung und der Menschlichkeit ausgehen sollen."

Dieser programmatische Satz fasst in beinahe schon pathetischer Weise die Selbstverpflichtung der Stadt Nürnberg zusammen, die Last eines schweren historischen Erbes in einen positiven Auftrag für Gegenwart und Zukunft zu verwandeln. Nicht von ungefähr im großen Versammlungsraum der politischen Gremien angebracht, erinnert der Leitspruch die Entscheidungsträger bei jeder ihrer Sitzungen an die im Jahr 2001 ins Leitbild der Stadt aufgenommene Vision einer Stadt des Friedens und der Menschenrechte.

Bereits 1993 hatte der israelische Künstler Dani Karavan mit der Straße der Menschenrechte in der Kartäusergasse eine imposante Installation mit großer Wirkkraft geschaffen: Als Verbindungsglied zwischen den Gebäudetrakten des Germanischen Nationalmuseums ist sie nicht nur ein beeindruckender städtebaulicher Akzent, in ihrer inhaltlichen Ausgestaltung – Kurzfassungen aller dreißig Artikel der Allgemeinen Erklärung der Menschenrechte eingraviert in Rundpfeiler strengster geometrischer Ausrichtung – knüpft sie direkt an die Verstrickungen Nürnbergs während der Zeit des Nationalsozialismus und die daraus erwachsenen humanitären Verpflichtungen an. Nicht zufällig enthält die Präambel der Menschenrechtserklärung auch einen direkten Verweis auf die Barbarei des NS-Regimes.

Weiterer Ausgangspunkt und gleichzeitig „Leuchtturm" der Nürnberger Menschen-

❮ MENSCHENWÜRDE ❮ GELTUNG DER RECHTE FÜR ALLE MENSCHEN IN ALLEN LÄNDERN UND GEBIETEN, UNABHÄNGIG VON IHRER INTERNATIONALEN STELLUNG ❮ RECHT AUF LEBEN, FREIHEIT UND SICHERHEIT ❮ VERBOT DER SKLAVEREI ODER LEIBEIGENSCHAFT ❮ VERBOT DER FOLTER ODER GRAUSAMER, UNMENSCHLICHER BEHANDLUNG ❮ ANSPRUCH AUF

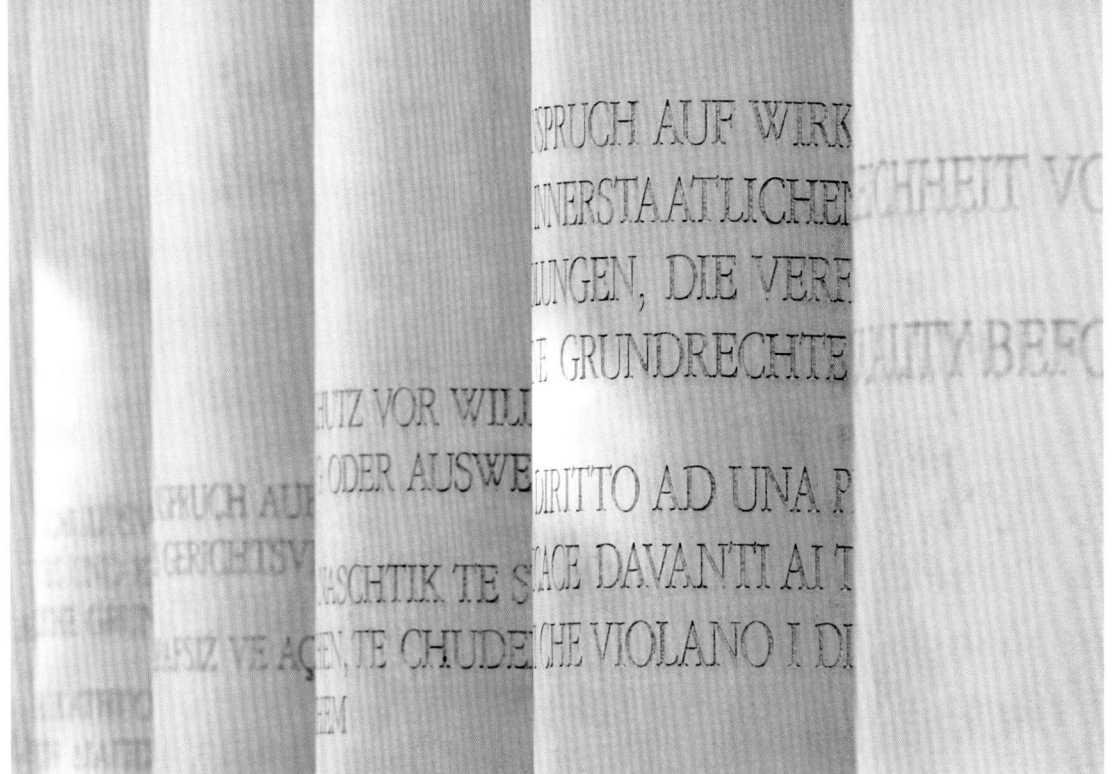

Kurzfassungen aller 30 Artikel der Allgemeinen Erklärung der Menschenrechte tragen die Säulen in der Straße der Menschenrechte, die der Künstler Dani Karavan 1993 schuf.

rechtsaktivitäten ist der vom damaligen Oberbürgermeister Dr. Peter Schönlein initiierte und im Jahr 1995 erstmals verliehene Internationale Nürnberger Menschenrechtspreis. Eine hochkarätige international besetzte Jury und die Unterstützung des Preises durch die Vereinten Nationen, die UNESCO und namhafte Nichtregierungsorganisationen haben dazu beigetragen, dass er zwischenzeitlich zu den beachteten internationalen Menschenrechtsauszeichnungen gehört. Die bisherigen Preisträger, allesamt Aktivistinnen und Aktivisten, die unter hohem persönlichen Risiko für den Menschenrechtsschutz in ihren Heimatländern eintreten, kommen aus allen Teilen der Welt: Mexiko, Pakistan, Usbekistan, Mauretanien, dem Iran u.a.m.

Von der Fülle der weltweit verliehenen Menschenrechtspreise hebt sich die Nürnberger Auszeichnung durch ihre starke Verankerung auch innerhalb der Bürgerschaft ab: Mit der Friedenstafel im Anschluss an den Festakt der Preisverleihung im Opernhaus feiert die Bevölkerung ein großes Fest der Solidarität mit ihrem Preisträger, dank der kommunalen Stiftung „Nürnberg – Stadt des Friedens und der Menschenrechte" und einer großen Spendenbereitschaft einzelner Bürgerinnen und Bürger können Projekte vor Ort über Jahre hinweg unterstützt werden.

Internationale Aktivitäten zur Durchsetzung der Menschenrechte jedoch verlieren ihre Glaubwürdigkeit, wenn wir nicht auch engagiert und selbstkritisch den Blick auf die Menschenrechtssituation vor unserer Haustür richten. In Nürnberg als einer Stadt, deren Bevölkerung zu fast 40 Prozent eine Zuwanderungsgeschichte hat, die den wirtschaftlichen Strukturwandel seit den 1980er Jahren noch längst nicht bewältigt hat und noch immer mit einer vergleichsweise hohen Arbeitslosigkeit und Armutsbedrohung zu kämpfen hat, gibt es wie andernorts auch Konflikträume, gibt es Ausgrenzungs- und Diskriminierungserfahrungen.

Menschen erleben diese aufgrund ihrer Herkunft, ihrer Hautfarbe, ihrer Religion,

ANERKENNUNG ALS RECHTSPERSON ◖ GLEICHHEIT VOR DEM GESETZ ◖ ANSPRUCH AUF RECHTSSCHUTZ ◖ VERBOT DER WILLKÜRLICHEN VERHAFTUNG ODER AUSWEISUNG ◖ ANSPRUCH AUF ÖFFENTLICHES VERFAHREN VOR EINEM UNABHÄNGIGEN RECHTSVERFAHREN ◖ RECHTSSTAATLICHE GARANTIEN: UNSCHULDSVERMUTUNG, KEINE STRAFE OHNE

Vor der Eingangshalle der Zeppelintribüne auf dem ehemaligen Reichsparteitagsgelände fanden die von dem Künstler Hans Jürgen Breuste aus Waffenschrott gefertigten Antikriegsobjekte „Overkill I und II" 1988 ihren Standort.

ihres Alters oder aber aufgrund einer Behinderung. Sie ereignen sich bei der Wohnungssuche, am Arbeitsplatz, in der Schule oder ganz einfach auf der Straße. Rassismus ist leider eine Alltagserscheinung und darf keinesfalls nur dem rechtsextremen und gewalttätigen Lager zugeordnet werden. Sie zeigt sich oftmals im Sprachgebrauch, aber auch in strukturellen Erscheinungsformen.

Gleichzeitig beinhaltet die Vision einer solidarischen Stadtgesellschaft neben der hohen Verantwortung, allen in der Stadt lebenden Menschen gleiche Verwirklichungschancen zu bieten, eine ganz besondere Fürsorge für die schwächsten und verletzlichsten Gruppen in unserem Gemeinwesen. Dazu zähle ich Kinder und Flüchtlinge ebenso wie alte und pflegebedürftige Menschen.

In Nürnberg hat sich eine reiche Infrastruktur aus zivilgesellschaftlichen und städtischen Institutionen entwickelt, die zusammen an der Umsetzung einer zukunftsorientierten gesellschaftlichen Konzeption von sozialem Zusammenhalt und gegenseitigem Respekt arbeiten. Eine zentrale Rolle spielt hierbei das bundesweit einzige kommunale Menschenrechtsbüro.

Als „moralischer Kompass" und Netzwerkknoten gleichermaßen konzipieren und implementieren die Mitarbeiterinnen und Mitarbeiter den Menschenrechtsschutz als Querschnittsaufgabe der Kommunalpolitik. Sie identifizieren Defizite und Leerstellen, stoßen Projekte und politische Aktivitäten an. Als Antidiskriminierungsstelle der Stadt Nürnberg haben sie das Ohr an den Problemlagen von Minderheiten, sie verankern die Menschenrechte in Bildungsprozessen und koordinieren gemeinsame Aktionen mit Kirchen, Verbänden und anderen zivilgesellschaftlichen Organisationen. Denn: Individuelle Haltungen, ob gegenüber Minderheiten oder Schwächeren oder aber die Bereitschaft zum eigenen aktiven Engagement lassen sich nicht verordnen, sie können nur über ein breites zivilgesellschaftliches Bündnis angestoßen, motiviert und nachhaltig verwurzelt werden.

Weitere Infos:
Menschenrechtsbüro Nürnberg · Hans-Sachs-Platz 2 90403 Nürnberg · Tel.: 0911 / 2315006
www.menschenrechte.nuernberg.de
menschenrechte@stadt.nuernberg.de
Der Menschenrechtspreis der Stadt Nürnberg wird seit 1995 im zweijährigen Turnus vergeben.

GESETZ ◦ SCHUTZ DER PRIVATSPHÄRE ◦ RECHT AUF FREIZÜGIGKEIT (NATIONAL UND ÜBERNATIONAL) ◦ ASYLRECHT ◦ RECHT AUF STAATSANGEHÖRIGKEIT ◦ RECHT AUF EHESCHLIESSUNG, SCHUTZ DER FAMILIE ◦ RECHT AUF EIGENTUM ◦ RELIGIONSFREIHEIT ◦ RECHT DER FREIEN MEINUNGSÄUSSERUNG ◦ VERSAMMLUNGS- UND VEREINIGUNGSFREIHEIT

Das Gelände und der Saal

**Dokumentations-
zentrum Reichs-
parteitagsgelände**

Bayernstraße 110
90478 Nürnberg
Tel.: 0911 / 2317538
www.
museen.nuernberg.de/
dokuzentrum
dokumentationszentrum
@stadt.nuernberg.de

Öffnungszeiten:
Montag bis Freitag
9 – 18 Uhr
Samstag und Sonntag
10 – 18 Uhr
Letzter Einlass 17 Uhr

**Memorium
Nürnberger
Prozesse**

Bärenschanzstr. 72
90429 Nürnberg
Tel.: 0911 / 32179372
www.memorium-
nuernberg.de
memorium@
stadt.nuernberg.de

Öffnungszeiten:
Mittwoch bis Montag
10 – 18 Uhr
Letzter Einlass 17 Uhr

Nürnberg stand 1945 vor einer extrem ernüchternden Bilanz: 90 Prozent der Altstadt lagen in Schutt und Asche, der Ruf der Stadt als „Stadt der Reichsparteitage" und der Nürnberger Rassegesetze war gründlich ruiniert. Geblieben war das für die Aufmärsche gebaute Reichsparteitagsgelände im Südosten, als belastendes Baurelikt mehr schlecht als recht weiter zu nutzen.

Eingang des Dokumentationszentrums Reichsparteitagsgelände. Die nationalsozialistische Architektur wird baulich seziert und ist zugleich das wichtigste Ausstellungsobjekt des Dokumentationszentrums.

Auch der Prozess gegen die Hauptkriegsverbrecher im Saal 600 des Nürnberger Justizgebäudes 1945/46 wurde später eher als negativ empfunden – man wollte die braune Vergangenheit Nürnbergs vergessen.

Über 70 Jahre nach dem Zweiten Weltkrieg sieht die Bilanz, nach einem jahrzehntelangen Entwicklungsprozess, anders aus: Das 2001 eröffnete Dokumentationszentrum Reichsparteitagsgelände steht für eine gelungene Aufarbeitung der Geschichte. Die historische Dokumentation und die Architektur Günther Domenigs, die mit einem Pfahl quer durch den Baukörper der Kongreßhalle ein starkes Zeichen gegen die nationalsozialistische Architektur setzt, hat das Museum zu einem Besuchermagneten für ein internationales Publikum werden lassen. Ein engagiertes pädagogisches Programm im Studienforum, Wechselausstellungen und die Erschließung des übrigen Reichsparteitagsgeländes durch Informationspunkte zeigen, dass die Dokumentation der lange verdrängten NS-Zeit heute fast selbstverständlich zur Außendarstellung der Stadt gehört.

Nürnberg ist hier anderen Städten und Regionen in Deutschland zum Teil weit voraus und hat mit dem 2010 eröffneten „Memorium Nürnberger Prozesse" ein neues Kapitel in der Museumslandschaft aufgeschlagen. Im Dachgeschoss neben dem berühmten Saal 600, dem Ort der „Nürnberger Prozesse", wird in einer kompakten Ausstellung nicht nur die juristische Abrechnung mit der Nazi-Führung dokumentiert, sondern auch das Erbe von Nürnberg aufgegriffen, das schließlich zum Internationalen Strafgerichtshof in Den Haag führte. Die Hoffnungen auf eine juristische Ächtung des Angriffskriegs und die Forderung des amerikanischen Anklägers bei den Prozessen Benjamin Ferencz „Make law not war" sind mit Nürnberg eng verbunden. Darauf kann die Stadt stolz sein.

Die beiden Teile der originalen Anklagebank des Hauptkriegsverbrecherprozesses zählen zu den spektakulärsten Ausstellungsstücken des Memoriums Nürnberger Prozesse. Auf ihnen saßen unter anderem Göring, Heß, Ribbentrop und Keitel.

Ein fast versteckter Lieblingsort

Der Klarissenplatz liegt nahe dem Hauptbahnhof und doch fern vom
bunten Treiben. Schmale Gassen leiten den Fußgänger hierhin.
Umso überraschender ist der Moment, wenn sich der Platz öffnet und
den Blick auf die geschwungene Fassade des Neuen Museums freigibt.

**Neues Museum
Nürnberg**
Klarissenplatz
90402 Nürnberg
Tel.: 0911 / 240200
www.nmn.de
info@nmn.de

Öffnungszeiten:
Dienstag bis Sonntag
10 – 18 Uhr
Donnerstag
10 – 20 Uhr

Gleich einem riesigen Schaufenster ge-
währt die Front einen ersten Einblick ins
Museumsinnere, wo zeitgenössische Raum-
strukturen, Malerei, Plastik, Fotografie,
Videokunst, Installationen und Design in
einen spannungsreichen Dialog treten. Das
Museumscafé mit seinen weißen Schirmen
steigert das italienisch anmutenden Flair,
eine wohl sortierte Kunstbuchhandlung
und ein Designshop machen es möglich,
Anregungen in unterschiedlichster Form
zu finden und mit nach Hause zu tragen.

Zwei Sammlungen, freie Kunst ab 1960 und
angewandte Kunst ab 1945, sind im Neuen
Museum zusammengeführt und gleichge-
wichtig präsentiert. Arbeiten von Günter
Fruhtrunk, Bridget Riley, Armando, Nam
June Paik oder Thomas Ruff gibt es daher
genauso wie eine Hommage an Ettore
Sottsas oder Objekte junger Designer.
Die Sammlung Kunst speist sich aus einer
umfangreichen Dauerleihgabe der Stadt
Nürnberg, privatem Engagement und
Neuerwerbungen aus Staatsmitteln. Für die

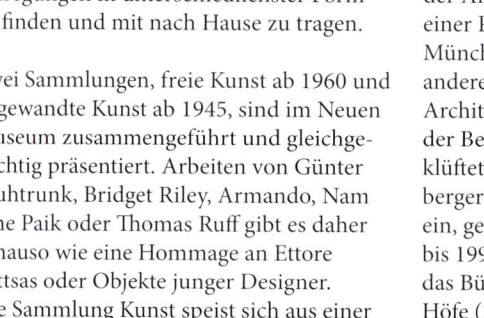

Sammlung Design besteht eine Kooperati-
on mit der Neuen Sammlung in München.
Zusätzliche Sonderausstellungen werden
drei- bis viermal jährlich im großen Saal
realisiert.

Die glückliche städtebauliche Fügung ist
dem Berliner Architekten Volker Staab
zu verdanken. Das Neue Museum ist der
zweite Bau seiner Karriere als freischaffen-
der Architekt und steht ganz am Anfang
einer Reihe renommierter Kulturbauten in
München, Dresden, Bayreuth, Berlin und
anderen Orten. Als junger, aufstrebender
Architekt reichte Staab seine Vorstellung
der Bebauung des damals kleinteiligen, zer-
klüfteten Hinterhofes am Rande der Nürnberger Altstadt in den Bundeswettbewerb
ein, gewann 1991, und setzte das Projekt
bis 1999 um. Staab, der in Nürnberg auch
das Büro- und Geschäftshaus Sebalder
Höfe (2005-2008) und den Augustiner Hof
(2008-2013) verantwortet, wurde 2011 für
sein einfühlsames Gesamtwerk mit dem
Großen BDA-Preis ausgezeichnet. In der
Rede der Jury heißt es: „Der Architekt
Volker Staab zeichnet sich in seinem über
Jahre kontinuierlich entwickelten Werk
durch den Mut und durch das selbstreflek-
tierende Verständnis aus, auf den billigen
Triumph der großen Geste zu verzichten.
Sensibel und dennoch mit einer unverwechselbaren Handschrift baut er das Prägende des Ortes weiter. Damit setzt Staab
für heutige Architektur einen Maßstab, wie
ohne selbstherrliche Zeichensetzung auf
Anforderungen unserer Zeit mit gestalte-
rischen Mitteln zu reagieren ist." Dieses
Maßhalten prägt auch das Neue Museum
und den Klarissenplatz: Ein Lieblingsplatz
der Gestern und Heute harmonisch vereint
und Raum zum Denken schafft.

Kunst stößt die Auseinandersetzung mit anderen Sichtweisen an: Tony Craggs Skulptur (diese Seite links) tritt in einen Dialog mit der Architektur. Design und Kunst werden zueinander in Beziehung gesetzt. Die gleichgewichtige Präsentation von Kunst und Design im Neuen Museum ist deutschlandweit einmalig.

Schönklang im Schutz der Burg

Der Musikinstrumentenbau in Nürnberg

von Frank P. Bär

Zu fortgeschrittener Stunde, ein Glas Wein in der Hand, äußerte ein altgedienter Nürnberger Lokalpolitiker einmal sinngemäß: „Nürnberg hat eine Mauer, die die Stadt vor jeder Einnahme schützte. Durch diese Mauer kam jahrhundertelang nichts hinaus, aber auch nichts herein."

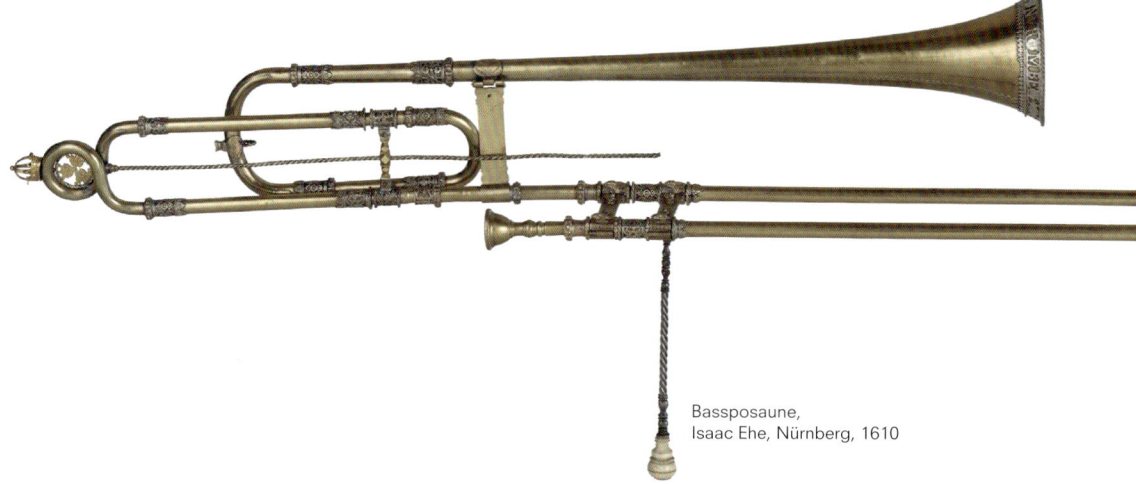

Bassposaune,
Isaac Ehe, Nürnberg, 1610

Auch wenn Verehrer der Noris den Impuls verspüren sollten, etwas Pegnitzwasser in besagten Wein zu gießen, so ist dem Politiker doch eine gewisse kritische Hellsichtigkeit nicht abzusprechen. Aufstieg und Niedergang des Nürnberger Musikinstrumentenbaus sind ein ausgezeichnetes Beispiel dafür, wie die qualitätvolle Arbeit und die Innovationskraft der Instrumentenbauer von gut gemeinten administrativen Restriktionen bald gefördert, bald gebremst wurden.

Die ersten Instrumentenmacher treten im 14. Jahrhundert auf. Ab etwa 1300 widmet sich die Familie Rosenhardt mehr als 200 Jahre lang dem Glockenguss, gefolgt von den um 1360 nachzuweisenden Drahtziehern, aus denen 1388 die Saitenmacher hervorgehen, die bis ins 18. Jahrhundert hinein den europäischen Markt dominieren. Schließlich wird 1427 mit Hanns Franck, einem Kupferschmied, der erste Trompeten- und Posaunenmacher aktenkundig.

Dass alle drei Handwerke aus metallverarbeitenden Betrieben hervorgegangen sind, ist kein Zufall: Das an Rohstoffen arme, aber an bedeutenden Handelswegen liegende Nürnberg hatte sich auf die Weiterverarbeitung der gelieferten Materialien konzentriert und gerade in der Metallverarbeitung eine Spitzenstellung in Europa erreicht. Noch 1795 bezeichnet der schreibende Trompeter Ernst Altenburg Nürnberger Trompeten, Hörner und Posaunen als die besten, die zu haben seien.

Einem weiteren materialspezifischen Zugang verdankten die Holzblasinstrumentenmacher ihren Ruhm, denn eine Nürnberger Spezialität war die Herstellung von bei der Jagd verwendeten Wildrufen, die aus Horn oder Elfenbein gedrechselt wurden. Der Schritt einiger Handwerker von raffinierten, mehrfach kombinierten Lockgeräten zu feinsten Nürnberger Holzblasinstrumenten erforderte allerdings einen Verwaltungsakt.

Klarinette,
Jacob Denner, Nürnberg,
um 1720

1696 erbaten Johann Schell und Johann Christoph Denner für sich das Recht, Holzblasinstrumente nach den wenige Jahrzehnte zuvor in Frankreich entstandenen barocken Vorbildern zu bauen. Hätte der Rat der Stadt damals keine Flexibilität bewiesen, wären der Welt einige der besten je gebauten Instrumente und wohl auch die Erfindung der Klarinette in der Werkstatt der Familie Denner vorenthalten worden. Holzblasinstrumente aus den Werkstätten Denner, Schell, Oberlender oder Gahn setzten ein halbes Jahrhundert lang in Europa Maßstäbe in Stimmung und Klangqualität und gehören auch heute noch zu den wertvollsten Objekten in Musikinstrumentensammlungen auf der ganzen Welt.

Andere, in hoher Qualität hergestellte Musikinstrumentenarten entsprangen nicht einer Materialzuweisung, sondern dem außerordentlichen Geschick einzelner Instrumentenmacher, die oft auch virtuose Musiker waren. So standen die Nürnberger Lauten- und Geigenmacher denen aus Füssen und Mittenwald in nichts nach. Schelle, Maussiell, Busch und andere schufen Lauten, Gamben und Violinen, die heute begehrte Vorlagen für Nachbauten in der historischen Aufführungspraxis sind. Der bekannteste der Geigenbauer und Begründer einer fast hundert Jahre lang wirkenden Dynastie, Leopold Widhalm, stieß sich allerdings wieder an der Nürnberger Stadtmauer. 1745 aus Österreich zugewandert, musste er sich nach einem Rechtsstreit mit seinem Konkurrenten Maussiell als Katholik im Vorort Gostenhof der protestantischen Noris niederlassen, was seinem Geschäft nicht schadete: Im 19. Jahrhundert wurden seine Instrumente zeitweise höher gehandelt als diejenigen Stradivaris.

All dieses Know-how galt es zu schützen, und so gab es in Nürnberg zur Marktregulierung keine von den Handwerkern selbst organisierten Zünfte. Stattdessen änderte die Stadt den Status eines Handwerks, das Erfolg hatte, von einem „freien" in ein „gesperrtes" um. Festgelegt wurden die jeweilige Höchstzahl der Meister und – bis ins kleinste Detail – ihr genauer Tätigkeitsbereich. Dies führte außer zu einer extremen Spezialisierung auch zu einer kuriosen demographischen Entwicklung, in der junge Gesellen die Witwe eines verstorbenen Instrumentenmachers ehelichten, an die die Lizenz für das Handwerk nach dem Tod des Meisters übergegangen war.

Deutsche Theorbe,
Sebastian Schelle,
Nürnberg, 1744

Tenorgambe, Ernst Busch,
Nürnberg, um 1630

Dazu gab es strenge Einschränkungen der Reisefreiheit, um das kostbare Wissen im Mauerrund zu halten. Doch es gab Ausnahmen: Eine berühmt gewordene Reise war die des Trompetenmachers Hans Neuschel d.J. zu Papst Leo X., um ihm persönlich einen Satz silberner Posaunen zu überbringen und ihn bei dieser Gelegenheit gleich mit einem Ständchen zu erfreuen. Unterwegs war er allerdings irgendwann um 1515, also etwas mehr als 100 Jahre, bevor das Trompetenmacherhandwerk im Jahre 1625 gesperrt wurde.

Der jahrhundertelange, erfolgreich betriebene Protektionismus erwies sich jedoch ab der Mitte des 18. Jahrhunderts als hinderlich. Die geschützt hinter ihrer Mauer sitzenden, reglementierten Nürnberger Instrumentenmacher verpassten den Anschluss an die neuen Fertigungsmethoden im Zeitalter der Industrialisierung. In Paris und London entstanden riesige, teils mit Dampfkraft betriebene Instrumentenfabriken. In Leipzig, Dresden und Wien profitierten kleinere und größere Handwerksbetriebe vom freien Wissens- und Warenverkehr. Als Franken 1806 zum Königreich Bayern geschlagen wurde, waren die Nürnberger Instrumentenmacher technologisch so weit ins Hintertreffen geraten, dass sie die auch hier einsetzende industrielle Blüte nicht mitvollziehen konnten – auch, weil sich die beiden Lokomotiven des deutschen Instrumentenbaus, die Herstellung von Klavieren und Harmonikainstrumenten, in Nürnberg nie etabliert hatten.

Heute haben sich einige Instrumentenbauer in nun freier Umgebung wieder auf die typischen Nürnberger Tugenden besonnen. Sie bemühen sich um höchste Qualität, Innovation und vor allem Individualität, mit der sie Kundenwünschen in einem von Massenprodukten beherrschten Markt gerecht werden. Interessiert man sich aber für die Musikinstrumente, die – neben einem einstmals blühenden Notendruck – den Ruhm Nürnbergs in der Musikwelt ausmachten, ist der Gang ins Germanische Nationalmuseum ein Muss: Die Geigen der Widhalms, die Trompeten und Posaunen der Ehes, die Hörner von Haas, die Lauten von Schelle, die Gamben Buschs, die Oboen, Blockflöten und eine der ersten Klarinetten aus der Familie Denner: Sie und noch viele andere Musikinstrumente, die einmal zu den besten der Welt zählten, sind dort zu sehen – und einige unter ihnen mit etwas Glück in einem Konzert der seit 1956, gemeinsam mit dem Bayerischen Rundfunk, Studio Franken, veranstalteten Reihe „Musica Antiqua" auch zu hören.

Blech für Individualisten

Bis ein Trompeter seinen persönlichen Ausdruck findet, ist ein langer Entwicklungsprozess nötig. Ein Instrumentenbauer begleitet ihn dabei. Im Idealfall entwickelt er ein Instrument gemeinsam mit dem Musiker, das diesem praktisch aufs Herz geschrieben ist. So wie Christoph Endres. Als einer der wenigen Hersteller in Deutschland baute er 1999 Trompeten mit Pumpventilen (Perinet-Trompete) statt Drehventilen. Für Jazzmusiker, die auf individuelle Phrasierung großen Wert legen, war das Instrument wie geschaffen. Der nationale Durchbruch gelang Endres, als Tobias Weidinger, Leadtrompeter in Bands mit Starbesetzung, sich sein eigenes Modell von ihm bauen ließ. Seitdem ist der Nürnberger Instrumentenbaumeister eine Hausnummer in der Branche und mit Spezialanfertigungen voll in seinem Element.

Ausgehend von Spielarten wie „Musical und Klassik", „Studio", „Allround", „Jazzcombo" und „Leadhorn" (Massivsilber!), die für renommierte Musiker modellhaft entwickelt wurden, arbeitet Endres jede einzelne Trompete im Hinblick auf Material, Lötung und Klang möglichst optimal aus. Ähnlich extravagant gestaltet sich der Bau von Flügelhörnern und Posaunen. Einsteiger kommen nicht zu kurz: „Blech IN Nürnberg" führt auch Schülerinstrumente. Mitsamt Beratung und Reparaturservice verfügt der Inhaber über Möglichkeiten, die ihn europaweit zu einem gefragten Experten machen.

Blech IN Nürnberg
Humboldtstr. 140
90459 Nürnberg
Tel.: 0911 / 4399639
www.blechIN.de
info@blechIN.de

Öffnungszeiten:
Montag bis Freitag
10 – 13 Uhr und
14 – 18 Uhr
Mittwochvormittag
geschlossen
Samstag 10 – 13 Uhr

Saxophone in HD-Qualität

Mehr als bei allen anderen Instrumenten wurde beim Saxophon die Serienfertigung großer Firmen zur Norm. Da alte Handwerkstechniken vom Markt verdrängt wurden, entwickelte sich auch das Klangbild in Richtung eines ausgewogenen Standard-Sounds – zum Missfallen vieler Künstler. Dem Instrumentenbauer Harald Dallhammer, der 1992 bei Musik Fisera mit einer Lehre begann und den Laden nach seiner Meisterprüfung übernahm, war die Sehnsucht nach dem wärmeren, voluminösen Klang der alten Instrumente bekannt, schließlich gingen bei ihm viele Saxophonisten ein und aus, um etwas reparieren zu lassen oder neue Modelle zu testen. Dadurch angeregt setzte der Instrumentenbauer eine neue Generation von Saxophonen um, die niemand außer ihm mit diesen Eigenschaften herstellt. Die 2007 aus der Taufe gehobene Marke „Harald Dallhammer" (HD) vereint den Klang der alten „Vintage-Modelle", sprich der historischen Saxophone, mit den Vorzügen moderner Mechanik und Intonation.

Die Individualität des Musikers rückt in den Vordergrund. Die Mechanik wird den Handflächen angepasst, die S-Bogen-Stütze durch handgeschmiedete Maßarbeit klanglich optimiert. Je nach Wunsch ist das Saxophon verschliffen und klar lackiert, unlackiert sowie im „Vintage Look" erhältlich. Erfahrene Musiker wissen die Spitzenqualität zu schätzen: Zu Dallhamers Kunden zählen unter anderem Größen wie Norbert Nagel und Norbert Emminger.

Musik Fisera
Humboldtstr. 128
90459 Nürnberg
Tel.: 0911 / 452499
www.musik-fisera.de
info@musik-fisera.de

Öffnungszeiten:
Montag bis Freitag
9 – 13 und 14 – 18 Uhr
Samstag 9 – 13 Uhr
Mittwoch und jeden
letzten Samstag im
Monat geschlossen

Schöne Geigenstimmen treffen aufeinander

Jede Geige hat, wie Andreas Haensel weiß, ihre eigene Stimme und eigenen Charakter. Die Klangkörper, die der Geigenbaumeister formt, führen hinaus aus der Stadt nach Kleinsendelbach, unweit des Geigenbau-Ortes Bubenreuth. In einem ehemaligen Stallgebäude betreibt Andreas Haensel, neben seiner Arbeit in den Meisterwerkstatt von Roderich Paesold, seit 2009 ein Atelier für künstlerische Unikate. Den Stimmen der historischen Instrumente von Stradivari zuliebe, die einen Ton wie Opernsänger entwickeln können, hat er sich auf detailgetreue Kopien der berühmtesten Geigen und Celli des alten italienischen Meisters spezialisiert. Auch Modelle von Giuseppe Guarneri finden hier einen Nachklang. Die erste Auszeichnung für den jungen Geigenbaumeister ließ nicht lange auf sich warten: 2010 erlangte er beim viel beachteten internationalen Geigenbauwettbewerb in Pisogne, nahe Cremona, den 3. Platz für ein antik imitiertes Instrument – angesichts der weltweiten Konkurrenz ein mehr als respektables Ergebnis.

Den jüngsten Neuzugang im klangvollen Ensemble bilden Instrumente nach eigenen kreativen Entwürfen. Andreas Haensel verwendet für viele Jahre abgelagertes Tonholz und legt Wert auf eine individuelle Ausführung. Handwerkliche Feinstarbeit leistet er bei jedem Modell.

Geigenbau Andreas Haensel
Hauptstraße 17 · 91077 Kleinsendelbach
Tel.: 09126 / 291995
www.andreas-haensel.de · mail@andreas-haensel.de
Termine nach Vereinbarung

Vielsaitiges Kunsthandwerk

Geigenbau Geiger
Pirckheimerstr. 92a
90409 Nürnberg
Tel.: 0911 / 9566888
www.
geigenbau-geiger.de
ludgergeiger@gmx.de

Öffnungszeiten:
Montag bis Freitag
9 – 13 Uhr
und 14 – 18 Uhr
Samstag
9 – 13 Uhr

Wenn ein Mensch Hunger hat, isst er. Wenn er Durst hat, trinkt er. Doch gibt es auch ein Bedürfnis, Geige zu spielen? Die Entstehungsgeschichte des Instruments lässt eine eindeutige Antwort zu: Seit der Neuzeit dient die Geige dem modernen Menschen dazu, seine individuelle Gefühlswelt auszudrücken – ein lebensnotwendiges Bedürfnis ist das zwar nicht, jedoch ein persönliches. Mit diesem Ansporn fertigt der Nürnberger Geigenbaumeister Ludger J. Geiger hochwertige Streichinstrumente in Einzelarbeit an. Auch wenn die Grundform Geige immer die gleiche ist, wird jedes Instrument auf die individuellen Bedürfnisse des Musizierenden – die Physiognomie, das Können, den bevorzugten Musikstil – ausgerichtet.

Vom tief greifenden Verständnis des Kunsthandwerkers, der unter anderem in den Geigenbau-Hochburgen Mailand, Cremona und Den Haag lernte, profitieren sowohl Neueinsteiger als auch Profis. Neben traditionell gebauten Klangkörpern liegt ein Schwerpunkt auf der akkuraten Restaurierung alter Instrumente. Ein Alleinstellungsmerkmal bilden Streichinstrumente, die nach dem Prinzip von Dr. Thomastik, dem Vor-Vorgänger des Inhabers, gebaut sind. Hier werden das Oberteil und die Rückseite direkt in Schwingung versetzt, sodass das Instrument dem Spieler spürbar näher ist. Ein großer Vorrat an Leihinstrumenten in allen Größen sowie das notwendige Zubehör runden das Angebot ab.

Europas Fest Geistlicher Musik

Es war ein ambitioniertes Projekt: Mit ihrer dreiteiligen Orgel, 1937 feierlich eingeweiht, hat die Nürnberger Lorenzkirche die größte Orgelanlage in einer evangelischen Kirche in Deutschland. Doch nur wenige Jahre später sinkt sie in den Bombennächten des Zweiten Weltkriegs in Schutt und Asche.

Umso größer die Freude, als 1951 die Hauptorgel von St. Lorenz wieder spielbar ist: Walter Körner, Organist der Lorenzkirche, und sein Kollege in St. Sebald, Friedrich Ehrlinger, feiern dies mit einer Internationalen Orgelwoche, zu der sie Organisten und Kirchenmusiker aus ganz Europa einladen. Kaum jemand hätte es wohl für möglich gehalten, dass sich aus diesem ersten Impuls in der vom Krieg noch weitgehend zerstörten Stadt eines der größten und bedeutendsten Festivals für Geistliche und Orgelmusik weltweit entwickeln würde.

Nürnberg ist stolz auf eine große Orgelmusiktradition, die Traxdorff-Orgel in St. Sebald galt bis zu ihrer Zerstörung im Zweiten Weltkrieg als eine der ältesten Orgeln der Welt und der Sebaldus-Kantor Johann Pachelbel ist der wohl prominenteste in einer langen Reihe bedeutender Nürnberger Kirchenmusiker. Und so pilgern auch heute Liebhaber der Geistlichen Musik und Orgelenthusiasten in jedem Jahr zur ION, um in der einzigartigen Atmosphäre der gotischen Kirchen der Altstadt zehn Tage lang einem hochkarätigen und vielfältigen Angebot zu lauschen, das von der Musik der frühen Mehrstimmigkeit bis zu den Klängen unserer Tage alle Gattungen und Besetzungen an Geistlicher Musik präsentiert.

Neben den Orgelkonzerten, für die die berühmtesten Organisten aus aller Welt verpflichtet werden, ist ein Orgelwettbewerb zentraler Bestandteil des Festivals, das sich mit einem „Schulprojekt" auch den Konzertbesuchern von Morgen widmet. Ein weiterer Schwerpunkt im Programm liegt auf der instrumentalen und vokalen Musica Sacra. Gottesdienste, Meisterkurse und wissenschaftlichen Symposien begleiten das Programm.

„Für Orgeln und Orgelmusik liegt der Nabel der Welt, wenigstens der europäischen, jeden Sommer in Nürnberg", schreiben Karl-Heinz Göttert und Eckhard Isenberg in ihrem Orgelführer Deutschland. Dem bleibt kaum etwas hinzuzufügen.

Musik mit internationalen Gästen: 2008 spielte Dong-ill Shin an der Klais-Orgel der Frauenkirche (Bild oben). Unten (v. li.): Christoph Fischesser (Bass), Yosep Kang (Tenor), Renée Morloc (Alt) und Susanne Bernhard (Sopran), die unter der Leitung von Fabrice Bollon zusammen mit der Camerata Vocale Freiburg und der Frankfurter Kantorei sowie der basel sinfonietta 2008 in St. Lorenz das Requiem von Giuseppe Verdi aufgeführt haben.

Internationale Orgelwoche Nürnberg – Musica Sacra
Lorenzer Platz 10a · 90402 Nürnberg · Tel.: 0911/2144466
www.ion-musica-sacra.de · info@ion-musica-sacra.de
Termin: Die ION findet in der Regel Ende Juni / Anfang Juli statt.

Familiäre Schwingungen

„Alles was man tun muss, ist die richtige Taste zum richtigen Zeitpunkt zu treffen", befand Johann Sebastian Bach einst über das fehlerfreie Spiel am Cembalo. Bevor allerdings die richtige Taste getroffen werden kann, sind Klavierbauer gefragt. Ihre Marken stehen für unverwechselbaren Klang. Welche Maßstäbe sie setzen, weiß Michael Wiesengrund von Piano Haid.

Piano Haid
Erlenstegenstr. 99
90491 Nürnberg
Tel.: 0911 / 226604
www.
steinway-nuernberg.de
info@piano-haid.com

Öffnungszeiten:
Montag bis Freitag
10 – 18 Uhr
Samstag
10 – 14 Uhr
und nach telefonischer
Vereinbarung

Nur ein Dutzend deutscher Firmen baut noch Flügel und Klaviere. Michael Wiesengrund, der Inhaber von Piano Haid, könnte als gelernter Klavierbauer auch in dieses Geschäft einsteigen. Doch die besten Pianos existieren seiner Ansicht nach unverändert schon seit über 100 Jahren. Daher konzentriert er sich ähnlich wie sein Großvater, der Firmengründer Hugo Haid, auf den Handel mit Pianos der ruhmreichen Marke Steinway & Sons.

Das Traditionsunternehmen wurde zwar in New York gegründet, die begehrten Klangkörper für den europäischen Markt werden jedoch in Hamburg hergestellt – der Unternehmensgründer Heinrich Engelhard Steinweg stammte aus dem Harz, als Auswanderer amerikanisierte er seinen Namen in den Staaten in Steinway. Mit insgesamt

128 Patenten revolutionierte das Unternehmen den Pianobau. In der Spitzenklasse produziert das Haus heute die einzigen modernen Tasteninstrumente, deren Wert mit dem Alter sogar zunimmt.

Die Hochwertigkeit des Materials und die technische Perfektion machen für Michael Wiesengrund einen wesentlichen Teil der Steinway-Philosophie aus. In formvollendeter Gestalt ist das Ergebnis ein Meisterwerk mit 12 000 Einzelteilen, einem Gehäuse aus 20 Holzschichten, einer massiven Eisen-Gussplatte, die eine Zuglast von 20 Tonnen aushält, dem Resonanzboden und den Saiten. Die Seele des Klaviers lässt sich dagegen nicht in Zahlen ausdrücken. Michael Wiesengrund umschreibt das so: „Wer mit dem Anschlagen der Tasten die Saiten in harmonische Schwingungen versetzt, fühlt und lebt das Wechselspiel der Materialien, die das Klangbild mit vollen Tönen ausmalen."

Die persönliche Beziehung zu dem Instrument ist bei Steinway eine besondere, vor allem unter Spitzenmusikern. Als Dave Brubeck Anfang der 90er Jahre in Nürnberg auftrat, lieferte Piano Haid den gewünschten Flügel. Ebenso beim Starpianisten Lang Lang, den Piano Haid 2005 im Rahmen einer Veranstaltung begleitete. Auch Wilhelm Furtwängler, Daniel Barenboim, Martha Argerich, Jacques Loussier und Chick Corea kamen über die gemeinsame Begeisterung für das Instrument mit dem Nürnberger Pianohaus zusammen. Die Liste der gefeierten Musiker ist lang.

Steinway & Sons Flügel und Klaviere werden in Hamburg und New York unter dem Leitsatz gefertigt, den Henry E. Steinway als Qualitätsvorgabe wählte: „To build the best piano possible".

Piano Haid verleiht und verkauft die Instrumente nicht allein, sondern kümmert sich auch um Pflege und Reparatur. Um verschiedenen Ansprüchen gerecht zu werden, führt Michael Wiesengrund neben der Edelmarke Steinway Instrumente für Einsteiger und „Modelle aus dem mittleren Segment": die Hausmarke „Meistersinger" sowie die beiden Steinway-Töchter „Boston" und „Essex". „Was die Menschen schätzen, ist unsere familiäre Atmosphäre", betont er. Ein Instrument ist ja auch so etwas wie ein Familienmitglied, ob beim gemeinsamen Musizieren, der musikalischen Erziehung der Kinder oder der ganz privaten Liebhaberei.

„Wer mit dem Anschlagen der Tasten die Saiten in harmonische Schwingungen versetzt, fühlt und lebt das Wechselspiel der Materialien."
– Michael Wiesengrund

Die Sprache der Leidenschaften

Das Gesamtkunstwerk der Oper konnte sich anfangs nur gegen große Widerstände durchsetzen. Heute überwiegen Enthusiasmus und Begeisterung.

von Jörg Krämer

Seit es die Oper gibt, ist sie umstritten. Puritanern und Fundamentalisten jeglicher Couleur war und ist ihre demonstrative Pracht verdächtig. Ihren Verächtern gilt die Oper als künstlich, übertrieben aufwendig, unglaubwürdig und unnatürlich, ihre Verehrer lieben sie gerade deshalb – wegen ihres Abstands zur Alltagsrealität. Die Fronten sind spätestens seit der Aufklärung abgesteckt. So spottete schon Johann Christoph Gottsched, der wichtigste Theoretiker der deutschen Frühaufklärung, die Oper sei das „ungereimteste Werk", das der menschliche Verstand je erfunden habe: „Wir müssen uns einbilden, wir wären in einer anderen Welt, wenn wir eine Oper […] ansehen: So gar unnatürlich ist alles. Die Leute dencken, reden und handeln ganz anders, als man im gemeinen Leben thut […], schelten und klagen nach dem Tackte, und wenn sie sich aus Verzweiflung das Leben nehmen, so verschieben sie ihre Heldenmäßige That so lange, bis sie ihre Triller ausgeschlagen haben." Und der große Voltaire mokierte sich ähnlich über eine Kunstform „wo man bei der Zerstörung einer Stadt Arietten singt und um Gräber tanzt."

Trotz dieser Kritik setzte sich die Oper beim Publikum durch – als „Gesamtkunstwerk", das Musik und Text, Gesang und Szene, Tanz und Dekoration, Licht und Raum integriert oder in ein spannungsvolles Verhältnis setzt. Opernaufführungen fordern die menschliche Wahrnehmungsfähigkeit auf vielfältigste Weise und finden daher bis heute begeisterte Liebhaber, für die die Oper die größte Kunstform überhaupt darstellt. Und in der Tat läßt sich das Glück, das eine gelungene Aufführung hervorbringen kann, mit wenig anderem vergleichen. Das musikalische Theater mit seinen enormen sinnlichen Potentialen ist daher zugleich eine öffentliche Kunst, in der das Publikum eine entscheidende Rolle wie sonst kaum spielt. Auch in Nürnberg ist die Geschichte der Oper eine Geschichte von Enthusiasmus und Begeisterung, aber auch von steten Kämpfen und Widerständen. Schon bald nach der Entstehung der Oper als Kunstform, in der Barockzeit, stand Nürnberg an der Spitze ihrer Entwicklung in Deutschland – und doch sollte es noch bis 1833 dauern, bis mit dem (1945 zerstörten) Stadttheater am Lorenzer Platz erstmals ein fester Theaterbau in Nürnberg errichtet wurde. Gar erst 1905 erhielt das Musiktheater mit dem Opernhaus am Ring eine angemessene Wirkungsstätte; inzwischen hatten zahlreiche andere deutsche Städte Nürnberg längst überholt und verfügten schon seit Jahrhunderten über großartige Opernhäuser.

Ähnliches gilt für die klassische Instrumentalmusik, insbesondere das große Symphoniekonzert. Friedrich Schiller etwa waren die Phantasie-Potentiale und die sinnlichen Wirkungen, die die klassische Orchestermusik bei den Hörern seiner Zeit freisetzte, zutiefst verdächtig: „Ein bis ins Tierische gehender Ausdruck der Sinnlichkeit erscheint dann gewöhnlich auf allen Gesichtern, die trunkenen Augen schwimmen, der offene Mund ist ganz Begierde, ein wollüstiges Zittern ergreift den ganzen Körper, der Atem ist schnell und schwach, kurz alle Symptome der Berauschung stellen sich ein: zum deutlichen Beweise, daß die Sinne schwelgen, der Geist aber oder das Prinzip der Freiheit im Menschen der Gewalt des sinnlichen Eindrucks zum Raube wird." (Über das Pathetische, 1790) Dennoch oder vielleicht gerade deswegen etablierte sich das große öffentliche Kon-

zert im späten 18. Jahrhundert – auch in Nürnberg. Heute sorgen die beiden Nürnberger Orchester (die Nürnberger Philharmoniker und die Nürnberger Symphoniker) mit ihren Konzertreihen sowie private

Mehr Publikum als bei den Fußballspielen des 1. FCN

Konzertveranstalter und freie Ensembles, aber auch die großen Kirchen mit ihrer Kirchenmusik für ein hochwertiges, umfassendes und abwechslungsreiches Angebot. Und neben den professionellen Anbietern existiert in Nürnberg zudem eine umfangreiche Laienmusik-Szene – die Faszination des „hier und jetzt" Musizierten ist trotz der Konkurrenz der Medien und der CD-Konserven ungebrochen. Gleichwohl besitzt Nürnberg keinen wirklich erstklassigen Konzertsaal, in dem die sinnlichen Qualitäten der Musik vollständig zur

Geltung kommen könnten. Hier liegt noch eine große Aufgabe für die Zukunft.

Auch wenn Oper und Konzert manchen Zeitgenossen auf den ersten Blick antiquiert und unzeitgemäß erscheinen mögen, so verleiht gerade dieses Unzeitgemäße ihnen auch Stärke und Widerstandskraft gegen die kurzatmigen Moden des Zeitgeistes. Oper und Konzert behaupten sich daher auch heute, trotz eines veränderten Freizeitverhaltens und trotz der enormen Konkurrenz anderer Kunstformen, Medien und Freizeitmöglichkeiten. Denn Oper und Konzert sind bis heute durch nichts zu ersetzen – sie bilden die Sprache der menschlichen Leidenschaften am vollständigsten und gültigsten aus. Auch in Nürnberg besuchen deshalb jedes Jahr mehr Menschen Opernaufführungen und klassische Symphoniekonzerte als z.B. die Fußballspiele des 1. FCN. Sie machen nur nicht so viel Lärm.

Ein Drama menschlicher Leidenschaften: Frances Pappas bei den Internationalen Gluck-Festspielen 2010 in Glucks „Iphigenie auf Tauris".

Kulturelle Leuchttürme –
Die Oper und die Philharmoniker

Die Freie Reichsstadt Nürnberg war
in der frühen Neuzeit nicht nur ein
Zentrum des Musikinstrumentenbaus und des Musikaliendrucks,
sondern auch des Musiktheaters
und der Oper.

Schon in der Barockzeit liebten die Nürnberger ein vielfältiges und lebendiges Musiktheater, und spätestens seit der Errichtung des „Opern- oder Nachtcomödienhauses" 1668 existiert ein kontinuierliches Opernleben in Nürnberg. Heute bildet das 1901-1905 errichtete Opernhaus am Ring den Mittelpunkt des Musiktheaters in der Metropolregion Nürnberg. Das 1998 generalsanierte Haus verfügt im Zuschauerraum über mehr als 1000 Plätze mit ausgezeichneter Akustik. Betrieben wird es vom Staatstheater Nürnberg, mit rund 500 Mitarbeitern einem der großen Theater in Deutschland. Als größtes Drei-Sparten-Theater (Oper, Schauspiel, Ballett) im Freistaat Bayern ging es 2005 aus den ehemals „Städtischen Bühnen Nürnberg" hervor und bildet heute einen der kulturellen Leuchttürme in der Metropolregion.

Das Orchester des Staatstheaters sind die Nürnberger Philharmoniker, die seit 1981 zur Spitzengruppe „A" der deutschen Kulturorchester zählen.

Die Geschichte der Nürnberger Philharmoniker reicht zurück bis zu der seit 1377 nachweisbaren Reichsstädtischen Ratsmusik. Die Ratsmusiker wurden ab 1801 kontinuierlich zu den Aufführungen des neugegründeten „Nürnberger Nationaltheaters" herangezogen. 1922 vereinigte der Stadtrat das Stadttheaterorchester mit dem um 1880 gegründeten, privat getragenen „Philharmonischen Orchester". Damit entstanden die Nürnberger Philharmoniker in ihrer heutigen Form. 1944 wurde das Nürnberger Theater geschlossen und das Orchester zum Kriegsdienst eingezogen. Schon 1946/47 begannen jedoch Theater- und Musikleben neu. Zu den prägenden Generalmusikdirektoren der Nürnberger Philharmoniker gehörten Hans Gierster (1965-1988), Christian Thielemann (1988-

1992), Philippe Auguin (1998-2005), unter dessen Leitung das Orchester erstmals nach fast 50 Jahren wieder den kompletten „Ring des Nibelungen" Richard Wagners spielte und damit ein weltweit beachtetes Gastspiel in Peking gab, sowie Christof Prick (2006-2011). 2011 tritt Marcus Bosch die Position des Generalmusikdirektors an. 2012 werden die Nürnberger Philharmoniker offiziell in „Staatsphilharmonie Nürnberg" umbenannt.

Neben ihrer Arbeit in der Oper gestalten die Nürnberger Philharmoniker eine eigene Symphoniekonzertreihe: die „Philharmonischen Konzerte" in der Meistersingerhalle. Als größtes Orchester im Raum Nürnberg treten die Philharmoniker auch anderweitig als Konzertorchester auf und sind vielfältig im Bereich von Kinder-, Schul- und Jugendkonzerten aktiv. Zudem veranstalten sie seit 1994 in eigener Organisation als „Philharmonie e.V." eine erfolgreiche Kammerkonzertreihe im Jugendstil-Foyer des Opernhauses.

Die vielfältigen Anforderungen im Opern- und Konzertbetrieb prägen das Profil der Nürnberger Philharmoniker. Seit jeher hat sich das Orchester neben der Pflege des klassisch-romantischen Repertoires auch um die Uraufführung neuer Werke verdient gemacht. Durch die „Internationalen Gluck-Opern-Festspiele" bildet in letzter Zeit zudem die Musik des späten 18. Jahrhunderts einen weiteren, wichtigen Schwerpunkt. Mit „Klassik im Luitpoldhain" bespielen die Nürnberger Philharmoniker seit 1999 die größte deutsche Klassik-Open-Air-Veranstaltung. Gastspielreisen führten das Orchester in jüngster Zeit u.a. nach Salzburg, Nizza, Peking, Shen Zhen, zum Hongkong Arts Festival und auf Einladung der UNESCO nach New York.

Staatstheater Nürnberg
Richard-Wagner-Platz 2-10
90443 Nürnberg
Tel.: 0911 / 2313575
www.
staatstheater-nuernberg.de
info@
staatstheater-nuernberg.de

Breit gefächertes Kulturprogramm aus Haus und Hof

Zufällig finden wird man es eher nicht, das Dehnberger Hof Theater in einem kleinen Ortsteil von Lauf bei Nürnberg. Doch wer einmal da war, der wird es sicherlich in bester Erinnerung behalten.

**Dehnberger
Hof Theater**
Dehnberg 14
91207 Lauf
Tel.: 09123 / 954490
www.
dehnbergerhoftheater.de
info@
dehnbergerhoftheater.de

www.
fraenkischer-sommer.de

Der ursprünglich aus Würzburg stammende Theaterkapellmeister und Musikwissenschaftler Wolfgang Riedelbauch war Anfang der 1970er Jahre eigentlich nur auf der Suche nach einem Ort, wo er in aller Ruhe nachts Klavier spielen konnte, ohne die gesamte Nachbarschaft um den Schlaf zu bringen. Und tagsüber? Vielleicht Ziegen züchten oder Käse herstellen, auf jeden Fall Musik machen, sich von der Natur inspirieren lassen, das Leben genießen.

In Dehnberg fand Riedelbauch den passenden Ort: ein altes Hopfengehöft. Gemeinsam mit Freunden, viele aus den Reihen des Nürnberger Hans-Sachs-Chores, dessen Leitung er zu der Zeit innehatte, erneuerte er zunächst das Wohnhaus. Nach getanem Tagwerk wurde gefeiert und musiziert. Befreundete Musiker gaben ihr Können zum Besten, jeder brachte ein paar Freunde mit. Bis eines Tages das Wohnhaus zu eng wurde – Weihnachten 1976, mit Ludwig Thomas „Heiliger Nacht", wo man auf die unbeheizbare Scheune ausweichen musste. Hier entschloss sich Riedelbauch zur Gründung des Dehnberger Hof Theaters, kurz DHT. Übrigens steht seit diesem Datum die „Heilige Nacht" jedes Jahr auf dem Winterspielplan.

Nach und nach wurde die alte Scheune in ein modernes Theatergebäude verwandelt. Die Besucherzahlen stiegen von etwa 6000 im Jahr 1980 auf etwa 30 000 in 2011. Eigentümer und Rechtsträger ist der Verein Dehnberger Hof Theater, die Betriebsführung geschieht in gemeinnütziger Form. Heute hält das DHT mit gut 200 Veranstaltungen pro Jahr ein breit gefächertes Programmangebot bereit: Musik- und Sprechtheater, Oper, Kabarett, Kammermusik, Mundarttheater, Jazz, Blues, Volksmusik, Chormusik, Lesungen sowie Kinder- und

Theatergründer
Wolfgang Riedelbauch

Im malerischen Theaterinnenhof finden bei passender Witterung Freiluftveranstaltungen statt.

Jugendtheater stehen auf dem Spielplan. Das Herzstück bilden die Eigenproduktionen, u.a. „Die Zauberflöte", „Carmina Burana", „Die Fränkischen Szenen", „No woman, no cry - Ka Weiber, Ka Gschrei", „EiferSucht". Hinzu kommen Gastspiele von Künstlern aus aller Welt sowie theaterpädagogische Projekte. Jüngste Sprösslinge sind die Familienoper „Oh, wie schön ist Panama" und das Märchen „Der Zauberer von Oz" als musikalisches Erzähltheater.

Gerade die Eigenproduktionen und speziell die Kinder- und Jugendarbeit konnten vom jetzigen Theaterleiter Ralf Weiß weiter ausgebaut werden. So fand der Musikwissenschaftler Riedelbauch die nötige Zeit, sich wieder ganz der Musik zu widmen. Das von ihm gegründete Festival für Alte Musik in Nürnberg „Musica Franconia" und der von ihm mit neuen Impulsen ausgestattete „Fränkische Sommer", eine Veranstaltungsreihe in ganz Mittelfranken, setzen seine musikalische Arbeit weiter fort, die im Theater so erfolgreich begonnen hat. Musik fränkischer Komponisten in Schlössern, Burgen und Sälen, die das Hörerlebnis der historischen Aufführungspraxis unterstützen, wurden zum Markenzeichen der Reihen. Musik erklingt so, wie sie zu Lebzeiten der Komponisten zu hören war. Um es mit Valentin Rathgeber zu sagen: ein „ohrenvergnüglicher und gemütserheiternder Ohrenschmaus".
Ans Aufhören denkt der über 70-jährige Riedelbauch nicht – zu viele Ideen liegen in der Luft, zu viele Projekte harren ihrer Umsetzung. Und Ziegen gezüchtet hat er immer noch nicht.

Auch von außen ein Schmuckstück des Dorfes: Das ehemalige Hopfengehöft beherbergt heute fränkische Kulturperlen wie No woman, no cry – ka Weiber, ka Gschrei.

Der Fränkische Sommer zu Gast im Klosterhof in Langenzenn.

Leitplanken des Lebens

Nürnberg und seine Festivallandschaft

von
Andreas Radlmaier

Das Bardentreffen schwebt jeden Sommer als faszinierende Klangwolke über Nürnbergs Innenstadt – auf unserem Foto sieht man den gefüllten Hauptmarkt. Um dieses Festival herum sind Veranstaltungen gewachsen, die Leuchtturm-Charakter haben. Und deshalb auch anderswo Nachahmung finden.

So sieht ein Sommernachtstraum der grünen Lust und Lunge aus. Gut eine Stunde nachdem die Orchestermusiker ihre Instrumente und die Besucher im Luitpoldhain, der gerade bei den Klassik Open Airs seinen Namen „Volkspark" (s. auch Foto links) zurecht trägt, ihre sieben Sachen eingepackt haben, erleuchtet nächtliches Halogenlicht die Wiese vor der monumentalen Konzertbühne. Unschuldsgrün und piccobello sauber strahlt einem der Park, der

sich für ein paar Stunden in einen XXXL-Konzertraum mit Natur-Klimaanlage verwandelt, als sei hier nichts und niemand gewesen. Es ist Jahr für Jahr dasselbe Schlussbild, das Müllmänner arbeitslos und alle anderen sprachlos macht. Die Menschen hinterlassen das Areal, wie sie

es vorgefunden haben. Der Respekt im Umgang mit dem Gelände spiegelt aufs Schönste die innige Beziehung zu dieser Freiluft-Wallfahrt.

Sie wurde landauf, landab zur Mutter aller Klassik Open Airs. Weit über 100 000 Besucher machen die Klassik Open Airs

Treffpunkt für alle Generationen und Nationen: Beim Klassik Open Air wird gemeinsam getafelt und Musik gehört. Kerzenleuchter, Tischdecken und Weinkühler gehören zur stilvollen Ausstattung.

im Luitpoldhain, lange Zeit kontaminiert durch die Nähe zu Hitlers Reichsparteitagsgelände, zu den größten in Europa. Und diese Besucher machen dieses Picknick – 2011 erstmals ergänzt durch „Stars im Luitpoldhain" (Thomas Quasthoff gab da den Soul-Mann) – bei freiem Eintritt zu einem stilvollen Bürger-Fest in der Großstadt. Man lauscht der Musik, zischt bei Bedarf schwätzende Nachbarn schon mal sanft erzieherisch nieder und reiht in grenzenloser Phantasie Requisiten des Wohlgefühls und der guten Tischsitten auf: Kerzenleuchter, gepflegtes Geschirr, Stofftischdecken und Champagner-Kühler neben Campingstühlen, Dinner-Tafeln, Nudelsalat und Flaschenbier. Hier schrumpft jedes Koch-Duell auf TV-Format, hier genießt jeder auf seine Weise.

Ganz am Anfang sah man bei den städtischen Initiatoren und Impulsgebern freilich halblange Gesichter: Denn die Idee vom tönenden Madison Square Garden – vom Kulturreferat im Nürnberger Stadtjubiläum des Jahres 2000 ersonnen – war nicht Liebe auf den ersten Blick: Der Nürnberger brauchte zwei, drei Begegnungen dieser

besonderen Art, bis er die Klassik Open Airs ins Herz schloss. Aber schon nach einigen Jahren waren diese Kurkonzerte fürs 21. Jahrhundert das, was Kultur am besten kann: Nestwärme schaffen, Identitäten betonen, Besitzerstolz wecken. Das schafft – mit Verlaub – keine noch so tadellos asphaltierte Ausfallstraße, keine noch so verlockende Gewerbesteuer, keine alle erlösende 36-Stunden-Ganztagesschule. Den Klang einer Großstadt bestimmt die Kultur. Nürnbergs Melodie ist da mittlerweile –

Was Kultur am besten kann: Nestwärme schaffen, Identitäten betonen, Besitzerstolz wecken.

o Wunder – von anspruchsvoller Eingängigkeit. Das Kulturleben summt und brummt, wächst und gedeiht. Jenseits der wichtigen Jahresarbeit, die Großtanker wie Staatstheater und Neues Museum aber auch kurssichere Schnellboote wie Gostner Hoftheater, Burgtheater, Theater Mummpitz, Jazzstudio und MUZ-Club leisten. Die Festivals und Höhepunktveranstaltungen, in städtischer Regie zumal,

sind dabei Markierungsbojen im Jahresverlauf und tragen den Schlachtruf „Kultur für alle" in einer weiter um sich greifenden Geldwirtschaft in neue ideologiebefreite Zonen. Es ist mit einer gewissen Ironie verbunden, dass die einst von der Nürnberger Kulturreferenten-Lichtgestalt Hermann Glaser in Umlauf gesetzte Vision von der Soziokultur in den Nulltarif-Großveranstaltungen weiterlebt. Hier gedeiht der Wunsch auf schwellenlose Kultur-Teilhabe, hier wird die Sinnhaftigkeit durch eine regelmäßige Abstimmung mit den Füßen eindrucksvoll legitimiert.

Dem kann auch die stichelnde Stigmatisierung mit dem Pauschal-Begriff des „Events" nichts anhaben. Letztendlich weist die epidemisch eingesetzte Floskel wortwörtlich genommen auf nichts anderes hin als auf ein Ereignis. Diesen Vorwurf, „Ereignisse" zu schaffen, lässt man sich sicher gerne gefallen. Schwieriger wird's schon bei der Definition, wann ein Event ein Event ist. Oder was ist mit „Events", die es schon gab, als es die nachgerüstete einheitliche Zwangsetikettierung noch gar nicht gab? Etwa das Bardentreffen, 1976

zum 500. Todestag von Hans Sachs, dem Schuster, Meistersinger und Opernstoff-Lieferanten dazu, in die Welt gesetzt. Als Touristen-Attraktion. Als Festival eines Lieder-Wettstreits. Und als bald prächtig funktionierende Wiederbelebungsmaßnahme für Nürnbergs frisch erdachte Fußgängerzonen, die damals massiv unter abendlicher Menschenleere litten.

Nach 36 Durchläufen ist das Bardentreffen heute eines der größten Weltmusikfestivals in Europa. Und hier zeigt sich die Stadt von seiner mediterransten Seite. Bei Nürnbergs ureigenster fünfter Jahreszeit wurden schon Ehen geschlossen und wunderbare Nachbarschaften entdeckt. Unter der hochsommerlichen Klangwolke glüht nicht nur der Sandstein vor Begeisterung. Bis zu 250 000 Besucher pendeln an drei Festivaltagen zwischen sieben Bühnen und sechzig Konzerten und kreieren auf den Wegen dazwischen den Halbkreis als dominante Form: Dann lauschen die Menschen Hunderten von Straßenmusikern. Die ergänzen ein Bühnenprogramm, das Unerhörtes koppelt mit Bestätigungen. Größen wie Heinz Rudolf Kunze, Jan Josef Liefers, Lisa

Fitz und Calexico gehörten in der Vergangenheit ebenso zum Aufgebot wie die Biermösl Blosn, Khaled, Arik Brauer und Arlo Guthrie.

Für das Ruhrpott-Idol Stefan Stoppok ist das Bardentreffen „eine Entdeckungsreise im Luxusliner zum Nulltarif": „Wo heutzutage kulturelle Veranstaltungen nur noch eine Berechtigung haben, wenn sie sich in konkreten Umsatzzahlen widerspiegeln, ist man sich hier anscheinend klar darüber, dass ein musikalischer Nachhall den Menschen mehr und länger was bringen kann und damit das Land auf Dauer besser stützt als nur die nackten Fakten der Wirtschaft."

Geben ist seliger denn Nehmen. Vor allem die Stadtgeburtstagslaune im Jahre 2000 stärkte die Politik in dieser Erkenntnis. Zu wichtigen Festivals wie dem Internationalen Figurentheaterfestival im Mai und „Rock im Park", ein europäisches Großereignis der Generation Facebook, gesellten sich die Errungenschaften besagten Stadt-

jubiläums: eine (kostengünstige) Erbengemeinschaft der Feierlaune, wenn man so will.

Die Blaue Nacht etwa, erdacht als Wegweiser durch die so genannte „Kulturmeile" am Altstadtring, ist heute mit 140 000 Besuchern die größte Kunst- und Kulturnacht in Deutschland: Über 50 Institutionen vom Nationalmuseum bis zur Galerie zeigen unter der Regie des städtischen Kulturprojektbüros, was das Museum oder der Club hergeben. Gut gelaunt lassen sich die Massen auch von Sprödem irritieren. Geben Gegenwärtigem eine Chance. Ein Kunstwettbewerb, der zunehmend auch international wahrgenommen wird (weil er entsprechend finanziell ausgestattet ist), betont den Anspruch, Unterhaltung und Herausforderung zu vereinen.

Auch die Stadt(ver)führungen wurden 2000 geboren und können auf eine ähnliche Erfolgskurve nach oben verweisen: als Deutschlands größter Führungsmara-

Ein Anziehungspunkt in der Blauen Nacht: Die Sandstein-Kulisse der Kaiserburg mutiert zur Leinwand für leuchtende Großprojektionen.

thon mit über 1000 Angeboten. Aber nicht Zahlen-Spiele machen diese Erfolge aus. Die kulturelle Rückeroberung des Stadtraumes spielt im Annehmen und Wahrnehmen keine zu unterschätzende Rolle. Das war und ist beim Bardentreffen so, wiederholt sich in der Blauen Nacht und den Stadt(ver)führungen, deren Motor die Entdeckerlust ist. Aber tritt überraschenderweise auch im neuesten Format zutage. Dem Silvestival, wo zum Jahreswechsel jeder Besucher Bewegung individuell erfahren darf: als Passant, der zwischen den Stilen und zwischen den Spielorten – teils unterm Winterhimmel, teils an außergewöhnlichen Spielorten – unterwegs ist. Tanzend, gehirnjoggend, amüsiert und angeregt. Das Wohlgefühl bekommt eine Heimat, findet Leitplanken des Lebens. Das verbindet.

Allein die städtischen Großveranstaltungen locken im Jahr etwa eine halbe Million Menschen an – was etwa der Einwohnergröße Nürnbergs entspricht. In diese Hoch-

rechnung sind andere wichtige Bausteine wie die Internationale Orgelwoche, das popmusikalische Brückenfestival und das Gluck-Festival gar nicht eingerechnet.

Bei diesen Gelegenheiten entstehen Traditionen der Moderne. Und man kann es gar nicht hoch genug einschätzen, wenn im Luitpoldhain, wo sich Klassik-Einsteiger und Kenner der beiden großen Nürnberger Orchester, den Philharmonikern und den Symphonikern, vereinen, nach dem Musikerlebnis alles im Reinen ist. Innerlich bei den Menschen – und äußerlich auf der grünen Wiese. So was schimpft sich dann auch gerne Event. Oder sollte man einfach und ganz altmodisch Gemeinschaftserlebnis dazu sagen?

Termine

Das Bardentreffen findet immer zu Beginn der bayerischen Sommerschulferien, also am letzten Juli-Wochenende, statt, die Klassik Open Airs immer ein Wochenende davor oder danach. Blaue Nacht: immer im Mai. Stadtverführungen: Ende September.

Infos unter: www.nuernbergkultur.de.

Eine Stadt macht Blau: Selbst die Töne sind dem Ereignis und der titelgebenden Nacht angepasst, die sich raumgreifend über Museen, Plätze und Pegnitz (s. Foto rechts eine Kunst-Installation) ausbreitet.

Arena eines cinephilen Pflasters

Das Filmhaus in Nürnberg hat, obwohl in seiner ganzen Erscheinung sehr jung wirkend, eine lange Odyssee hinter sich. In den 1970er Jahren nomadisierten Cineasten der Arbeitsgemeinschaft Film ohne eigene Spielstelle durch die Stadt.

Filmhaus Nürnberg
KunstKulturQuartier
der Stadt Nürnberg
Königstr. 93
90402 Nürnberg
Tel.: 0911 / 2315823
www.
filmhaus.nuernberg.de

Auch alte Filme haben hier eine Zukunft. Darüber hinaus stehen im Filmhaus Jahr für Jahr viele Erstaufführungen und renommierte Festivals mit prominenter Beteiligung an (Bild unten, rechts: Kameramann Michael Ballhaus).

Die Ur-Mitglieder werden sich noch an die „Gastspiele" im damaligen Programmkino „Meisengeige" und in den Stadtteilläden erinnern, die Nürnbergs Kulturreferent Hermann Glaser geschaffen hatte. Manche Provisorien und manche Unbequemlichkeiten galt es hinzunehmen. Die Entwicklung zu einer „Institution" konnte das nicht bremsen. Im ehemaligen autonomen Kulturzentrum KOMM fand das kommunale Kino im Jahr 2000 eine feste Bleibe. Seitdem steht das aus einer Volkshochschulgruppe hervorgegangene Filmhaus auf einer Stufe mit großen Lichtspieltheatern in Wien, München oder Berlin.

„Offenbar ist Nürnberg ein sehr cinephiles Pflaster", meint Programmkurator Mikosch Horn. Das sollte nicht darüber hinwegtäuschen, dass sich die Begeisterung mühsamer Arbeit verdankt. Wie Mikosch Horn so sehen sich auch seine vier Kollegen im Team (Leitung: Christiane Schleindl)

zuweilen als Artisten, Publikumsbändiger und Buchhalter zugleich, vor allem, wenn die Festivals für Auftrieb sorgen. Alle zwei Jahre tut das Ende September das „Internationale Nürnberger Filmfestival der Menschenrechte". Des Weiteren das alljährlich im Frühjahr stattfindende „Filmfestival Türkei / Deutschland" und im Dezember das internationale Kurzfilmfestival „Die 24 Stunden von Nürnberg". Im Sommer wird das Filmhaus zur Wanderbühne. Dann stehen im Innenhof von St. Katharina Filme unter freiem Himmel an.

Erstaufführungen und Repertoire-Filme bestimmen das regelmäßig ausgezeichnete Programm im Alltag. Bei den Filmreihen arbeiten die Verantwortlichen mit Kooperationspartnern aus praktisch allen Gesellschaftsbereichen zusammen. Die Gäste spüren die Lebendigkeit und die Experimentierfreude. Der Filmemacher Volker Schlöndorff wurde bei seinem

Besuch vom Filmhausvirus infiziert und schrieb ins Gästebuch: „Dieses Filmhaus ist wirklich das aktivste in Deutschland. Einmalig, wie Ihr Eure Filmbegeisterung weitergebt, die Zuschauer ansteckt, die Filme pflegt, einmalig auch die Stadt, die Euch unterstützt."

Das Team des Filmhauses: Matthias Felzer (freier Mitarbeiter), Kinga Fülöp, Janine Binöder, Stephan Grosse-Grollmann, Mikosch Horn, Christiane Schleindl (Leitung).

Improvisationen für den Augenblick

„Die Geschichte des Jazz Studios beginnt wie alle großen Geschichten, nämlich ganz, ganz klein." So schrieb der Journalist Thomas Gerlach 1994, in einem Rückblick auf 40 Jahre Jazz Studio Nürnberg. Als sich der Nürnberger Jazz Club 1954 in ein Kellerloch einnistete, das ihm bis heute als Tor zur Welt dient, standen zunächst nicht Live-Bands, sondern Schallplatten im Mittelpunkt. Walter Schätzlein, langjähriger Ziehvater des Jazz Studios: „Gehört wurde mit einer kaum vorstellbaren Intensität; man ging genauso mit wie heute beim Livejazz." Der Moment der Intensität ist spürbar. Auch wenn die Weltmusik Jazz nicht mehr so viele Weltstars wie einst nach Nürnberg zieht: Die Musik ist eine Sache des Augenblicks, Jazz als Improvisationskunst umso mehr. Offenheit für Neues ist ein hervorstechendes Merkmal des Programms im Keller. Das Hineinhören erfordert für den Neuling Zeit, womöglich auch Geduld; doch was tut man nicht alles für die Augenblicke des Glücks? Zusätzlich zur Kellersaison, die von September bis Mai/ Juni reicht, gibt es genügend Gelegenheiten, diese auch außerhalb des aufwendig renovierten Kellers zu erleben: beim Open Air in der sommerlichen Reihe „Jazz in the Garden" im stimmungsvollen Kulturgarten des Künstlerhauses (ehemals „K4"), bei der gemeinsam mit der Tafelhalle veranstalteten Reihe „Art of Jazz", die weiterhin Stars nach Nürnberg zieht, bei Mitschnitten des BR und der eigenen Sendung „Jazztime Nürnberg" (UKW 94,5 und Kabel 98,35, donnerstags 22 – 23 Uhr).

Jazzstudio
Vestnertormauer 24, 90403 Nürnberg
Tel.: 0911 / 364297,
www.jazzstudio.de · jazz@jazzstudio.de

Kino mit filmreifer Geschichte

Das Gebäude in der Brosamerstraße 12 ist eine Legende für sich. Das Vorderhaus wird seit den 1970er Jahren von einer Hausgemeinschaft bewohnt, die das Gebäude einst als alternatives Wohnprojekt gekauft hatte. Das Hinterhaus beherbergte das Theater am Kopernikusplatz (tak) und später das alte „Casablanca", das nach der „Meisengeige" zweite Programmkino in Nürnberg. Die Fassade, 1985 von der Malerin Helma Lichtinger gestaltet, stellt mit Szenen aus prominenten Filmen, Porträts von Filmstars und Konterfeis der Hausbewohner einen wildbunten ikonographischen Mix dar.
Nachdem das alte „Casablanca" mit den Jahren an Glanz verloren hatte und schließlich von den Brüdern Weber geschlossen wurde, erstand es 2009 aus den Ruinen wieder auf. Nach einem Aufruf in der Zeitung gründeten Unterstützer den Verein „Casa", der heute als Träger und Veranstalter fungiert. Getreu dem Motto „Kino mit Courage" bietet das „Casablanca" in schmuck renovierten Sälen und bester Kinotechnik ein beeindruckendes Programm: spannende Arthouse-Filme, viel beachtete Reihen etwa zur „Agenda 21", zu „Medizin im Kino" oder „Psychoanalyse und Film", garniert mit internationalen Kurzfilmfestivals, Dokumentationen, Diskussionen, Live-Musik in der Reihe „Alles außer laut" und Improtheater. Was die vielen ehrenamtlichen Kräfte motiviert, ist unterschiedlich: der charmante Ort, das Flair der Kneipe, die Chance, etwas Dauerhaftes zu verwirklichen, und der Wille, dass das einzige Kino in der Südstadt nicht verschwinden darf. Das „Casa", ein lohnenswertes Ziel – nicht nur für Südstädter.

Casablanca Filmkunsttheater
Brosamerstr. 12, 90459 Nürnberg, Tel.: 0911 / 454824
www.casablanca-nuernberg.de
info@casablanca-nuernberg.de

Concerts und Clubbing

Small is beautiful. Diese Erfahrung gilt auch für Konzerte und Clubnächte. Der „Hirsch" ist kein Großraumladen mit Glitzer und Glamour, aber doch groß genug, um mehrere hundert Leute zu fassen.

Der Hirsch
Vogelweiherstr. 66
90441 Nürnberg
Tel.: 0911 / 429414
www.der-hirsch.de
mail@der-hirsch.de

In die alten Fabrikationshallen in Nürnbergs rauem Süden ist lockeres Flair eingezogen. Mal „hip", mal alternativ, doch immer populär, bewegt die Musik Junge und Junggebliebene.

Mix-Meister wie Sven Väth, Carl Cox, Dave Clarke, Bob Sinclar, DJ Hell, Rush, die Disco Boys und Kruder & Dorfmeister hinterließen ihre Spuren beim tanzfreudigen Publikum.

1994 öffneten sich erstmals die Pforten für den Club. Die enge Verbindung von Livemusik und Partynächten stand von Anfang an im Mittelpunkt der Programmgestaltung. Heute ist der Hirsch als Musikclub eine feste Größe auf der deutschen Musik-Landkarte. Die Bilanz nach 17 Jahren unterstreicht das eindrucksvoll: Über 1500 Konzerte und 1000 Partynächte fanden bislang in der Nürnberger Südstadt statt.

Viele namhafte Musiker standen bereits auf der Konzertbühne, so etwa Xavier Naidoo, die Fantastischen Vier, Rosenstolz, Sportfreunde Stiller und Manfred Mann. Darüber hinaus kam die Clubkultur im Nürnberger Nachtleben zu neuen Ehren.

Den Hirsch-Machern ist Qualität in der Programmgestaltung und Veranstaltungsorganisation sehr wichtig. „Diesem Anspruch bei über 200 Veranstaltungen im Jahr gerecht zu werden, ist eine tägliche Herausforderung", sagen die Geschäftsführer. Dies gilt es mit Engagement und Erfahrung zu meistern. Rund 50 Mitarbeiter sind im Hirsch für Büro, Technik, Gastronomie und Werbung beschäftigt.

Der große Garten bietet Freiraum für Entspannung und Gespräche. An den drei Bars erwartet den Gast eine vielseitige Getränkeauswahl. Mit dem „Hirsch-Bier" und dem „Hirsch-Wodka" befinden sich zwei hauseigene Marken in der Auswahl.

Fränkische Kultur-Gemütlichkeit

Volksbühne Wanner
im „Gutmann" am
Dutzendteich
Bayernstraße 150
90478 Nürnberg
Tel.: 0911 / 988187710
www.
gutmann-nuernberg.de
info@
gutmann-nuernberg.de

D'Raith Schwestern sind Stammgäste auf der Kleinkunstbühne am Dutzendteich.

Im Oktober 2008 fiel der Start-schuss für eine neue Kleinkunst-bühne in Nürnberg. Unter dem Namen „Volksbühne Wanner" wurde in der beliebten Traditions-gaststätte Gutmann am Dutzend-teich (vormals „Wanner") eine fast schon ausgestorbene Form der Wirtshauskultur in Franken zu neuem Leben erweckt: heimatliche Kultur im Gasthausambiente an Wirtshaustischen mit fränkischem Bier und gutem Essen.

Kleinkunst mit Sauren Zipfeln und Wei-zenbier: Passt das überhaupt zusammen? Im Großraum München konnte diese schöne Form traditioneller Wirtshauskul-tur überleben und genießt bei Künstlern und Publikum aktuell hohes Ansehen. So entwi-ckelte sich die freitägliche Fernsehsendung „Ottis Schlachthof" zum Inbegriff bayerischer Kultur-Gemüt-lichkeit und übermittelt diese heute noch in alle Wohnzimmer.

Willy Astor vor seinem Auftritt auf der Terrasse im Gutmann-Biergarten.

Am Anfang war nur eine Idee. Gutmann-Wirt Manfred Metz und Guido Glöckler, Geschäftsführer und Programmmacher beim Concertbüro Franken, entdeckten ihre Lust an der Sache und machten sich an die Arbeit. Sehr schnell kam viel positive Resonanz von allen Seiten. Künstler und Publikum fühlten sich gleichermaßen von Anfang an wohl im Saal am Dutzendteich. Eine gute Küche und ein schöner Biergar-ten tun ihr Übriges.

Inzwischen ist die Kleinkunstbühne eine weithin bekannte in der Nürnberger Kulturlandschaft. Die Liste namhafter Künstler wird immer länger. Willy Astor, Werner Schmidbauer, Ottfried Fischer und Dahuawadameierundi sind einige Akteure, die die Bühne im Gutmann bespielten.

Mit Vorfreude geht der Blick in die Zu-kunft. Viele Namen stehen noch auf der Wunschliste der Programmgestalter. „Unser Wunsch ist es, populäre und span-nende, aber auch weniger bekannte Künst-ler einem größeren Publikum präsentieren zu können", sagt Guido Glöckler. In diesem Sinne wurde mit der „LachNacht" eine Mixed-Show initiiert. Das Programm gilt zwar als Kleinkunst, kommt aber trotzdem groß raus.

Pfiffercordonbleu

Schweineschnitzel mit Pfifferlingsfüllung
von Michaela Moedl, Gasthaus Gutmann

Zutaten für 4 Personen :

Füllung:

150 g Pfifferlinge geputzt

100 g Zwiebelwürfel

15 g Butter

10 g Tomatenmark

Paprika edelsüß

Salz

3 EL Sahne

100 g kleine Pfifferlinge geputzt

10 g Butter

3 Stiele Basilikum

Cordon bleu:

4 Schweineschnitzel à ca. 180 g

4 Scheiben Mozzarella

Salz, Pfeffer

Mehl

Öl

Pfifferrahm:

3 Lauchzwiebeln

Butter

250 g Pfifferlinge geputzt

Salz, Pfeffer

150 g Schmand

Zitronensaft

Zubereitung:

Pfifferlinge fein hacken. Zwiebel in der Butter anbraten, gehackte Pfifferlinge dazugeben. Mit Salz, Paprika und Tomatenmark solange braten, bis die Masse trocken wird. Sahne dazugeben und noch einmal aufkochen lassen. Die kleinen Pfifferlinge in der Butter anbraten, unter die Pfiffermasse heben. Basilikum abzupfen, in feine Streifen schneiden und zur Pfifferfüllung geben.

Schnitzel mit Salz und Pfeffer würzen, Füllung auf dem Fleisch verteilen, mit jeweils einer Scheibe Mozzarella belegen und zu einem „Cordon bleu" falten.
Im Mehl wenden, überschüssiges Mehl abklopfen. Im Öl von jeder Seite bei niedriger Hitze von jeder Seite etwa 5 Minuten braten.

Die Lauchzwiebeln in Ringe schneiden. Das Weiße in der Butter anbraten, die Pfifferlinge dazugeben und mit anbraten. Mit Salz und Pfeffer würzen, den Schmand dazugeben und einmal aufkochen lassen.
Die grünen Zwiebelringe kurz anbraten.

Cordon bleu mit der Rahmsauce servieren und mit den gebratenen Zwiebelringen bestreuen. Als Beilage passen Kartoffelplätzchen dazu.

Von einer Industriebrache zu einer Bühne der besonderen Art

Hier geht's rein. Der neu gestaltete Glaskubus empfängt die Theatergäste.

Tafelhalle
Äußere Sulzbacher
Straße 62
90491 Nürnberg
Tel.: 0911 / 2314000
www.tafelhalle.de
tafelhalle@
stadt.nuernberg.de

Was heute wie ein geschlossenes Stück Industriekultur da steht, war bis in die 70er Jahre ein verschwindend kleiner Teil einer gigantischen Industrieanlage. Das „Tafelwerk", 1875 von Julius Tafel gegründet und 100 Jahre später als Industrieruine zurückgelassen, war einer der Pfeiler der Schwermetallindustrie in Nürnberg. Und die 1987 als Ort für Tanz, Theater und Konzert neu erweckte Tafelhalle spielte damals nur eine untergeordnete Rolle. Hier wurden Schrauben produziert, gewaltige Schrauben für Eisenbahnschwellen. Heute sind es Künstler aus aller Welt, die besondere Produktionen erarbeiten oder auf Tournee sind, ihre Arbeiten als Gastspiele anbieten und einem aufgeschlossenen Publikum präsentieren. Tänzer und Schauspieler, Performer und Musiker, Sänger und Kabarettisten. Ein Stadt-Theater der besonderen Art, das mit den großen Veranstaltungshäusern in Deutschland kooperiert und eng vernetzt ist. Aber auch die Kulturszene der Region findet sich in der Tafelhalle wieder: in Koproduktionen, während vieler Festivals und zu besonderen Anlässen wie der Verleihung der Kulturpreise oder des Deutschen Kabarettpreises.

Der kompakt anmutende Theaterbau der Tafelhalle, an den sich das ebenfalls in städtischer Regie betriebene „Museum Industriekultur" anschließt, bietet Platz für einen bis zu 500 Besucher fassenden Theatersaal, eine Probebühne und ein Theatercafé mit fränkischen Bieren, ausgewählter kleiner Küche und – als Spezialität – einem reichhaltigen Whisky-Tableau. Das heißt: Wenn Vorstellungen in der Tafelhalle sind, gibt es gleich zwei Gründe für einen Besuch: der Kunst und des Genusses wegen.

Die Saison der Tafelhalle beginnt im Oktober und dauert bis Ende Mai. Dann, ab Juni, wenn der Sommer in die Stadt einzieht, werden die Veranstaltungen in einen der stimmungsvollsten Open-Air-Spielorte der Region verlagert, in die Ruine der ehemaligen Katharinenkirche im Herzen der Nürnberger Altstadt.

Gepflegte Gastronomie an einem der längsten Bartresen Nürnbergs.

Ach du liebe Zeit!

Aufgrund der Gelassenheit der Nürnberger sind Skandale im
Kulturleben eine seltene Erscheinung – Ausnahmen bestätigen
die Regel. Wenn man ein wenig zurückblickt, dann stellt man
erstaunt und befriedigt (?) fest: Die Kunst hat in Nürnberg
noch nie so richtig und wirklich Kummer bereitet.

von Bernd Noack

Die Einsamkeit des Provokateurs
in Franken: Ueli Jäggi als Jesus
und ein Mitglied des Männerchors
vor der Vorstellung von Panizzas
„Liebeskonzil" in der Ruine
der Katharinenkirche, 1988.

Handfeste Skandale, die in die Kultur-
Annalen hätten eingehen können, sucht
man vergeblich, Empörungen über Pro-
vozierendes und Geschmackverstörendes
hielten sich in Grenzen. Wenngleich man
hier nichts über seinen seriös-gemütlichen
Heimat-Dürer kommen lässt und der von
kulturlosen Horden ausgelöschten butzen-
scheibigen Beschaulichkeit ein wenig
nachtrauern mag: Von aktuellen Strömungen, kurzlebigen Aufwallungen, schrägen
Zumutungen und irritierenden Sichtweisen
in Wort, Bild und Ton hat man sich nie
irre machen lassen, hat sie meist toleriert –
freilich nicht ohne manch spreizfränkisch
hintergründige Kommentare und volks-
maulige Missfallensäußerungen abzugeben. Nach einem Stürmchen im Wasser-
glas kehrte jedoch rasch wieder Ruhe ein.
Erregungsflaute allenthalben.

Nürnberg also, kein gutes Kopfsteinpflaster
für Aufreger? Es muss zumindest schon
einiges störend ins Auge und Hirn Fallende
geschehen, damit der Bürger hier tatsächlich aus seiner relativ gemütlichen Reserve
gelockt wird. Kein Wunder, dass hauptsächlich die Kunst im öffentlichen Raum in
jüngerer Vergangenheit für Diskussionen
sorgte, die ein wenig über Kopfschütteln
und beiläufig abfällige Bemerkungen hin-
ausgingen. Wenn sich auf den ersten Blick
Unstimmiges ins harmonie-gepflegte Umfeld schiebt, dann merkt er auf, der Nürnberger, und fühlt sich irgendwie persönlich
beleidigt.

Die Invasion der Kunst-Hasen: Ottmar Hörls „Hasenstück" auf dem Nürnberger Hauptmarkt anno 2003

So geschehen etwa beim „Symposium Urbanum", das 1971 ausgerechnet im „Dürer-Jahr" Werke zeitgenössischer Bildhauer an Orten und Plätzen der Stadt zeigte, wo sie nach Meinung vieler Bürger überhaupt nicht hingehörten: Polemisch und handgreiflich zog man gegen Skulpturen zu Felde, zerstörte sie mancherorts sogar und ließ eindeutig durchblicken, dass einem „Betende Hände" mehr bedeuten als ein in den Himmel gereckter überdimensionaler Finger. Der angereisten bundesweiten Presse waren diese Reaktionen die Klassifizierung „Kunst-Skandal" wert. Heute stehen nurmehr wenige Objekte von damals im Stadtgebiet: Man hat sich mit ihnen arrangiert.

Wie zum Beispiel auch mit einer Arbeit, die es längst zu einer Hauptattraktion in jedem Touristen-Programm gebracht hat: das „Ehekarussell" von Jürgen Weber, an prominenter Stelle in der Innenstadt postiert. Der Realismus der Figuren brachte brave Ehemänner- und frauen auf die Palme, als 1984 zum Teil drastisch sichtbar wurde, dass eine Ehe durchaus auch ihre unschönen Seiten haben kann. Von leidenschaftlicher Liebe ausgehend drehen sich da umgeben von hinterhältig sanft plätscherndem Wasser die Paare im Reigen, wobei Streitereien, ja sogar der Tod naturgemäß auch eine gewichtige Rolle spielen. Leidenschaftlich waren die Gespräche, die man schon beim Aufbau des Brunnens miterleben konnte, als vulgär empfand man

Die andere Wirklichkeit der Idylle: Szene aus dem „Ehekarussell", das einst ein Stein des Anstoßes war, aus der Stadt nun aber nicht mehr wegzudenken ist.

manche Gruppierungen und deren eindeutige Haltungen; die Fachleute hingegen warfen dem Künstler „pseudobarocken Sensualismus" vor. Dabei hatte der doch nur den anderen kulturellen Säulenheiligen Nürnbergs bild- und lebhaft zitiert: den Schuhmacherpoeten Hans Sachs. Zu wörtlich meinten viele ...

An Denkmälern darf man hier eben nicht rütteln, was ein weiterer zeitgenössischer Künstler auch lauthals zu hören bekam: Olaf Menzels Skulptur „Auf Wiedersehen" machte aus der Ikone „Schöner Brunnen" eine schnöde Stuhl-Parade. Die gotische Pracht verhüllend türmten sich 2006 die profanen Sitzgelegenheiten um das weltberühmte Kunstwerk auf dem Hauptmarkt, der einige Wochen von ablehnenden und fränkisch-sachlichen Unmutsäußerungen erfüllt war. Irgendwann aber, quasi über Nacht, ist seltsamerweise in Nürnberg der Protest immer wieder verklungen – und auf einmal sieht man das zuerst Störende hier mit Gleichmut, wenn nicht sogar mit ein wenig Stolz.

Nehmen wir zum Beispiel Ottmar Hörl: Als der 2003 auf eben diesem Markt sein „Großes Hasenstück" mit 7000 freundlich grinsenden grünen Plastiktieren nach Dürer-Vorbild intallierte, wurde der Künstler öffentlich schnell der Spinnerei „überführt". Heute gibt es die wetterunempfindlichen Karnickel in jedem Souvenirshop in jeder erdenklichen Farbe. Um den uralten Eppelein-Spruch etwas abzuwandeln: Die Nürnberger hängen keinen Künstler ...

Damit konnten in der Vergangenheit auch die Akteure des Theaters hier leben. Wenn man sich erst einmal in Erinnerung ruft, dass in grauer Vorzeit ausgerechnet in Nürnberg (nicht in München!) Skandalstücke von Frank Wedekind uraufgeführt wurden (freilich in geschlossenen Vorstellungen), versteht man vielleicht, warum die große Empörung im Parkett über Gebotenes auf der Bühne weitgehend ausblieb. Sicher, da hat sich schon mal ein Schauspieler daneben benommen und gepöbelt, ein anderer wurde politisch, was man ihm mürrisch nachtrug; irgendwann fielen

Die verhüllte Schönheit: Olaf Menzels 2006 errichtete Skulptur „Auf Wiedersehen".

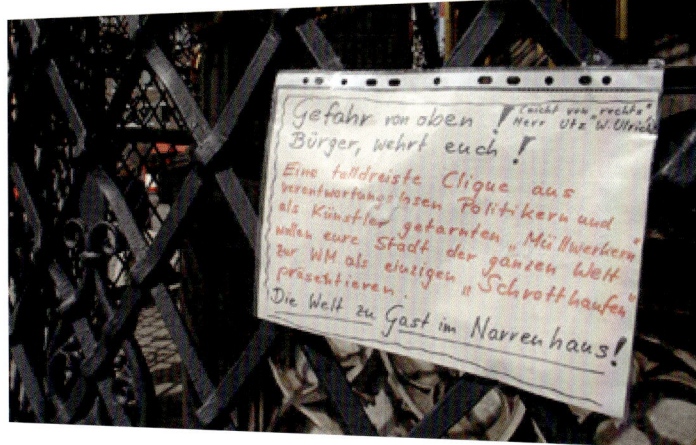

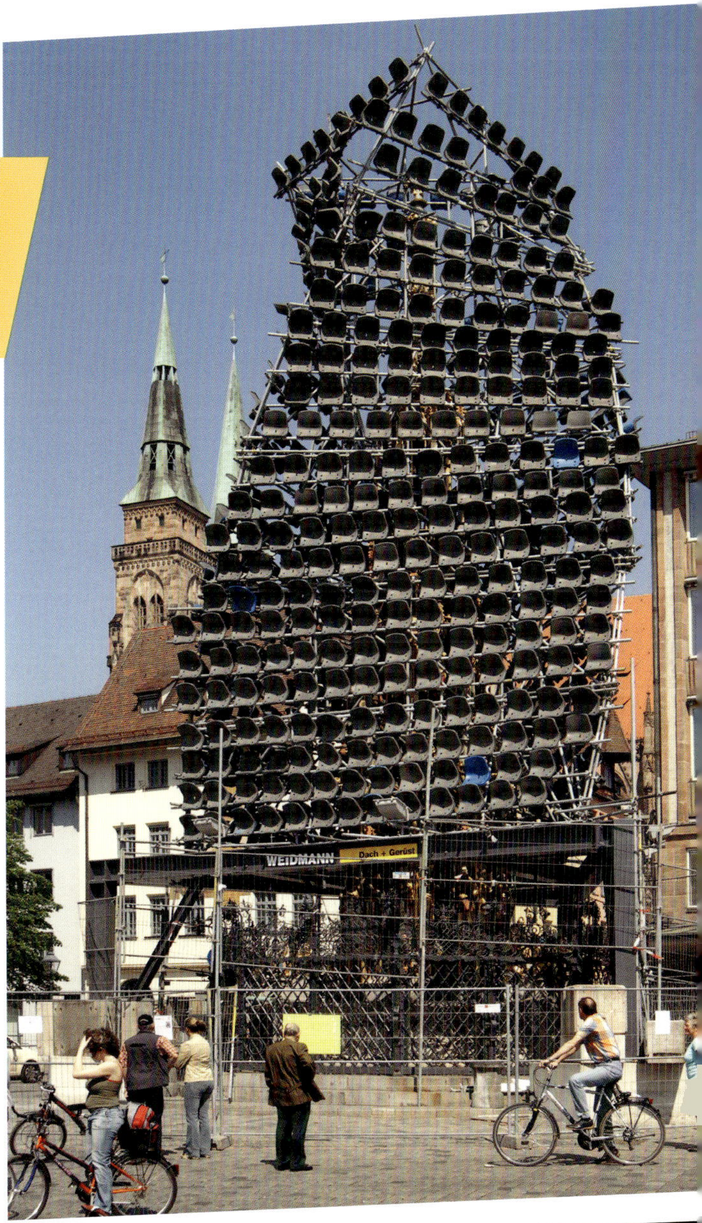

außer dem Vorhang auch die Hüllen von Schauspielern und Vorstellungen mussten mit Jugendverbot belegt werden. Aber, wie der Journalist Dieter Stoll in einer Chronik einmal schrieb: „Skandalstimmung mit politischem Hintergrund blieb in Nürnberg selten. Entweder wurde etwas gar nicht wahrgenommen (...) oder es war ein Strohfeuer …"

Der Theaterskandal ist ausgestorben

Als wenige Beispiele, die über nackte Haut und kurzfristige Ausraster hinausgegangen sind, könnte man höchstens Inszenierungen von Hochhuths „Stellvertreter", Dorsts „Toller"-Stück (wo rote Fahnen zum Missvergnügen schwarzer Stadträte kräftig flatterten) oder Panizzas „Liebeskonzil" nennen. Laut Dieter Stoll war bei Letzterem „der Humorvorrat einiger Kirchenvertreter erschöpft. Man war indigniert, aber zum Verbot kam es nicht." Anzumerken bleibt hier, dass wir es nicht mit einem Nürnberg-spezifischen Phänomen zu tun haben, da der Theaterskandal als solcher überhaupt längst „ausgestorben" ist.

Tu felix Norimberga? Das Provozierende, es mag ihm einfach nicht so sehr liegen, dem Nürnberger. Dem Wagnis wird das Solide vorgezogen, das Verlässliche siegt über das Unbekannte. Langweilig ist das trotzdem nie, weil man schließlich immer wieder damit rechnen muss, dass aus irgendeiner beschaulichen Gasse ein garstiger Kunstclown hervorhuscht und urplötzlich wider den Stachel löckt. Und wenn sich dann also, sagen wir nochmal: 7000 grüne Plastikhasen dem Nürnberger eines Morgens in den Weg stellen – da kann der, wenn er gerade nichts anderes zu tun hat, schon fuchsteufelswild werden.

Stadt, Land, Kreis, Fluss

Die Gruppe „Der Kreis" ist der erste Zusammenschluss von Künstlern im fränkischen Raum nach dem Zweiten Weltkrieg. Mehr Möglichkeiten eine größere Vielfalt an Kunst präsentieren zu können, bildete den Anlass für die Gründung im Jahr 1947.

Die Kreisgalerie in der Kartäusergasse (li.) wird von Mitgliedern der Künstlergruppe und für die Gruppe interessanten Künstlern bespielt. Die Stadt Nürnberg trägt wesentlich zum Unterhalt bei. Der Kreis geht mit Ausstellungen wiederholt zu den Menschen, wie zum Beispiel bei „Kreis im Fluss" anno 1987. Peter Thiele fertigte hierfür einen überdimensionalen Stuhl an (re.). Kopien finden sich heute vor vielen Möbelhäusern. Unterstützt werden die Ausstellungen vom Freundeskreis und von Sponsoren aus der Wirtschaft.

**Künstlergruppe
Der Kreis**

Kreisgalerie
Kartäusergasse 14
90402 Nürnberg
Tel.: 0911 / 2348610
www.kreis-nuernberg.de

Öffnungszeiten:
Mittwoch
16 – 20 Uhr
Donnerstag und Freitag
14 – 18 Uhr
Samstag
11 – 15 Uhr
Sonntag und feiertags
nach Vereinbarung

Mit der Eröffnung der Kreisgalerie neben dem Germanischen Nationalmuseum ging im Jahr 2000 ein lang gehegter Wunsch in Erfüllung: ein festes Domizil, das Künstlern der Region als Forum dient.

Die Ausstellungen in der Kreisgalerie stammen zur Hälfte von Mitgliedern selbst, zur anderen Hälfte von Künstlern, auf die der Verein ein besonderes Auge geworfen hat. Maximal 30 Mitglieder nimmt die Interessengemeinschaft auf, damit der Rahmen überschaubar bleibt. Die Individualisten haben sich von Anfang an keinem gemeinsamen Programm verpflichtet. Auch deshalb wohl konnte der Verein so lange bestehen: Denn jedes Programm

stößt, anders als Offenheit, mit der Zeit an Grenzen. Ob die Mitglieder einen Künstler aufnehmen möchten oder nicht, hängt von der Qualität der Werke ab. So relativ dieses Kriterium auch ist, haben die Mitglieder in den vergangen Jahrzehnten ein gutes Gespür bei der Auswahl bewiesen. Oskar Koller zum Beispiel, um einen der Bekanntesten zu nennen, wurde aufgrund früher „Talentproben" aufgenommen. Michael Matthias Prechtl, Wilhelm Uhlig und Brigitta Heyduck stießen dazu, noch bevor sie als renommiert gelten konnten. Die Absage an kurzlebige Trends mag einer der Gründe dafür gewesen sein, dass die Gruppe zunächst resistent blieb gegenüber neuen Darstellungsformen, die in

den 1960er Jahren mit Performance- und Installationkunst aufkamen. Dies hatte sich 1987 gründlich geändert. Mit der ebenso gewagten wie spektakulären Ausstellung „Kunst im Fluss" gelang dem Kreis in jenem Jahr ein durchschlagender Erfolg in der Öffentlichkeit. Rund 20 Kunstwerke ließen sich zwischen Liebesinsel und Heilig-Geist-Spital, teils in der Pegnitz, teils am Rand nieder und verwandelten die Stadtlandschaft in eine Bühne für moderne Kunst und Happenings.

Junge Positionen sollen in Zukunft noch stärker Eingang finden in den Kreis, verrät der Bildhauer und Vorsitzende Hubertus Hess. Interessen-Teams innerhalb des Ver-

eins organisieren Gruppenausstellungen eigenständig, in der Regel anhand eines Themas. Bei „37", einem Künstlersymposium mit internationalen Gästen, wurde der Nürnberger Reichswald zur Spielfläche. Der Radius der Aktivitäten reicht über die Grenzen der Stadt hinaus, unter anderem zu Nürnbergs Partnerstädten Prag, Skopje, Krakau. Bei allen Unterschieden im Herangehen und im Alter – die Spanne reicht von 30 bis 90 Jahre – teilen sich die Künstler die Auffassung, dass Kunst gelebt werden sollte, nicht nur im Atelier, sondern in der Öffentlichkeit. Auch der Eintritt in die Kreisgalerie ist daher frei.

Der Kreis im Wald – 2010 lud die Gruppe zu einem internationalen Künstlersymposium in den Nürnberger Reichswald.
Oben: „Damit hast du nicht gerechnet" – eine Arbeit von Christian Rössner.
Unten: „Vier Tage im Nürnberger Reichswald" – eine Werkgruppe von Ortwin Michl.

Form und Farbe,
das Paradies der einfachen Beobachtung

Mit Licht und Schatten, intensiver Farbigkeit und schlichten Steintönen setzt Brigitta Heyduck Akzente. Von Radierungen und Lithographien mit Nürnberg-Motiven ausgehend, hat sie ihren Stil anhand von Reiseeindrücken in großformatigen Landschaftsbildern weiterentwickelt. Ihr umfangreiches Werk aus über fünf Jahrzehnten vermittelt Sehnsucht nach der Nähe wie nach der Ferne.

Brigitta Heyduck
Hammerwerkstr. 16
90592 Schwarzenbruck
Tel.: 09128 / 4610
Termine nach
Vereinbarung

Lavendelfelder
bei Sault (2011)

Wenn Brigitta Heyduck zu arbeiten beginnt, hat sie wie in einer privaten Bibliothek ihr gesamtes Wissen hinter sich. Das Atelier, das sie sich in ihrem Haus in Schwarzenbruck eingerichtet hat, ist voller Bücher und Bilder, die sie im geeigneten Moment hervorziehen kann, um sich an ihnen zu orientieren, und doch gleicht jeder Strich erst einmal einem Sprung ins Nichts. Schön, wenn schon etwas vorliegt, das Wochen oder Monate später nur übermalt werden muss. In der Regel jedoch entstehen die Bilder trotz kreativer Auf- und Abschwünge ohne größere Unterbrechung. Auch die Techniken selbst gilt es beizubehalten. So folgt auf eine Malphase eine Druckphase, in der Heyduck ausschließlich Radierungen und Lithographien in der eigenen Druckwerkstatt anfertigt – „eine sehr schöne, aber sehr langwierige Sache."

Bergmassiv in Tibet
(2010)

Gelernt hat sie das Handwerk an der Nürnberger Akademie der Künste. Es hat nicht nur ihr druckgrafisches Werk, sondern auch die Malerei und die Zeichnung geprägt, so wie ihr Weg überhaupt einer „inneren Notwendigkeit" entsprochen habe, wie Heyduck sagt. In Breslau in eine Künstlerfamilie hineingeboren und in Nürnberg aufgewachsen, habe sie schon mit 14 den Wunsch gehabt, Kunst zu studieren. Während des Studiums (1955–1961) beteiligte sie sich an vielen Ausstellungen, darunter auch an „Künstler sehen Berlin", wo sie den zweiten Preis gewann. Aufgrund ihres „jugendlichen" Alters wäre sie gar nicht zugelassen gewesen, doch einfallsreich wie die Künstlerin war, hatte sie wohlweislich ihr Geburtsdatum geändert. Den Preis hat man ihr dennoch gegönnt und viele weitere Auszeichnungen auch: den Kulturförderpreis der Stadt Nürnberg, den großen Kunstpreis der Otto- und Hildegard Grauh-Stiftung, den Kunstpreis der Nürnberger Nachrichten, 2005 den Wolfram-von-Eschenbach-Preis des Bezirks Mittelfranken und 2009 die Bürgermedaille der Stadt Nürnberg.

Bei der Entstehung eines Bildes steht für die Künstlerin, die dem Gegenständlichen stets treu geblieben ist, die Form vor der Farbe. Für ihre Reisen hat sich Brigitta Heyduck die Länder ausgesucht, die für ihre Malerei am vielversprechendsten waren: Tibet, Afrika, die Ägäis und Südfrankreich. Ähnlich vital wie expressionistische Maler gibt sie den Farben des Südens einen hohen ästhetischen Eigenwert. Form und Farbe führen zum Paradies der einfachen Beobachtung. Die expressionistischen Einflüsse sind zugleich eine Reminiszenz an Oskar Kokoschka, dessen Salzburger Sommerakademie „Schule des Sehens" Heyduck von 1958 bis 59 als Meisterschülerin besuchte. Was bleibt, sind Stimmungen und Bilder, die Erinnerung, „das einzige Paradies, aus dem man nicht vertrieben werden kann." (Jean Paul)

Brigitta Heyduck

Wachgeküsst

Von einem Industrieareal zu einem lebendigen Stadtquartier. „Auf AEG" verändert den Nürnberger Westen.

von Oliver van Essenberg

Die AEG (Allgemeine Electrizitäts-Gesellschaft) wurde aufgelöst. Der Name lebt weiter: in den Produkten und mit „Auf AEG" im Nürnberger Westen. Im Hintergrund: das Südareal mit dem Künstlerhaus.

Kontakt:

MIB Fünfte Investitions-
gesellschaft mbH
Büro Nürnberg / Halle 1
Fürther Str. 244 – 254
Muggenhofer Straße
132 / 135
90429 Nürnberg
Tel.: 0911 / 32609010
www.aufaeg.de
info@aufaeg.de

Das ehemalige Areal der AEG – Hier entstand Ton in Ton mit den weiß getünchten Hallen 90 Jahre lang weiße Ware: Waschmaschinen, Geschirrspüler und Trockner in Hunderten von Varianten, aufgereiht zu einer scheinbar endlosen Kette. Als die Produktion zum Stillstand kam und man im März 2007 die Türen schloss, blieb eine Stadt in der Stadt zurück. Erstaunlich schnell hat sich die Lücke jedoch mit neuem Leben gefüllt, an vielen Ecken und Enden wird wieder gewerkelt. Farbige Einsprengsel mischen sich in das Bild und geben dem Ort eine neue, faszinierend vielschichtige Identität. Nur Arbeiter und Firmenbesucher der AEG kannten zuvor dieses Gebiet. Das Revier war umzäunt

und öffentlich nicht zugänglich. Hinter der 500 Meter breiten Front an der Fürther Straße, jedem Nürnberger zumindest vom Vorbeifahren bekannt, eröffnet sich nun ein weitläufiges Ensemble aus einem Guss. Und hinter der parallel gelegenen Muggenhofer Straße schließt sich der ebenfalls noch kaum entdeckte Nordteil an, der mit einer Grünanlage am Pegnitzufer ausläuft. Insgesamt 168 000 Quadratmeter Grundstücksfläche, Stein gewordene Industriegeschichte, umfasst das Areal. Trotz unterschiedlicher Gebäudetypen aus fünf Jahrzehnten (ca. 1930 bis 1980) weist die Architektur eine klare Handschrift auf. Trotz Stillstand war die AEG nie wirklich eine Industriebrache. Im Juni 2007 wurde

„Offen Auf AEG" – bei einem Tag der offenen Tür und der offenen Ateliers im September, erhalten die Besucher Einblicke in das vielschichtige Leben auf dem Areal (Bild oben). In den Industriehallen wird zeitgenössische Kunst präsentiert (Bild unten).

sie nach kurzem Schlaf wachgeküsst. In einem Bieterverfahren erwarb die MIB Fünfte Investitionsgesellschaft, ein Unternehmen der MIB AG, das Gesamtareal von der Electrolux Deutschland GmbH. Das AEG-Nachfolgeunternehmen Electrolux mietete zugleich rund 20 000 Quadratmeter sanierter und umgebauter Nutzfläche zurück und wurde somit der erste neue Nutzer auf dem Gelände. Ganze 120 000 Quadratmeter mit solider Bausubstanz und hervorragender Belichtung standen indes noch leer. Statt diese so zu vermarkten, dass möglichst viele Nutzer in möglichst kurzer Zeit möglichst maximale Rendite abwerfen, entschied sich die Investitionsgesellschaft aus Gründen der Nachhaltigkeit für einen Nutzermix.

Die Leipziger „Baumwollspinnerei" stand bei der Entwicklung Pate. Der Gesellschaft war es in Leipzig beispielhaft gelungen, ein über 100 Jahre altes Industrieareal mit Ateliers und Werkstätten wiederzubeleben. In und um Backsteinhallen hat die Kunst Fuß gefasst, unter anderem auch die „Neue Leipziger Schule", in der Malerei inzwischen ein stehender Begriff, die dank des Künstler-Stars Neo Rauch internationales Ansehen genießt.

Kaum zu überschätzende Bedeutung hat die Kunst nicht zuletzt für die Standortentwicklung. Denn ihre Funktion erschöpft sich nicht in einer zweckfreien Beschäftigung mit dem Schönen. Für die Identität und die Markenbildung eines Ortes sind die Künstler mindestens genau so wichtig wie die Spezialhandwerker und die Industriebetriebe, die auf dem Areal im Nürnberger Westen Einzug gefunden haben. Mögen sie auch keine maximalen Mieteinnahmen bringen, schaffen sie doch ein intellektuelles Kapital, den Geist eines Ortes, an dem sich die Kultur einer Stadt verdichtet. 80 Kreative haben ein ehemaliges Bürogebäude im Nordteil in ein großes Künstlerhaus verwandelt und den nüchternen Räumen Zauber eingehaucht.

Wo einst der Büroalltag waltete, haben Künstler Ateliers aufgebaut.

Das Projekt bedient in Nürnberg aber nicht nur die Nachfrage nach bezahlbaren Ateliers, sondern auch die Sehnsucht nach einem Ort, an dem sich unterschiedliche Interessen ballen. Mit der Umwandlung des kompakten Industrieareals in eine gemischt genutzte Anlage hat „Auf AEG" offenbar die Gunst der Stunde genutzt. Anders ist es kaum zu erklären, dass sich das Areal in kurzer Zeit als kultureller Kristallisationspunkt, mit bester Lage im Städtedreieck, etabliert hat. Zusätzlich zu Künstlern finden Großmieter, Büros, Produktion, Dienstleister und Gastronomie hier ihren

Platz, in Zukunft aber auch eine Kulturwerkstatt der Stadt Nürnberg und immer wieder spektakuläre Ausstellungen mit zeitgenössischer Kunst in ehemaligen Industriehallen. Die Größe der Büros reicht von 500 Quadratmetern für kleine Einheiten bis zu einer mehrgeschossigen Fläche mit 20 000 Quadratmetern.

Egal, ob jemand handgenähte italienische Schuhe herstellt, Bilder malt oder Trafos produziert: Es werden alle Arbeiten ernst genommen. Die Gruppen nach innen wie nach außen zu vernetzen, ist neben der Vermarktung die wichtigste Aufgabe von Bertram Schultze, Projektentwickler für „Auf AEG". In seiner Arbeitswoche pendelt er zwischen er der „Spinnerei" Leipzig und Nürnberg hin und her. Da die MIB ihr Engagement als ein dauerhaftes Projekt ansieht, fürchtet Schultze nichts mehr, als dass ein lebendiges Areal irgendwann zu einem Objekt erstarrt. Genau dieses Problem hätten Monokulturen und Retortenstädte, weiß der Projektentwickler. So sieht er „Auf AEG" denn auch als Kontrapunkt

zur Gleichmacherei, wegen der die Innenstädte mancherorts so austauschbar wirken. Das zentral gelegene Café „Die Pforte" ist als Ausgangspunkt, Endpunkt oder Zwischenstopp für eine Erkundung wie geschaffen. Als Ort der Kommunikation ist das Café für alle Besucher Gold wert. Das „Eventprogramm" auf dem Gelände wurde bewusst schmal gehalten. Einmal jährlich strömen im September über 10 000 Gäste zu „Offen Auf AEG" – auch die Künstler öffnen zu diesem Anlass ihre Ateliers. Als ein Dreh- und Angelpunkt der kulturellen Aktivitäten hat sich das Netzwerk „Zentrifuge" (siehe Seite 256) herauskristallisiert. Dabei können Besucher auch an einem ganz normalen Werktag genug sehen und erleben. Und sie können nicht nur einmal, sondern immer wieder die Entwicklung eines ganzen Stadtteils mitbekommen. Denn das ist ja gerade, was „Auf AEG" über die Momentaufnahme hinaus so spannend macht: der Brückenschlag von einer traditionsreichen Vergangenheit in eine viel versprechende Zukunft.

„Creating Communities" lautet der Slogan von „Auf AEG". Als bevorzugte Gemeinschaftsorte der Communities haben sich das Netzwerk Zentrifuge und das Café Pforte (rechts oben) etabliert. Büros, Dienstleister, produzierende Unternehmen und Kreative sorgen für den gewünschten Nutzer-Mix.

Kunst der Fuge

Künstler, Kreative und Unternehmer haben im Grunde viel gemeinsam. Der Künstler ist als „Ich AG" eine Urform des freien Unternehmers, und der Unternehmer muss kreative Methoden anwenden, um sich durchzuwursteln. Das Projekt „Zentrifuge Auf AEG" hat einen Raum geschaffen, in dem sich Akteure aus der Kultur- und Kreativwirtschaft vernetzen. Zum gegenseitigen Vorteil.

Träger der Zentrifuge ist die im August 2008 gegründete gemeinnützige Organisation „Zentrifuge – Verein für Kommunikation, Kunst und Kultur e.V." Spielort: eine ehemalige Industriehalle mit 600 Quadratmetern Grundfläche. Mit dem Projektentwickler bei „Auf AEG", Bertram Schultze, wurde im Mai 2011 vereinbart, die Zentrifuge auf unbestimmte Zeit in Halle 14 wirken zu lassen. Somit konnte der Verein nach dreijähriger Aufbauarbeit den Status eines Zwischennutzers überwinden und sich fest „Auf AEG" etablieren. Im April 2011 hat der Verein 150 Quadratmeter Bürofläche oberhalb der Halle angemietet. Damit sei eine ideale Verknüpfung zur direkt darunter liegenden Halle 14 gegeben, meint der Vorsitzende Michael Schels. Der Verein fördert Bildende Künstler und spartenübergreifende Kulturprojekte. In der Aufbauphase wurden bereits mehr als 150 regional und überregional tätige Künstler in Ausstellungen und Projekten präsentiert, zumeist junge und experimentelle Kunst, begleitet von Symposien, Workshops, Internet-Projekten und Diskussionen. Das Veranstaltungsformat „Creative Monday", ein alle drei Monate stattfindendes Treffen von Akteuren der Kreativwirtschaft, hat sich als Erfolgsmodell erwiesen und wird inzwischen in mehreren Städten kopiert.

Das Netzwerk wächst und wächst: Vom Büro 14 aus entwickelt der Verein Seminare, Workshops und Kongresse, die die Zusammenarbeit zwischen Künstlern und Kreativen ebenso wie Unternehmen unterstützen soll. Darüber hinaus steht die „Zentrifuge" als Kooperationspartner für öffentliche Institutionen und Unternehmen zur Verfügung. Die bereits wirksam gewordene Zusammenarbeit mit Firmen wie Boesner, adidas oder Suse Linux sowie mit städtischen Abteilungen, etwa dem Amt für Kultur und Freizeit und dem Amt für Wohnen und Stadtentwicklung, bestätigt dies. Schels ist sich sicher: „In unserem Milieu können sich unterschiedliche Interessengruppen wohlfühlen: Künstler und Kulturschaffende, Werbefachleute, Berater, Webaktivisten, Techniker und Tüftler."

Zentrifuge
Kommunikation, Kunst, Kultur e.V. · Halle 14 auf AEG
Muggenhofer Str. 141 · 90429 Nürnberg · Tel.: 0911 / 1325133
www.zentrifuge-nuernberg.de · info@zentrifuge-nuernberg.de

Ausstellungsansichten: Michael Schels (Vorstand Zentrifuge) und Susanne Neumann in der Ausstellung „Weißes Gold" in der Zentrifuge (Bild Mitte und rechts). Oben: „Die Klasse Flinzer in der Zentrifuge".

Der Letzte seiner Zunft

Xylograph – zu Deutsch, Holzstecher oder Holzgraveur genannt – war 1949, als der letzte Nürnberger Xylograph Rudolf Rieß mit seiner Lehre begann, ein Handwerksberuf. Heute steht dieses Handwerk kurz vor dem Aussterben.

Rudolf Rieß
Grafik, Gravur, Kunstdruck
Schlehengasse 15
90402 Nürnberg
Tel.: 0911 / 224995
www.rudolf-riess.de
r.riess@rudolf-riess.de

Öffnungszeiten:
Montag bis Freitag
10 – 18 Uhr

◄ Von außen wie von innen ein Denkmal: die sehenswerte Werkstatt von Rudolf Rieß.

Rudolf Rieß beherrscht nicht nur die Technik, in hartes Holz zu gravieren. Er bearbeitet auch Materialien wie z.B. Silber, Gold, Buntmetalle und Stahl – allesamt Werkstoffe, die unter der Härte des Gravierstichels liegen. Ist ein Druckstock hergestellt, kommt er in die Druckpresse. Per Hand werden schließlich die Drucke abgenommen. Ebenso werden in der Offizin Rudolf Rieß der Holzschnitt (Langholz) und auch die Kalligraphie – handschriftliche Erstellung von Urkunden etc. – gepflegt.

Um eine Originalgrafik herzustellen, sind drei Schritte wesentlich: Der Xylograph muss einen Entwurf fertigen, dann diesen spiegelbildlich auf die künftige Druckplatte zeichnerisch übertragen und die nötige Gravur fertigen. Als drittes sollte er auch in der Lage sein, den Druck selbst auszuführen. Sollen die Originalgrafiken in mehrfarbiger Ausführung entstehen, ist für jede Farbe eine eigene Druckplatte nötig. Kunstdrucke, Illustrationen und Bucheignerzeichen, sogenannte Exlibris, sowie

auch gediegene, auf Büttenpapier gedruckte Familiendrucksachen, lassen sich auf diese Weise herstellen. Fürwahr eine Sisyphusarbeit. Meditative Langsamkeit und Präzision sind gefragt.

Historische Bedeutung erlangte der Holzstich im 19. Jahrhundert, da er als Bilderdruck mit dem Bleiletterndruck kompatibel war. Der Siegeszug der elektronischen Medien, die Bild und Text in einer Einheit erzeugen, hat den Beruf des Xylographen endgültig zum Verschwinden gebracht. 1933 gab es noch acht xylographische Ateliers in Nürnberg. Die Werkstatt von Rudolf Rieß ist als einzige übrig geblieben. 1986 zog Rieß mit seiner Offizin in ein denkmalgeschütztes Haus ein, das die Altstadtfreunde Nürnberg vor dem Abriss bewahrt haben. Seit seinem Eintritt ins Rentenalter sieht er die wichtigste Aufgabe darin, Kunststudierende in ihrem Tun zu unterstützen. Dies, so sagt er, gebe ihm Mut, seine Arbeit auch in der modernen Mediengesellschaft mit viel Freude und Trotz am Leben zu erhalten.

*„Viel Freude und Trotz"
– Rudolf Rieß*

Tradition wie in Erz gegossen

Arbeiterstadt Nürnberg – Die Techniken, die Handwerker über Jahrhunderte in der Noris ausübten, machten die Bürgerstadt im 19. Jahrhundert zu einem Motor der deutschen Industrie. Die 1829 gegründete Bronzegießerei Lenz verkörpert beispielhaft die Verbindung von Kunsthandwerk und Industrie.

Kunstgießerei Lenz
Burgschmietstr. 14/18
90419 Nürnberg
Tel.: 0911 / 330216
www.
kunstgiesserei-lenz.de
jahn@
kunstgiesserei-lenz.de

Termine nach
Vereinbarung

Der fast 200 Jahre alte Betrieb hat als eine der ganz wenigen Werkstätten die Kriege unbeschadet überstanden und ist auf seine Weise einzigartig.

Der Gründer der Bronzegießerei Lenz, Jakob Daniel Burgschmiet, wurde 1796 im Vorort Wöhrd geboren. Auf dem Gebiet des Kunstgusses war Nürnberg damals auf einem Tiefpunkt angelangt. Dass die Erzgießerei an Bedeutung gewann, ist nicht zuletzt Burgschmiets Verdienst. Er hatte sich die alten Techniken auf sehr kluge Weise angeeignet. Die romantische Bewegung löste zudem einen wahren Denkmal-Boom aus und sorgte für genügend Arbeit. Burgschmiets erstes größeres Werk war das Melanchthon-Denkmal, eine nüchterne Darstellung des großen Reformators. Das 1837 errichtete Dürer-Denkmal begründete schließlich seinen Ruf als bedeutender Erzgießer.
1850 wurde die Werkstatt von der Seilergasse an die heutige Stelle verlegt. Nach dem Tod des Firmengründers übernahm Christoph Lenz mit seinem Halbbruder Georg Heroldt 1858 die berühmte Gießhütte. Christoph Lenz hatte als Schüler in

der Werkstatt gearbeitet und Burgschmiets Tochter Dorothea geheiratet. Der neuen Firma wurden von allen Seiten schöne Aufträge im In- und Ausland zugewiesen.

Die Herstellung einer Guss-Form ist heute noch eine langwierige Arbeit. Insofern, aber auch im Hinblick auf die räumliche Ausstattung hat sich in der Kunstgießerei Lenz nichts geändert. Seit 2009 werden große Lasten dank eines elektrischen Krans allerdings per Knopfdruck gehoben. Bis dahin erfolgte die Arbeit mechanisch, mit einer Kurbel. Franz Jahn, der die Werkstatt 1988 übernahm, war kein Freund großer Neuerungen. Seine Tochter Sabine Jahn führt die Gießerei mit drei Mitarbeitern fort. „Wir sind alle Idealisten", sagt sie über ihre Motivation. Zu ihren Auftraggebern zählen nach wie vor viele Bildhauer. Sie kommen wegen der einzigartigen Wirkung des denkmalgeschützten Ortes und aufgrund der Erfahrung, die die Werkstatt im Umgang mit Guss-Formen hat, von ganz klein bis ganz groß. Über 30 Gusswerke haben sich seit der Unternehmensgründung allein in Nürnberg auf öffentlichen Plätzen niedergelassen.

„Wir sind alle Idealisten."
– Sabine Jahn

Durch die Traditionswerkstätte der Kunstgießerei Burgschmiet-Lenz sind im Lauf von 200 Jahren herausragende Bronzegüsse gegangen. Im Bild oben (von links): Nürnberger Denkmäler für Hans Sachs, Albrecht Dürer, Martin Behaim und Peter Henlein. Unten: der Neptunbrunnen im Stadtpark und eine moderne Auftragsarbeit in der Werkstatt der Gießerei. Die Tradition der Nürnberger Kunstgießerei reicht ins Mittelalter zurück und erlebte in der Renaissance einen ersten Höhepunkt. Prominente Beispiele sind (hier nicht im Bild): das Gehäuse des Sebaldus-grabs (Peter Vischer), der Apollobrunnen im Fembohaus (Pankraz Labenwolf) und der Tugendbrunnen an der Lorenz-kirche (Benedikt Wurzelbauer).

Von Drachen, Nymphen und goldenen Früchten

Für Leser und Genießer: die Hesperidengärten in der Johannisstraße

von Andreas Reuß

Wenn wir, nah am alten Zentrum Nürnbergs, durch die Johannisstraße gehen, vielleicht auf den Spuren des Kreuzwegs von Adam Kraft (1505-1508) oder auf dem Weg zum berühmten Johannisfriedhof, können wir uns kaum vorstellen, dass sich hinter mancher Hausfassade gar nicht so kleine, öffentlich zugängliche Gärten befinden. Sie haben eine überraschend große Bedeutung und bieten ganz eigene sinnliche und geistige Reize.

◄ Allegorische Darstellung im rekonstruierten Hesperidengarten Johannisstraße 47.

▼ Schale mit goldenen Früchten, Hesperiden genannt.

Parks an anderen Orten prangen mit Weitläufigkeit, einer vielgestaltigen Landschaft, zahlreichen Kunstwerken und prächtigen Schlössern. Große Feudalherren nannten sie ihr Eigen und ihre Bedeutung wird in vielen Schriften hervorgehoben. Daneben gibt es eine andere Art von Gärten, die einmal als „literarische Gärten" bezeichnet wurden. Sie sind eher klein, bergen kaum Gebäude, schon gar keine Schlösser, sind fast vergessen, ja verfallen – und doch steht große Literatur dahinter. Liebhaber der Dichtkunst finden diese Gärten und genießen Reste, die noch vorhanden sind oder liebevoll rekonstruiert wurden.

Über „Nürnbergische Hesperides" schrieb 1708 Christoph Volkamer ein umfangreiches Werk und meinte damals hauptsächlich die kleineren Gärten in der Johannisstraße. Sein Buch verweist wiederum auf ein anderes Stück Literatur: die antike Sage des Herakles und der Hesperiden, dreier Nymphen in einem ferngelegenen Göttergarten. Darin wachten jene Nymphen-töchter von Atlas und Hesperis zusammen mit dem Drachen Ladon über den Lebensbaum mit goldenen Äpfeln, das Hochzeitsgeschenk der Gaia für Hera. Zu den zwölf Taten des Herakles gehörte es nun, die goldenen Äpfel zu entwenden, wobei er den Drachen tötete. Später wurden die goldenen Äpfel nach den drei Nymphen „Hesperiden" genannt.

Diese Seite:
Übermütige Zwerge als
Verkörperungen der Jahreszeiten.
Gegenüber: Lautenspieler auf einem
Fisch im Springbrunnen (li.),
Hesperidengarten Johannisstraße 13:
Figurengruppe zwischen Amor-
brunnen und Pavillon.

Mit dem Glanz des grie-
chisch-antiken Geistes und des
mythologischen Goldes wollten
sich schließlich Patrizier Nürnbergs
schmücken und legten vom 16. bis 18. Jahrhundert
solche Hesperidengärten an. Zur Johannisstraße hin
errichteten sie jeweils ein Wohnhaus, das wie ein
Landhaus vor den Toren der Stadt hauptsächlich der
Repräsentation diente, worin man nur im Sommer
logierte. Das Stammhaus stand innerhalb der nahege-
legenen Mauern. Hinter den Häusern in der Johannisstraße konnte man die Gärten nicht erkennen.

Noch heute gehen wir an einzelnen, noch bestehenden
„Landhäusern" entlang und ahnen nicht, welche Köstlichkeiten des Kunst- und Naturgenusses sich biswei-
len dahinter verbergen – falls nicht „Kaffee Stube" oder
„Barockhäusle" in Frakturlettern auf der Hauswand
steht und zum Eintritt lädt. So ist es beispielsweise
beim Haus Johannisstraße Nr. 47.

Durch die geöffnete Tür gelangen wir wahl-
weise in eine Bier- und Weinstube oder die
genannte Kaffeestube. Über einen alten, weinum-
rankten Tordurchgang nähern wir uns dem ehemaligen Vorhof, in dem bei schönem Wetter Tische, Stühle
und Sonnenschirme bereitstehen. Am angenehmsten
sitzt man hier draußen, vor dem eigentlichen Garten,
und genehmigt sich ein Bier mit Nürnberger Bratwürs-
ten und selbstgemachtem Kartoffelsalat oder einen
Kaffee mit selbstgebackenen Waffeln, es gibt noch
Fisch oder Fleisch – also Pikantes oder Süßes, wie's
beliebt.

Durchschnaufen kann der Besucher vor allem bei
einem Spaziergang durch den Park. Den geraden,
baumgesäumten Weg begleiten exakt beschnittene
Buchsbaumhecken und Gruppen köstlicher Steinfigu-
ren, die seit einigen Jahrzehnten zur Rekonstruktion
der Anlagen um kleine Springbrunnen herum instal-
liert wurden.

Am ersten Brunnen: die Allegorien der Jahreszeiten als kleine Putten. Hier gefällt mir am besten der Herbst: Er hat die Hand, den Kopf und seine Schale voll üppiger Trauben. Am nächsten Rondell: größere, weibliche Allegorien der vier Kontinente Europa, Asien, Afrika und Amerika. Afrika trägt viele Federn und einen entblößten Busen. Ein halt noch recht unzivilisierter Kontinent.

In des Nachbarn Garten, nun mit Nummer 47 verbunden, entdecken wir die goldenen Äpfel. Man braucht keine Nymphen oder Drachen besiegen, um sie zu befühlen – aber mitnehmen geht auch nicht; die Äpfel sind aus Stein und fest in einer hohen Schale verankert. Die Steinfigur des Herakles bewacht sie und groteske Zwerge in einem anderen Rondell reißen Scherze. Auf dem Rückweg zum Bier- und Kaffee-Garten begegnet man unter anderem einem Lautenspieler im Brunnen, der sich seinen Rücken von den Schwimmflossen eines tollenden Fisches abstützen lässt. Vielleicht hätte ich vorhin doch den Fisch nehmen sollen …?

Dorf in der Stadt

Am anderen Ende des Gartens wird der Blick von einem Gartenhäuschen des 17./18. Jahrhunderts gefangen, welches das übliche Pendant zum „Landhaus" darstellte. Es hat ein Erdgeschoss aus Sandstein und ein Fachwerkobergeschoss aus roten Balken, als sei es aus einem Dorf hierher in die Stadt versetzt worden. Auf einer Bank in der Nähe saß eben noch ein sich küssendes Pärchen. Es scheint, als habe es hier die vielen Schicksals- und Liebesgeschichten, die sich in den Gärten der Weltliteratur ereignet haben, nachspielen wollen. Jetzt ist das Pärchen plötzlich verschwunden.

Neben dem Gartenhäuschen: ein offenes Tor. Wer hindurch geht, hat wiederum den Eindruck, auf dem Land zu sein: Die schmale Straße „Riesenschritt" bildet den Abschluss der Gärten zu den Regnitzauen und den Hallerwiesen hin. Vielleicht ist das Pärchen dorthin verschwunden?

Von den Eindrücken gelöst schlendere ich zum Hesperidengarten Willibald Pirckheimers aus den Jahren 1524/1527, hinter dem Haus Nummer 13. Sein besonderer Reiz: Nach einem Springbrunnen-Rondell folgt ein idyllischer Pavillon mit einer Stuckdecke aus dem 18. Jahrhundert. Am Brunnen steht ein gefälliger Apoll, wohl ein Gott nach den Vorstellungen des Philosophen Ludwig Feuerbach, der am Johannisfriedhof begraben liegt: ein schöner Gott, ganz nach den Sehnsüchten der Menschen.

Praktische Hinweise

Öffnungszeiten des Gartens Johannisstraße 47:
April bis Oktober: Mo bis Sa 7 – 20 Uhr,
So und Feiertage 9 – 20 Uhr.
Keine Hunde, keine Liege- und Spielwiesen.

Bier- und Weinstube im „Barockhäusle"
Johannisstraße 47, 90419 Nürnberg
Tel.: 0911 / 399310
Im Sommer ist der Biergarten täglich ab 18 Uhr geöffnet, „bis der letzte Gast gegangen ist" (Wirtin Rosi), Speisen vom Holzkohlengrill.

Kaffeestube am Hesperidengarten
Johannisstraße 47, 90419 Nürnberg
Tel.: 0911 / 339908, tägl. 9 – 18 Uhr geöffnet, warme Küche 11.30 – 17.30 Uhr, Spezialität des Hauses: frisch gebackene Waffeln.

Die Gärten sind naturnah über den fast direkt vorbeiführenden Regnitztal-Radweg erreichbar.

Gebackene Waffeln

von Barbara Kiderlin

Zutaten für vier Personen:
60 g Zucker
1 EL Vanillezucker
4 Eier
150 g weiche Margarine
evtl. 1 EL Backpulver
100 g Speisestärke
180 g Vollkornmehl
180 g Weizenmehl
½ l Milch

In unserer Kaffeestube am Hesperidengarten werden die frisch gebackenen Waffeln zu jeder Jahres- und Tageszeit genossen. Dazu passen Erdbeeren und Sahne, rote Grütze oder – mein Favorit – eine Bananen-Schoko-Sauce.

Den Zucker und die Eier schaumig rühren. Danach die Margarine unterrühren. Nach und nach folgende Zutaten zugeben: bei Bedarf Backpulver (kein Muss!), die Speisestärke, das Mehl und die Milch. In der Pfanne goldbraun ausbacken.

Was in Haus und Garten grünt und blüht

Die Natur ist eine unerschöpfliche Quelle des Schönen, aber sie will gepflegt sein, damit sie sich in Haus und Garten dem Genuss erschließt. Mit hohen Glashäusern hat das Gartencenter Radloff geeignete Voraussetzungen geschaffen, um Blumen und Pflanzen bei jeder Witterung in einem gesunden Klima anbieten zu können.

Gartencenter Radloff
Schnieglinger Str. 54
Ecke Nordwestring
90419 Nürnberg
Tel.: 0911 / 93376730
www.gartencenter-radloff.de
info@
gartencenter-radloff.de

Öffnungszeiten:
Montag bis Freitag
9 – 19 Uhr
Samstag
9 – 16 Uhr

Seit der Eröffnung anno 1974 hat sich Gartencenter Radloff als Vollsortimenter mit einem sehr breiten Spektrum etabliert. Da Blumen und Pflanzen unterschiedlich warme Räume mögen, hat das Gartencenter beim Neubau der Gewächshäuser 1997 entsprechende Klimazonen eingerichtet: warme Bereiche für Orchideen und die meisten Zimmerpflanzen, kühlere für Azaleen, Alpenveilchen, Frühjahrsblüher sowie die meisten der gefragten Balkon- und Kübelpflanzen. Die Erfahrung und die damit verbundene Kompetenz im Gärtnereigeschäft reichen jedoch weiter zurück. Der Vorgängerbetrieb des Gartencenters, die Gärtnerei Radloff, wurde 1903 an der Stelle des heutigen Firmensitzes gegründet.

Schon in den 20er Jahren importierte Hans Radloff Baumschulpflanzen aus Holland. Inzwischen werden ausgesuchte Bäume aus mehreren europäischen Vorzeigebetrieben eingekauft, auch hier mit einem besonderen Augenmerk für ein breites Angebot, das im genormten Filialbetrieb in diesem Maß nicht erhältlich ist. Farbe bringen Stauden ins Spiel. Durch die jahreszeitlichen Aspekte von Blüte, Färbung und Austrieb sind sie mit viel Abwechslung verbunden. Frische Schnittblumen und duftig-bunte Sträuße repräsentieren die liebliche Seite der Natur. Die dazu gehörige Hartware wie Freilandgefäße, Keramik, Vasen, Erden, Dünger und Werkzeuge macht das Sortiment komplett. Selbst an Kulinaria (Wein, Marmeladen, Süßes) und Deko-Ware für den gedeckten Tisch wurde gedacht.

Über die aktuellen Angebote des Gartencenters informiert die Webseite. In natura kann ein Gang durch das Haus auch ohne Einkauf bereichernd sein. „Die Kunden

Über 100 Jahre ist es her, dass Hans Radloff auf dem Grundstück des heutigen Gartencenters seine Gärtnerei gründete. Im Krieg zweimal komplett zerstört, wurde der Betrieb jedes Mal wieder neu aufgebaut.

„Die Kunden betrachten den Besuch bei uns als Teil der Freizeit, als Erholung."
– Michael Radloff

betrachten den Besuch bei uns als Teil der Freizeit, als Erholung", erzählt Michael Radloff, der den Familienbetrieb in der vierten Generation leitet. Für die Besucher und Kunden ist es ein Ort, der dem Geist Anregung bietet: Natur, Leben, Poesie, Traum. Von allem etwas.

Wenn die Schule auf Freiheitsliebe trifft

Zum Wachsen brauchen Bäume nur Zeit. Der Baumschüler hat es in der Hand, in welche Richtung er die Äste zieht und zu welcher Form er sie schneidet. Nicht alle Betriebe gehen so weit wie die Baumschule Fees bei Forchheim, die sich in bemerkenswerter Vielseitigkeit der Aufzucht von Gehölzen und Pflanzen aus nah und fern widmet.

Baumschule Fees
An der Erlanger Str. 1
91083 Baiersdorf
Tel.: 09133 / 2502
www.baumschule-fees.de
baumschule.fees@
t-online.de

Öffnungszeiten:
Montag bis Freitag
7 – 18 Uhr
Samstag
8 – 16 Uhr

Ein Unternehmen gründen, ein Haus bauen, einen Baum pflanzen: Das gehört zusammen, erst recht bei einer Baumschule. Die ältesten, heute noch auf dem Gelände existierenden Bäume der Baumschule Fees wurden im Gründungsjahr 1981 gepflanzt und hatten damals bereits ein paar Jahre auf dem Holz – im Vergleich zum Alter, das Bäume erreichen, ist das keine große Zeitspanne, von der möglichen Vielfalt ganz zu schweigen: „Ein oder zwei Menschenleben sind eigentlich viel zu kurz für so einen großen Beruf", meint der Inhaber Hermann Fees.

Er ist es gewohnt, die Zusammenarbeit in der Baumschule als Organismus zu betrachten. Obwohl Maschinen die Tätigkeiten erleichtern: Ein zartes Pflänzchen sollten Baumschüler nicht sein. Als

freiheitsliebender Mensch, der sich gerne draußen aufhält, um die Luft zu riechen und das Farbenspiel zu betrachten, war Hermann Fees, Sohn einer Gärtnerfamilie, der richtige Mann für diese Aufgabe.

Mit der Gartengestaltung und der Produktion von Jungpflanzen fing alles an. Nach gut einem Jahrzehnt stieg der Betrieb auf zugekaufte Jungware und Halbfertigware um und begann, diese ganzjährig in Töpfen zu kultivieren: statt weniger Sorten in massenhafter Auswahl ein breites Sortiment an Pflanzen in vielen unterschiedlichen Topfgrößen, darunter Raritäten wie japanischer Ahorn, Bonsai-Bäume, Alleebäume, Halb- und Hochstämme, 200 (!) Rosensorten, Immergrünes, allein 40 verschiedene Azaleen, zudem zig Stauden und Gräser … alles in allem je nach Saison 800 bis 1000

verschiedene Sorten. Ein Gartenreich, das Landschaftsgärtner und Privatkunden ins Schwärmen bringt.

Einsteigern empfiehlt Hermann Fees, mit einem günstigen Baum anzufangen, wenn sie die Pflege selbst in die Hand nehmen wollen und nicht auf die praktische Unterstützung eines Profis setzen möchten. Auf ein offenes Auge für die Natur, ein bisschen Phantasie und vor allem Geduld kommt es an, um sich zum Gärtner zu wandeln. Diese Voraussetzungen, kombiniert mit einer Fülle an Spezialkenntnissen, bringt das Team der Baumschule mit.

Die Familie Fees hat sich wohnlich auf dem Gelände der Baumschule niedergelassen und ist mit der Scholle verwurzelt – der Kreis Erlangen-Höchstadt ist aufgrund der Obstbaumzüchtung des ehemaligen Klosters in Neunkirchen am Brand heute noch ein Hort für Baumschulen.

Bei aller Regionalität weht in dem Betrieb ein offener Geist. Durch Entdeckungsreisen wurden Beziehungen zu Baumschulen und Händlern in ganz Europa aufgebaut. Von den heimischen Gehölzen führt ein feines Geäst zu ausgesuchten und manchmal extrem seltenen Pflanzen. Ein bisschen Sehnsucht nach der Ferne wirkt bei der sehr erdverbundenen Aufgabe wohl auch mit.

Eine Schule für tausend Gehölze und Pflanzen: Die Baumschule Fees zieht Individuelles im großen Stil heran.

„Ein oder zwei Menschenleben sind eigentlich viel zu kurz für so einen großen Beruf."
– Hermann Fees

fitzgerald
kusz

alptraum
eines stückeschreibers

haid nachd houi vo meine
doudn kolleeng drammd
dä brechd wolld mä ä
zigarrn oobiedn
nein danke
iich rauch ned
dä horvath woll mä ä gläslä
barackpalinka eischenkn
nein danke
iich drink ned
dä sperr wolld in dä fräih
mid miä schweinebrodn essn
nein danke
den bringi ned nundä
dä berndhard wolld mä anns
vo seine heisä väkaufm
nein danke
iich hou scho anns
dä faßbinder wolld mid miä
ä weng ä kokain schnubfm
nein danke
iich koks ned
und zugoudäledzd
wolld dä dürenmatt miä
ä schdück dikdiän
wossä nu gern gschriem hädd
nein danke
iich schreib selbä
und dann binni aufgwacht
edz waaßi nimmä
wossi schreim wolld

mei oma

mei oma houd
zum himml naufgschaud
und scho houds gwißd
wäi es weedä werd

mei oma houd
ä wengä erdn
zwischä di fingä zerriem
und scho houds gwißd
ob aff dem buudn wos wächsd

mei oma is
mid di hennä ins bedd
und midm erschdn schrei
vom goggl widdä raus
weils gwißd houd
daß amm im leem
nix gschenkd werd

mei oma houd
fiä und gechä allers
wos gwißd
und wenns ämall
nix meä gwißd houd
houds immä nu gwißd
daß mä des wos
ned oobundn is
foän loun mou

der erotische garten
roh-übersetzung

di hordensien schdennä aff di rosn
die hortensien stehen auf die rosen
di rosn flördn middi lilien
die rosen flirten mit den lilien
di lilien baggern inn oleander oo
die lilien baggern den oleander an
dä oleander is nesch aff di dohlien
der oleander ist verrückt nach den dahlien
di dohlien senn scharf aff di wickn
die dahlien sind scharf auf die wicken
di wickn bussiän middi gänseblümmlä
die wicken poussieren mit den gänseblümchen
di gänseblummä schwärmä fiä di dulbm
die gänseblümchen schwärmen für die tulpen
di dulbm schmachdn di fuchsschwänz oo:
die tulpen schmachten die fuchsschwänze an:
obbä däi hamm blouß nu
aber die haben bloß noch
aung fiä di sunnäblummä
augen für die sonnenblumen

Der Nürnberger Dialekt ist eine schwierige Sache. Man kann seiner nicht habhaft werden. Schon wenige Meter hinter Muggenhof, ungefähr auf der Höhe Fuchsloch – Städtische Kläranlage, löst er sich in reine Luft auf, denn dort beginnt der Fürther Dialekt, von dem man aber auch nix Gwieß weiß, außer dass er sich vom Nürnberger Dialekt enorm unterscheidet.

Früher war ja, wie jeder frühere Mensch weiß, alles besser, auch der örtliche Dialekt, welcher sich in die hier ansässigen Stadtviertel aufgeteilt hat. Im Stadtviertel Rabers (gibt es nicht mehr) hat der gebürtige Raberser Oberpfälzisch, aber bereits angereichert mit dem schwer aussprechbaren Nürnberger Waffellll-Lllll, mehr oder weniger gesprochen, in Lichtenhof Lichtenhoferisch, in Schweinau Schweinauerisch, in der Sebalder Altstadt eine Mischung aus Majestätisch und Großkopfig, in Erlenstegen Hochdeutsch und so weiter.

Die extrem engmaschig gezogenen Sprachgrenzen haben sehr weit geführt, manchmal so weit, dass ein gebürtiger, in fünfter Generation nachweisbarer Bewohner der Dullnau (hdt.: Tullnau) sich etwa in Himbflshuuf (hdt.: Himpfelshof) kaum mehr verständlich machen hat können. Speziell nach der Entgegen- und anschließend erfolgter Einnahme von sieben Maß Freibier. Die Mouß (hdt.: Maß) ist eine heute nur noch an hohen Feiertagen (Weihnachtsfrühschoppen) zum Ausschank gelangende Volumeneinheit in Höhe von 1 Liter Bier. Aber zurück zum Nürnberger Dialekt: „Min Midzla Radzibemsdi schnurchln un bfibfern, di Hengerz niiberi riiberi schnorbfln alder Häiderschlumbfla minder Bumbl barferzi imbf orrer graizergwer bubblnunbrumbfln, braadoorscherda Schnabfnschnalln. Ding orrerwos!" Sätze wie in Sandstein gehauen, die heute kein Ein- oder Zweiheimischer mehr entschlüsseln kann und will. Dieses immer wieder gern genommene Zitat stammt aus dem Jahr 1952 und soll damals im heute leider nicht mehr existierendem Gasthaus „Zum Zibflziecher" oder aber „Zum Heiligen Bressaggschnerbfl" unterm Stammtisch anlässlich einer zügigen Sperrstundenüberschreitung einer Polizeikraft gegenüber gefallen sein, von wo es seitens eines Gastes aus Barmen-Elberfeld aufgehoben und lautschriftlich festgehalten worden ist. Der Barmen-Elberfelder ist seinerzeit fest davon überzeugt gewesen, dass er die völlig verschüttete Sprache der Inka wiederentdeckt hat. Leider hat man diese denkwürdigen Sätze nie ins sogenannte Hoch- oder Lutherdeutsche transponieren können.

Obwohl es, außer den obigen Äußerungen, den reinen Nürnberger Dialekt nicht mehr gibt, da jeder der insgesamt 500 000 Nürnberger seine eigene Mundart spricht, hat er im Lauf der der 961 Jahre seines Bestehens die Welt erobert. Herbert Hisel hat ihn hinunter

„Min Midzla Radzibemsdi schnurchln un bfibfern, di Hengerz niiberi riiberi schnorbfln alder Häiderschlumbfla minder Bumbl barferzi imbf orrer graizergwer bubblnunbrumbfln, braadoorscherda Schnabfnschnalln. Ding orrerwos!"

nach Wien getragen und hinüber nach USA, Kanada und wieder zurück nach Langwasser, Egon Helmhagen hat ganz Wendelstein nürnbergerisiert, Volker Heißmann und Martin Rassau, angeblich zwei Undercover-Fürther, setzen allmonatlich Sprachforscher zwischen Zürich und Zerbst in Alarmbereitschaft, indem sie im Musikantenstadl hiesig blaudern (hdt.: Plaudern). Und auch Angehörige der örtlichen Hoch- und Höchstkultur könnten ohne die Nürnberger Mundart nicht, oder jedenfalls nicht so schön leben: Matthias Egersdörfer, Fitzgerald Kusz, Heinz Ehemann, Bernd Regenauer, Lizzy Aumeier, Frankenbänd, Günter Stössel, Maximilian Kerner. Dass diese mundartlich orientierten Parade-Nürnberger größtenteils Laufer, Fürther, Oberpfälzer, gar Münchner sind, gibt natürlich vielen Mundartforschern zu denken – wenn sie nicht gerade darüber nachdenken, was ein Nürnberger Dialekt ist, wo er herkommen dud und warum.

Das Ergebnis dieser Forschungen stellt sich uns häufig außerordentlich komplex dar: Der Nürnberger Dialekt ist fränkisch, aber auch wieder nicht, er scheint durchdrungen von Oberpfälzisch, aber auch wieder nicht, er ist eines Tages entstanden oder aber im Lauf der Zeit, manchmal wird er vom bayerischen Kultusmysterium gefördert, manchmal verboten, manchmal ungefähr zwischendrin. Und auf jeden Fall ist der Nürnberger Dialekt während einer der zahlreichen Völkerwanderungen von Düsseldorf und drumrum aus nach Nürnberg, das es damals noch nicht gegeben hat, gewandert, wo er sich mit dem von den Hunnen westwärts transportiertem Oberfälzisch feierlich vermählt hat. Ob er, der altsugambrische Dialekt, mit keinen Dativ und null Genitiv ausgestattet, damals mit den Völkern und deren Volksmund gewandert ist oder selbständig die germanischen Lande durchpflügt hat, ist auch noch nicht geklärt. Jedenfalls hat er dann an den Gestaden der Bengerz (hdt.: Pegnitz) geruht, wo ihn nach erfolgter Urbanisation der hier lagernden Sandsteine der Nürnberger Mundartdichter Johann Konrad Grübel glücklicherweise aufgefunden und weiterverbreitet hat. Sogar Johann Wolfgang von Goethe hat ihn massiv gelobt. Allerdings nur den Grübel, den Dialekt solle er, der Dialektdichter, laut Anordnung vom Geheimrat, lieber ins Hochdeutsche übersetzen, dass man ihn auch in Erlenstegen versteht. Da möchte man dem Dichterfürsten für seine mutwillige Herabwürdigung des weltgewandten Nürnberger Dialektes zur mittel- bis hinterprächtigen Maul- und Klauenseuche heute noch zurufen: „Hudscheramml, zullnbrunsgafflerder! Dellerigglgeicher, Bfoonzernschlorchbfumbfl! Rolldidoldi!"

Mehr Lebenskunst

Ein Fachwerkhaus in einem idyllischen Garten – Heimat des Verlags ars vivendi.

Mundartgedichte von Fitzgerald Kusz und Helmut Haberkamm, Satirisches von Klaus Schamberger, Kriminalistisches von Dirk Kruse, Bücher gespickt mit Anregungen zu Essen und Trinken sowie zu Kunst und Kultur – Aspekte, die in „Lebensart genießen – in und um Nürnberg" beleuchtet werden, sind Leib- und Magenthemen des Cadolzburger Verlags ars vivendi.

ars vivendi verlag
Bauhof 1
90556 Cadolzburg
Tel.: 09103 / 719290
www.arsvivendi.com
info@arsvivendiverlag.de

Die Liebe zu den schönen Dingen und die Lebenskunst, die schon im Namen des Verlags zum Ausdruck kommt, bestimmen seit 1988 das Programm.

ars vivendi war einer der ersten fränkischen Verlage, der mit Gastroführern die genussreichen Seiten einer Region in den Mittelpunkt rückte. Die Titel hießen „Zwischen Sekt & Selters" sowie „Zwischen Shrimps & Schaschlik" und führten in 25 Städte, darunter auch Berlin, München und Hamburg ein. Verlagsgründer Norbert Treuheit, seinerzeit einer der ersten Absol-

Das Verlagsteam von ars vivendi mit Verleger Norbert Treuheit (vorne, Zweiter von links)

venten des Aufbaustudiengangs Buchwissenschaft an der Ludwig-Maximilians-Universität München, ließ auf die erfolgreiche Serie jedoch schon bald die ersten belletristischen Titel folgen und ab 1992 auch ars vivendi-Kalender. Zum Programm gehören inzwischen Bücher, Kalender, Postkarten und Geschenkartikel. Stadtbücher traten in den Hintergrund. Neben anspruchsvoller fränkischer Mundartdichtung und den Ausflugs-Verführern, die unentdeckte Wege für Freizeit- und Wanderfreunde bereithalten, gewann die Literatur, nicht zuletzt auch Weltliteratur, an Bedeutung. In Zusammenarbeit mit dem viel gelobten Übersetzer Frank Günther bringt ars vivendi seit dem Jahr 2000 die auf 39 Titel angelegte Shakespeare-Gesamtausgabe heraus. 2005 startete der Verlag zudem eine populäre Krimireihe mit Tatorten im gesamten deutschsprachigen Raum. Der gebürtige Fürther Norbert Treuheit konnte seine Philosophie von der Verlagsgründung bis heute stilsicher umsetzen. Seine Absicht war und ist es, „einen Beitrag zur kulturellen Landschaft des deutschsprachigen Raums zu leisten, ohne die fränkischen Wurzeln des Unternehmens aus dem Blick zu verlieren." Davon wünscht man sich nicht nur einen, sondern viele Beiträge.

Zum Weiterlesen!

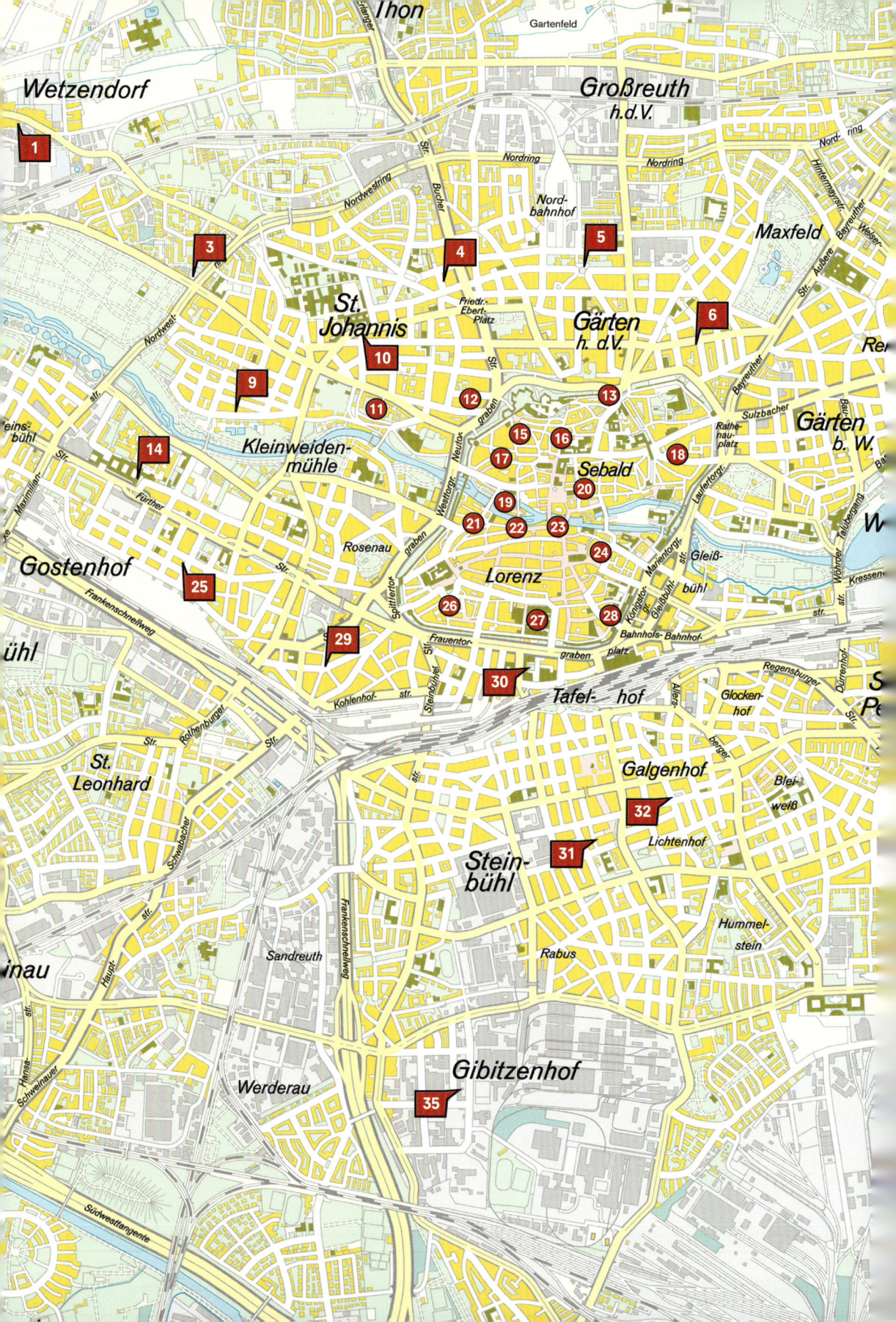

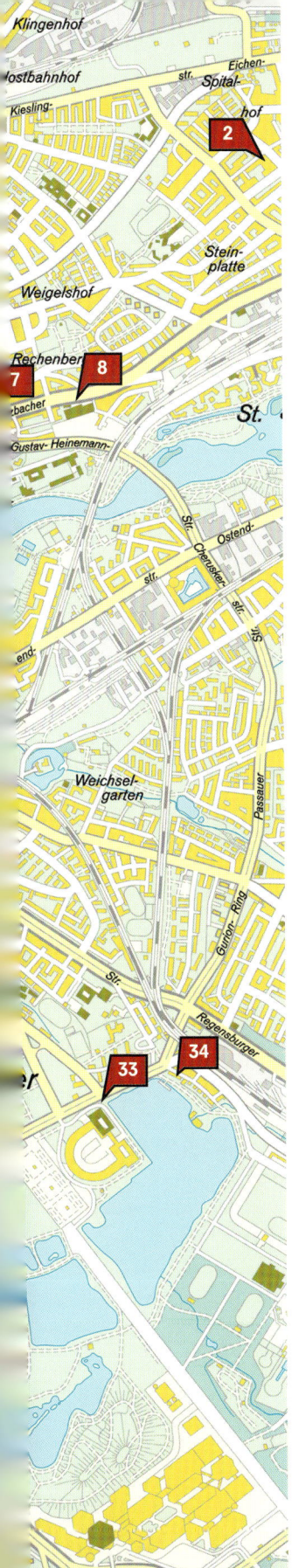

Ausgewählte Adressen
Nürnberg Stadt

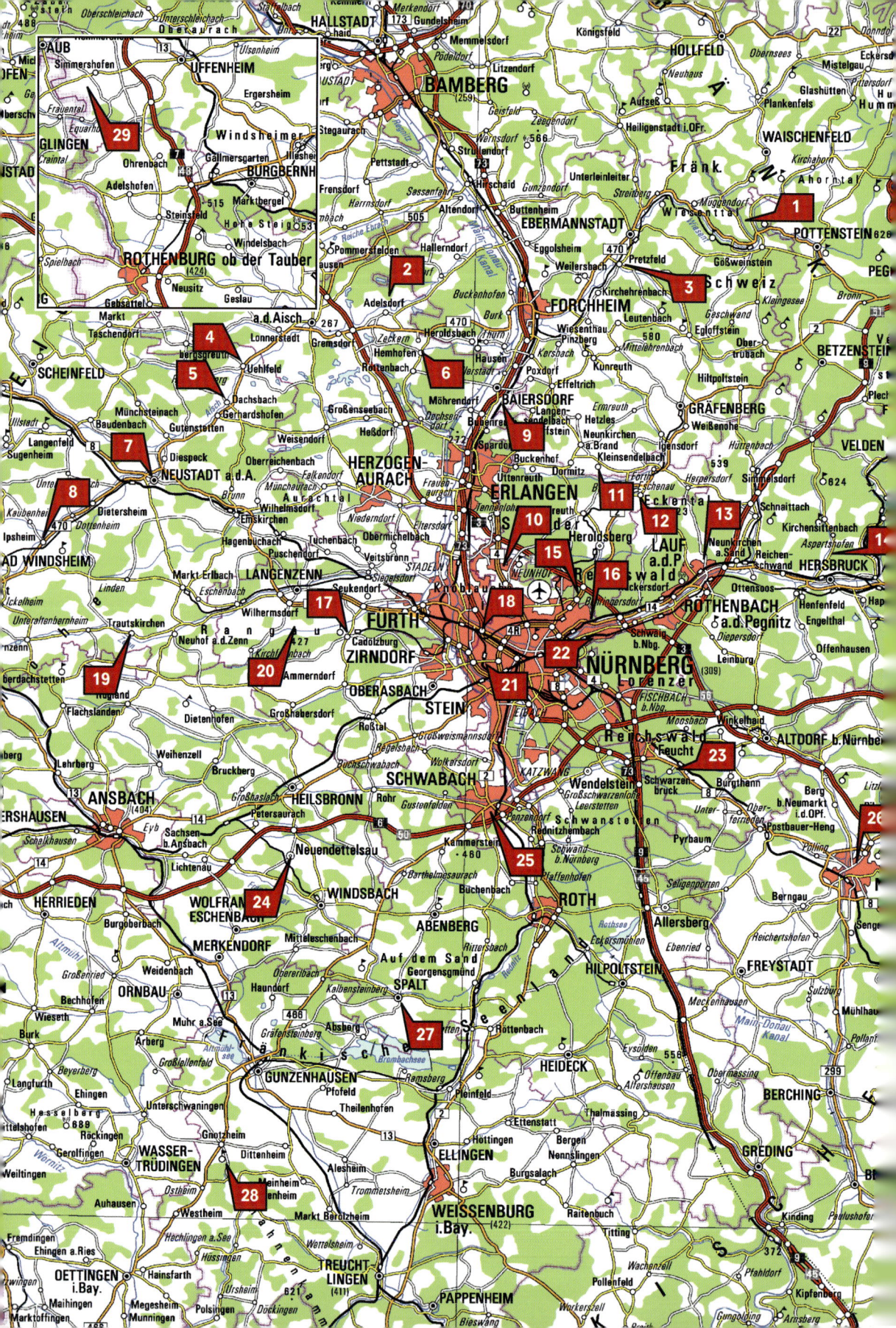

Ausgewählte Adressen
Nürnberg Stadtrand und Umgebung

Autorenverzeichnis

Dr. Frank P. Bär studierte in Tübingen Musikwissenschaft und Linguistik des Deutschen. 1995 wurde er mit einer Arbeit über Holzblasinstrumente im 16. und frühen 17. Jahrhundert promoviert. Seit 1997 ist er Leiter der Sammlung historischer Musikinstrumente am Germanischen Nationalmuseum in Nürnberg, seit 2006 dort zusätzlich verantwortlich für den Programmbereich Forschungsservice.

Frank Braun arbeitet als Informatik-Betriebswirt und ist seit mehr als 20 Jahren ehrenamtlich rund um die Frage eines nachhaltigen Lebensmodells aktiv, unter anderem im Lorenzer Laden in Nürnberg. Er ist Gründer der Hilfsorganisation „Menschen ohne Grenzen" (Flüchtlingshilfe während des Bosnienkrieges) und Bluepingu e.V.

Dr. Thomas Brehm studierte Deutsch, Geschichte und Sozialkunde für das Lehramt am Gymnasium und promovierte 1989 in Neuester Geschichte. Seit 1999 leitet er das Kunst- und Kulturpädagogische Zentrum der Museen in Nürnberg (KPZ).

herwig Danzer studierte Germanistik, Soziologie und Politik und gründete 1988 zusammen mit Gunther Münzenberg die Firma „Die Möbelmacher". 2003 wurde er zum Umweltbotschafter Bayerns ernannt und zum geprüften Ernährungsexperten ausgebildet. 2003 erhielt herwig Danzer den Nachhaltigkeitspreis der Stadt Nürnberg, 2010 den Deutschen lokalen Nachhaltigkeitspreis.

Dr. Oliver van Essenberg war als Mitbegründer eines Plattenlabels (Hyperium, Nürnberg) zunächst in der Musikbranche tätig. Er studierte Germanistik mit Schwerpunkt Journalistik an der Universität Bamberg und promovierte 2003 in Literaturwissenschaft. Nach Tätigkeit in einer Agentur, wo er den Bereich Öffentlichkeitsarbeit verantwortete, machte er sich 2008 selbstständig und gründete 2010 den Verlag selekt. Als freier Journalist arbeitet er für verschiedene Medien, vorwiegend im nordbayerischen Raum.

Claus Fesel ist seit über zwei Jahrzehnten in leitender Position bei der Nürnberger DATEV tätig, seit 2008 als Leiter Zentrales Marketing. Er ist Kreisvorsitzender von Bündnis 90 / Die Grünen im Nürnberger Land, Vizepräsident des Marketingclubs Nürnberg und Mitglied im Präsidium des Kommunikationsverbandes.

Dr. Hartmut Frommer, promovierter Jurist und Stadtrat a.D., war von 1970 an bei der Stadt Nürnberg tätig, seit 1991 als Leiter des Bereichs Recht, Sicherheit und Ordnung. Als solcher war er von Amts wegen mit der Lebensmittelaufsicht befasst und erkannte alsbald die Schutzbedürftigkeit des „Wöschdlas". Dies war der Anlass, den Schutzverband Nürnberger Bratwürste e.V. zu gründen, dem er seither vorsteht – nach seiner Pensionierung 2008 im Ehrenamt.

Werner Geim studierte Landespflege an der TU München sowie Kunstgeschichte und Philosophie in Erlangen. Seit 1984 arbeitet er freiberuflich als Landschaftsarchitekt und Stadtplaner mit Büro in Nürnberg. Er ist Vorsitzender des Vereins „BauLust - Initiative für Architektur & Öffentlichkeit".

Susanne von Goessel-Steinmann studierte Volkskunde in Mainz und München, lebt seit über 20 Jahren in Nürnberg und arbeitet freischaffend als Kulturhistorikerin. Seit 1996 erarbeitet sie zusammen mit dem Spielzeugmuseum und dem Marktamt der Stadt Nürnberg Ausstellungen zur Geschichte des Christkindlesmarkts. Dabei ist auch ein Buch über den Nürnberger Rauschgoldengel entstanden.

Dr. Helmut Haberkamm studierte Anglistik, Amerikanistik und Germanistik in Erlangen und Swansea (Wales) und promovierte 1991. Er arbeitet als Gymnasiallehrer und machte sich als Autor von Romanen, Mundartlyrik und Bühnenstücken einen Namen. Von 1999 bis 2005 war er der Vorsitzende der Neuen Gesellschaft für Literatur in Erlangen (NGL).

Rainer Hilf studierte Innenarchitektur an der Akademie der Bildenden Künste in Nürnberg. Seit 1976 ist er freischaffend tätig und leistet Innenraum- und Außenraumplanungen für den privaten und öffentlichen Bereich. 2009 wurde er für seine Verdienste während der zwölfjährigen Amtszeit als Präsident des BDIA – Bund Deutscher Innenarchitekten zum Ehrenpräsidenten ernannt. Er ist Mitglied im Konvent der Bundesstiftung Baukultur und Vorstandsmitglied der Bayerischen Architektenkammer München.

Bitte umblättern →

Prof. Jörg Krämer wurde in Erlangen geboren und studierte Musik in München. Seit 1986 ist er Solo-Flötist der Nürnberger Philharmoniker. Er erhielt zahlreiche Preise und Auszeichnungen, u.a. den Bayerischen Staatspreis. Daneben studierte er in München Musik- und Literaturwissenschaften (Promotion 1991, Habilitation 1997). 2009 übernahm Jörg Krämer eine Professur an der Universität Erlangen-Nürnberg. Forschungsschwerpunkte: deutsche Literatur, Musik und Theaterkultur des 17. bis 19. Jahrhunderts.

Dirk Kruse, staatlich examinierter Krankenpfleger, studierte in Erlangen Politologie, Theaterwissenschaft und Germanistik. Er arbeitet als Hörfunkjournalist beim Bayerischen Rundfunk, Studio Franken in Nürnberg. Dort ist er als Musik- und Literaturkritiker, Nachrichtenreporter, Featureautor und Moderator bei BR Klassik tätig. Als Schriftsteller bereicherte er die Kriminalliteratur mit seinen Romanen um den fränkischen Gentlemandetektiv Frank Beaufort.

Heinz Kühnlein absolvierte eine kaufmännische Ausbildung und ist seit 1995 als Gebietsverkaufsleiter bei der Neumarkter Lammsbräu tätig. Bei der Doemens Akademie in Gräfeling ließ er sich zum Bier-Sommelier ausbilden.

Fitzgerald Kusz, Dramatiker und Lyriker, veröffentlichte zwölf Gedichtbände im fränkischen Dialekt und über 20 Theaterstücke. Für seine Arbeit erhielt er bislang sieben Literaturpreise. 1992 wurde ihm das Bundesverdienstkreuz verliehen. Er ist Mitglied des Verbands deutscher Schriftsteller, des PEN und der Deutschen Akademie der Darstellenden Künste.

Georg Lang, studierte Architektur/Stadt- und Regionalplanung in München und Berlin. Seit 2004 engagiert er sich ehrenamtlich im deutschen Zweig der internationalen Slow Food Bewegung für die Erhaltung der biologischen Vielfalt bei Nutzpflanzen und Nutztierrassen, für nachhaltige Produktionsweisen in der Landwirtschaft und eine zukunftsweisende Regionalisierung der Agrar- und Lebensmittelmärkte.

Dr. Ulrich Maly, diplomierter Volkswirt mit Promotion, ist seit 2002 Oberbürgermeister der Stadt Nürnberg und seit 2005 Erster Ratsvorsitzender der Metropolregion Nürnberg. Er engagiert sich in vielfacher Weise für die Menschenrechte, u.a. als Vorsitzender des Stiftungsrates „Nürnberg – Stadt des Friedens und der Menschenrechte".

Bernd Noack absolvierte eine Lehre als Buchhändler und arbeitete als Redakteur im Feuilleton der Nürnberger Nachrichten. Seit 2000 ist er freiberuflicher Kulturjournalist und Theaterkritiker, u.a. für den Bayerischen Rundfunk, Theater heute, FAZ, Nürnberger Nachrichten und Merian. Er veröffentlichte zwei Bücher: „Theaterskandale – von Aischylos bis Thomas Bernhard", „Mit Licht und Schatten gepflastert – Elf literarische Erkundungen in Fürth".

Prof. Wolfgang Protzner, Universitätsprofessor i. R. für Didaktik der Geschichte an der Otto-Friedrich-Universität Bamberg, war von 1978 bis 2004 Bürgermeister der Großen Kreisstadt Kulmbach. Er ist seit vielen Jahren Kustor der Adalbert-Raps-Bibliothek zur Gewürzgeschichte im Landschaftsmuseum Obermain in der Plassenburg, Kulmbach. Arbeitsschwerpunkte: Mediendidaktik, Regionalgeschichte, Essensgeschichte.

Andreas Radlmaier studierte Altphilologie und Geschichte und arbeitete bis 2010 in der Kulturredaktion der Abendzeitung Nürnberg. Seitdem ist er Leiter des Projektbüros im Nürnberger Kulturreferat. 2003 erhielt er den Kulturpreis der Stadt Nürnberg für kulturjournalistische Arbeit.

Gero von Randow geht seit Jahrzehnten einem nicht öffentlich geförderten Forschungsprogramm nach, das dem Genuss gewidmet ist. Er arbeitet als Pariser Korrespondent der ZEIT.

Andreas Reuß studierte in Regensburg und Würzburg Katholische Theologie und Germanistik für das Lehramt an Gymnasien. Seit 1977 schreibt und fotografiert er für Zeitungen und Zeitschriften, seit 1990 entstanden – meist zusammen mit Stefan Fröhling – 19 Bücher bzw. Buchbeiträge. 2008 wurde Reuß Mitglied der Fraktion der Grünen im Bamberger Stadtrat.

Bitte umblättern →

Hubert Rottner Defet veranstaltet seit 1987 Ökologiemessen (1990-2001 BioFach). Er organisiert aktuell die Messen Grüne Lust und FrühjahrsLust sowie den Sommer- und Winterkiosk. Darüber hinaus ist er im Vorstand der BioInnung e.V. aktiv.

Annette Sabersky ist Fachjournalistin und schreibt seit rund 20 Jahren über grüne Mode, Essen und Trinken. Immer hat sie, neben dem Genussaspekt, auch die Qualität im Blick. Von ihn erschien u.a.: „Die Qualitätslüge. Einkaufen mit Nebenwirkungen" (zusammen mit Jörg Zittlau).

Klaus Schamberger arbeitete bei der Abendzeitung als Redakteur, Reporter für alles Mögliche, Sport-Ressortleiter, stellvertretender Redaktionsleiter und Redaktionsleiter. Er ist seit ungefähr vier Jahrzehnten Kolumnendichter und seit ca. 30 Jahren Glossenschreiber beim Bayerischen Rundfunk, Abteilung Nürnberg („Freitagsgschmarri"). Im eigenen Kleinstverlag (Sigena-V.) veröffentlichte er ungefähr 20 Bücher und zehn CDs. Regelmäßig arbeitet er beim Obdachlosen-Magazin Straßenkreuzer mit.

Dr. Thomas Schauerte studierte in Erlangen Kunstgeschichte und wurde 1999 mit einer Dissertation über Albrecht Dürer in Berlin promoviert. Von ihm erschienen zahlreiche Publikationen zur Kunstgeschichte vom Mittelalter bis zum Barock. Seit 2009 ist er Leiter des Albrecht-Dürer-Hauses und der Graphischen Sammlung bei den museen der stadt nürnberg.

Evelyn Scherfenberg absolvierte ein Journalistik-Studium an der Freien Universität Berlin und kam über ein Redaktionsvolontariat zu den Nürnberger Nachrichten. Ihre Reportagen und Essays erschienen in etlichen Büchern, Zeitungen und Zeitschriften. Seit mehr als zwei Jahrzehnten leitet sie als Redakteurin das Magazin am Wochenende und den Reiseteil für die Nürnberger Nachrichten und die Nürnberger Zeitung.

Christian Scheuring kam 1980 zur Goldschlägerei J.G. Eytzinger und ist heute deren Geschäftsführer. Er beschäftigt sich intensiv mit der Zukunft der Goldschlägerei in Schwabach und ungewöhnlichen Anwendungsgebieten für Blattgold.

Dr. Helmut Schwarz studierte Anglistik und Geschichte in Erlangen, Berlin und München und promovierte mit einer Studie zur Industrialisierungsgeschichte von Forchheim. Seit 1994 ist er Leiter des Spielzeugmuseums Nürnberg. Er veröffentlichte zahlreiche Beiträge zu industrie- und spielzeuggeschichtlichen Themen.

Utz W. Ulrich studierte Jura in München, Würzburg, Innsbruck und Erlangen. Nach dem Examen arbeitete er von 1965 bis 1976 als geschäftsführender Gesellschafter der Haeberlein-Metzger GmbH, Nürnberg. Seit 1977 führt er eine eigene Rechtsanwaltskanzlei. Er unterstützt durch seine Mitgliedschaft zahlreiche Vereine sowie Organisationen, vor allem im kulturellen Bereich. Seit 1990 ist der Liberale im Nürnberger Stadtrat (Schwerpunkte: Wirtschaft und Kultur).

Hartmut Voigt studierte Germanistik und Geschichte. Nach freier Mitarbeit für die Süddeutsche Zeitung und das Bayerische Fernsehen absolvierte er eine Ausbildung zum TV- und Tageszeitungsredakteur beim Kabelpilotprojekt Ludwigshafen. Seit 1987 ist er Redakteur der Nürnberger Nachrichten.

Impressum

Konzept, Redaktion, Porträttexte
Dr. Oliver van Essenberg

Redaktionelle Mitarbeit (Porträttexte der Seiten)
Michael Bader (243)
Dagmar Buhr (140-141, 178-179, 185, 186-187, 189)
Claus Fesel (63, 80-81)
Dr. Ina Gombert (230-231)
Dr. Ursula Kubach-Reutter (201)
Prof. Jörg Krämer (228-229)
Dr. Andrea Langer (202-203)
Dr. Thomas Schauerte (206-207)
Dr. Anna Scherbaum (176-177, 216-217)
Dr. Alexander Schmidt (215)
Dr. Helmut Schwarz (170)
Robert Vogel (223)

Bildbearbeitung
ADM Service, Bamberg

Fotografen
Eva Hagen / ADM Service (EH)
Josef Hagen / ADM Service (JH)
Herbert Liedel (HL)
Michael Schinharl (MS)
Erich Weiß (EW)

Layout und Grafik
Stephan Drescher / globaldigital.de

Druck
DZA Druckerei zu Altenburg GmbH

Verlag
selekt
Untere Seelgasse 38
96049 Bamberg
Tel.: 0951 / 2975923
www.selekt.org
info@selekt.org

Bildnachweise

Seitenangabe, Bildquelle, bei verschiedenen Bildquellen mit Platzierung:

4: HL, 7: HL, 8-9: HL, 10: EW, 13-17: HL, 18-19: Die Möbelmacher, 20: MS (li.), Die Möbelmacher, 21: HL, 22-23: abokiste, 24: Birgit Fuder / Stadt Nürnberg, 25: JH, 26: MS, 27: HL, 28: Karpfen pur Natur, 29: EH, 30-31: JH, 32-33: Meerrettich Schamel, 34: MS, 35: EH, 36: JH, 37: JH, 38-39: Schutzverband Nürnberger Bratwürste e.V., 40-41: JH, 42: MS, 43: Neumarkter Lammsbräu, 44-45: JH, 46: Altstadthof-Brauerei, 47: JH (o. li, o. re.), Altstadthof-Brauerei, 48: Altstadthof-Brauerei, 49: Ludwig Olah (o.), Altstadthof-Brauerei, 50: JH, 51-53: Stadt Spalt, 54: Hubert Rottner, 55: NürnbergMesse / Thomas Geiger, 56: Katharina Winter, 57: Hubert Rottner (o.), Katharina Winter, 58-59: JH, 60-61: Gasthof Gentner, 62: JH (u. li.), Keidenzeller Hof, 63: JH (u. li.), Forsthaus Schweigelberg, 64: JH, 65: EH, 66-67: JH, 68: MS, 69: JH, 70: Literaturhaus Nürnberg, 71: Literaturhaus Nürnberg (u. re.), JH, 72: Wolfgang Gillitzer, 73: JH, 74: Mobile Kochkunst, 75: Germanisches Nationalmuseum, Nürnberg, 76: StadtAN [A 4/VIII Nr. 98], 77: Germanisches Nationalmuseum, Nürnberg, 79: JH, 80-81: Gasthaus Rottner, 82: MS, 85-86: JH, 87: MS, 88-90: JH, 91-92: istockphoto / ariusz, 93-94: JH, 95: JH, delikatEssen (Mi.), 96: JH (u. re.), K&U, 97: K&U, 98-99: JH, 100: Weingut Hofmann, 101: Winzerhof Stahl, 102: Philipp Wieder, 103: Ralf Lang / www.amafo.de, 106: JH, 107: EH, 108-109: JH, Confiserie Neef (u. re.), 110-111: EH, 112: grafikdesign Ralf Weglehner, 113: EW, 114: grafikdesign Ralf Weglehner, 115: JH (li.), Thomas Dornauer, 116-117: EH, 118: JH, 120-122: HL, 123-126: EW, 127: JH, Roland Fengler (u. li.), 128-129: Die Möbelmacher, 130: MS, 131-132: istockphoto / lorenzo104, 134-135: Wolfang Vogl, Iris Vogl (u. re.), 136-137: Bodack & Kellenberg, 140-141: JH, 142: JH (Mi.), Manuela Hiller (li.), 143: NEOOS Design, 144-145: raumfrei, 146-147: Photowerft Thomas Ries, 148-149: Walther Appelt / Dreyer, 150-151: HL, 152: HL, EW (u. re.), 153-156: HL, 157: HL, JH (u. re.), 158: Fabian Markus (o.), JH, 159: JH, 160: JH, 161: fenestra, JH (u.), 162-163: JH, 164-167: Spielzeugmuseum Nürnberg, 168: EH, Drei Hasen in der Abendsonne (u. re.), 169: Drei Hasen in der Abendsonne, 170: Spielzeugmuseum Nürnberg, 171: Archiv Peter Kurz, 172: MS, 173: Jürgen Musolf, 174-175: J.G. Eytzinger GmbH, 176: Barbara Weinberger, 177: Barbara Weinberger, JH (u.), 178-179: Burkhardt Hellwig, 180: Thomas Esch, 181: TransFair e.V. / Santiago Engelhardt, 182-183: lavera Showfloor Berlin/ H. Berthold, 184: Yvonne Michailuk, 185: Matthias Koth-Markgraf (o.), JH (Mi.), Karin Suchanka (u.), 186-189: JH, 191-193: istockphoto / rococofoto, 194: EW, 196-197: StadtAN [A 44-C-6075-2a], 198: StadtAN [A 86-DZ-0817], 199 JH (li.), StadtAN [A 34-Pk-4360], 200: StadtAN [E 13/II Nr. 6/464], 201: Stadtmuseum Fembohaus, 202-203: Germanisches Nationalmuseum, Nürnberg, 204-205: JH, 206: museen der stadt nürnberg, 207: EW (li.), museen der stadt nürnberg, 208: Germanisches Nationalmuseum, Nürnberg, 210: EW, 211: Germanisches Nationalmuseum, 213: HL, 214: EW, 215: Dokumentationszentrum Reichsparteitagsgelände, 216: Neues Museum, 217: Neues Museum, EW (u.), 218-220: Germanisches Nationalmuseum, Nürnberg, 221: Gunther Rissmann (o.), Musik Fisera (u.), 222: Andreas Haensel (o.), Geigenbau Geiger (u.), 223: ION, 224-225: Paul Yates, 227: Jutta Missbach, 228: HL, 229: Jutta Missbach (o.), 230-231: Dehnberger Hof Theater, 232-233: Kulturbüro / Stadt Nürnberg, Hajo Dietz (u. li.), 234: Uli Kowatsch (li.) Claus Felix, 235: Claus Felix, 236: David Häuser, 237: Kulturbüro / Stadt Nürnberg (li.), HL, 238: Filmhaus Nürnberg, 239: Michael Matejka (o.), Matthias Damm (u.), 240: Der Hirsch, 241: Concertbüro Franken, 242: MS, 243: Sebastian Kuhn (o.), Tafelhalle, 244: Marion Bührle, 245: Johannes Marburg, 246: EW, 247: HL, 248: JH (li.), Susanne Thiele, 249: Sylvia Javén, 250-251: Friends & Pflaumer, 252-254: MIB Fünfte Investitionsgesellschaft mbH, 255: Oliver Schäf (Mi. re.), MIB Fünfte Investitionsgesellschaft mbH 256: Matthias Ströckl (o.), Annette Kradisch (u. li.), Jürgen Neumann (u. Mi., Susanne Neumann (u. re.), 257-258: JH, 259: JH (Hintergrund, u. re.), HL, 260: HL, 261: Andreas Reuß (re.), 262-263: Andreas Reuß, 264: MS, 265: JH, Gartencenter Radloff (u. re.), 266-267: JH, 273: ars vivendi verlag, 274-275: HL, 276-277: Stadt Nürnberg, 278-279: Landesamt für Vermessung und Geoinformation, 280: Michael Aue (T. Brehm), JH (O.v. Essenberg), Uwe Mühlhäusser (H. Frommer), die Autoren, 281: Andreas Riedel (H. Haberkamm), Norbert Mebert (D. Kruse), die Autoren, 282: Karoline Glasow (F. Kusz), die Autoren, 283: Franken-Wiki / Manfred Riebe (K. Schamberger), die Autoren, 284: die Autoren